21世纪高等学校计算机教育实用规划教材

Excel在经济管理中的应用

杨丽君 常桂英 蔚淑君 主 编
张利军 刘保利 韩 勇 副主编

清华大学出版社
北京

内 容 简 介

本书以满足经济与管理类专业的需求为目的,以 Excel 2013 为基础,着重于实际应用,把 Excel 2013 的知识点与经济管理相结合,以经济与管理的实用案例驱动为教学模式,深入浅出地介绍了 Excel 在经济管理中应用的相关知识,以此利用 Excel 强大的数据处理功能,解决具体的实际问题。力求使学生在掌握 Excel 基础知识的同时,培养其在经济管理中处理数据、分析数据的能力,真正达到学以致用的目的。

本书设有本章学习目标、案例要求、案例实效、案例实施和本章课外实验等。书中引用了 VBA 程序,力求通过程序来解决 Excel 不能处理的实际工作问题,程序设计简单明了、通俗易懂、图文并茂,反映了 Excel 的新发展和应用。全书内容选取精细、知识结构新颖合理,操作步骤明确,具有易学易懂的特点。

本书既可以作为高等院校本科生或研究生 Excel 相关课程的教材,也可作为教师的教学参考书;可作为初学者的自学教材,还可以作为经济管理人员的参考书。

本书封面贴有清华大学出版社防伪标签,无标签者不得销售。
版权所有,侵权必究。举报: 010-62782989, beiqinquan@tup.tsinghua.edu.cn。

图书在版编目(CIP)数据

Excel 在经济管理中的应用/杨丽君等主编. —北京: 清华大学出版社,2017(2022.1重印)
(21 世纪高等学校计算机教育实用规划教材)
ISBN 978-7-302-48288-8

Ⅰ. ①E… Ⅱ. ①杨… Ⅲ. ①表处理软件－应用－经济管理－高等学校－教材 Ⅳ. ①F2-39

中国版本图书馆 CIP 数据核字(2017)第 208265 号

责任编辑: 闫红梅　薛　阳
封面设计: 常雪影
责任校对: 梁　毅
责任印制: 宋　林

出版发行: 清华大学出版社
网　　址: http://www.tup.com.cn, http://www.wqbook.com
地　　址: 北京清华大学学研大厦 A 座　　　　　　邮　编: 100084
社 总 机: 010-62770175　　　　　　　　　　　　邮　购: 010-83470235
投稿与读者服务: 010-62776969, c-service@tup.tsinghua.edu.cn
质量反馈: 010-62772015, zhiliang@tup.tsinghua.edu.cn
课件下载: http://www.tup.com.cn, 010-83470236

印 装 者: 三河市天利华印刷装订有限公司
经　　销: 全国新华书店
开　　本: 185mm×260mm　　印　张: 22.75　　字　数: 550 千字
版　　次: 2017 年 10 月第 1 版　　　　　　　　　印　次: 2022 年 1 月第 9 次印刷
印　　数: 27201～31200
定　　价: 49.00 元

产品编号: 075686-01

出版说明

随着我国高等教育规模的扩大以及产业结构调整的进一步完善,社会对高层次应用型人才的需求将更加迫切。各地高校紧密结合地方经济建设发展需要,科学运用市场调节机制,合理调整和配置教育资源,在改革和改造传统学科专业的基础上,加强工程型和应用型学科专业建设,积极设置主要面向地方支柱产业、高新技术产业、服务业的工程型和应用型学科专业,积极为地方经济建设输送各类应用型人才。各高校加大了使用信息科学等现代科学技术提升、改造传统学科专业的力度,从而实现传统学科专业向工程型和应用型学科专业的发展与转变。在发挥传统学科专业师资力量强、办学经验丰富、教学资源充裕等优势的同时,不断更新教学内容、改革课程体系,使工程型和应用型学科专业教育与经济建设相适应。计算机课程教学在从传统学科向工程型和应用型学科转变中起着至关重要的作用,工程型和应用型学科专业中的计算机课程设置、内容体系和教学手段及方法等也具有不同于传统学科的鲜明特点。

为了配合高校工程型和应用型学科专业的建设和发展,急需出版一批内容新、体系新、方法新、手段新的高水平计算机课程教材。目前,工程型和应用型学科专业计算机课程教材的建设工作仍滞后于教学改革的实践,如现有的计算机教材中有不少内容陈旧(依然用传统专业计算机教材代替工程型和应用型学科专业教材),重理论、轻实践,不能满足新的教学计划、课程设置的需要;一些课程的教材可供选择的品种太少;一些基础课的教材虽然品种较多,但低水平重复严重;有些教材内容庞杂,书越编越厚;专业课教材、教学辅助教材及教学参考书短缺,等等,都不利于学生能力的提高和素质的培养。为此,在教育部相关教学指导委员会专家的指导和建议下,清华大学出版社组织出版本系列教材,以满足工程型和应用型学科专业计算机课程教学的需要。本系列教材在规划过程中体现了如下一些基本原则和特点。

(1) 面向工程型与应用型学科专业,强调计算机在各专业中的应用。教材内容坚持基本理论适度,反映基本理论和原理的综合应用,强调实践和应用环节。

(2) 反映教学需要,促进教学发展。教材规划以新的工程型和应用型专业目录为依据。教材要适应多样化的教学需要,正确把握教学内容和课程体系的改革方向,在选择教材内容和编写体系时注意体现素质教育、创新能力与实践能力的培养,为学生知识、能力、素质协调发展创造条件。

(3) 实施精品战略,突出重点,保证质量。规划教材建设仍然把重点放在公共基础课和专业基础课的教材建设上;特别注意选择并安排一部分原来基础比较好的优秀教材或讲义修订再版,逐步形成精品教材;提倡并鼓励编写体现工程型和应用型专业教学内容和课程体系改革成果的教材。

(4) 主张一纲多本,合理配套。基础课和专业基础课教材要配套,同一门课程可以有多本具有不同内容特点的教材。处理好教材统一性与多样化,基本教材与辅助教材,教学参考书,文字教材与软件教材的关系,实现教材系列资源配套。

(5) 依靠专家,择优选用。在制订教材规划时要依靠各课程专家在调查研究本课程教材建设现状的基础上提出规划选题。在落实主编人选时,要引入竞争机制,通过申报、评审确定主编。书稿完成后要认真实行审稿程序,确保出书质量。

繁荣教材出版事业,提高教材质量的关键是教师。建立一支高水平的以老带新的教材编写队伍才能保证教材的编写质量和建设力度,希望有志于教材建设的教师能够加入到我们的编写队伍中来。

21世纪高等学校计算机教育实用规划教材编委会
联系人:魏江江 weijj@tup.tsinghua.edu.cn

前　　言

本教材是"21世纪高等学校计算机教育实用规划教材"系列之一,结合当前财经类专业计算机基础教学"面向应用,加强基础,普及技术,注重融合,因材施教"的教育理念,从而实现以任务驱动教学内容、以案例贯穿教学过程的教学方法,与经济管理相结合,旨在提高学生的动手实践能力,真正达到学以致用。

本教材是以 Excel 2013 软件作为案例的运行环境,所有的教学案例均做了认真调试,能够正确使用,也可在 Excel 2007 或 Excel 2010 环境下运行。本教材第 1 章到第 4 章注重培养学生的基础操作能力,第 5 章到第 11 章注重培养学生的自学操作能力,第 12 章、第 13 章注重培养学生的程序编写能力。

1. 本书特色

(1) 一线教学、由浅入深;
(2) 经济管理、图文并茂;
(3) 强调技巧、案例丰富;
(4) 接近工作、着重实用;
(5) 程序简明、设计独特;
(6) 一书在手、数据无忧。

2. 本书作者

全书共分为 13 章,总体分为三个部分,第一部分为 Excel 基础知识和应用技术,主要讲解 Excel 的基本操作,包括工作簿与工作表、公式定义与数据处理和图表应用等;第二部分为 Excel 在经济管理中的应用,主要包括 Excel 在数据统计与分析中的应用、Excel 在企业生产和经营管理中的应用、Excel 在市场销售管理中的应用、Excel 在工资绩效管理中的应用、Excel 在税收管理中的应用、Excel 在金融理财中的应用和 Excel 在会计业务中的应用;第三部分主要讲解利用 Excel 的开发工具中的 VBA 解决经济管理中的实际问题,主要包括 VBA 基础和 VBA 在经济管理中的应用。

常桂英编写了第 1 章、第 2 章,杨丽君编写了第 3 章、第 11 章,曹凤华编写了第 4 章、第 12 章,蔚淑君编写了第 5 章,韩勇编写了第 6 章、第 10 章,李翠梅编写了第 7 章,王彪编写了第 8 章,张利军编写了第 9 章,刘保利编写了第 13 章,本书的各章、节的内容配合案例驱动,增加了学习的实用性。

编者

2017 年 5 月

目　　录

第 1 章　Excel 工作簿与工作表 ·· 1

  1.1　工作簿窗口的组成 ··· 1
      1.1.1　标题栏 ·· 2
      1.1.2　功能区 ·· 4
      1.1.3　名称框 ·· 4
      1.1.4　编辑栏 ·· 6
      1.1.5　工作表视图 ·· 7
      1.1.6　工作表标签及滚动按钮 ··· 8
      1.1.7　状态栏 ·· 8
  1.2　工作簿的创建、保存、打开和关闭 ·· 9
      1.2.1　创建工作簿 ·· 9
      1.2.2　保存工作簿 ·· 9
      1.2.3　打开工作簿 ·· 11
      1.2.4　关闭工作簿 ·· 12
  1.3　Excel 工作表的基本操作 ··· 15
      1.3.1　工作表的插入 ·· 15
      1.3.2　重命名工作表 ·· 16
      1.3.3　工作表的移动和复制 ··· 16
      1.3.4　工作表拆分 ·· 17
      1.3.5　工作表窗口冻结 ·· 17
      1.3.6　工作表窗口排列 ·· 18
      1.3.7　工作表标签颜色 ·· 18
      1.3.8　工作表的隐藏 ·· 18
  1.4　保护工作簿 ·· 19
      1.4.1　设置工作簿密码 ·· 19
      1.4.2　打开有密码的工作簿 ··· 20
      1.4.3　修改和删除工作簿密码 ··· 21
      1.4.4　保护当前工作表 ·· 21
  1.5　打印工作簿 ·· 22

1.5.1 工作簿页面设置 …………………………………………… 22
1.5.2 设置打印区域 ……………………………………………… 23
1.5.3 打印预览 …………………………………………………… 23
1.5.4 打印设置 …………………………………………………… 23
1.6 本章课外实验 …………………………………………………………… 26
1.6.1 企业库存列表模板应用 …………………………………… 26
1.6.2 企业工作量工作簿应用 …………………………………… 26

第2章 Excel 数据填充与格式设置 …………………………………………… 27

2.1 Excel 表格插入点的设置和数据选定操作 ……………………………… 27
2.1.1 设置插入点 ………………………………………………… 27
2.1.2 工作表选定操作 …………………………………………… 28
2.2 Excel 基本数据的录入 …………………………………………………… 28
2.2.1 数值数据的输入 …………………………………………… 29
2.2.2 文本数据的输入 …………………………………………… 29
2.2.3 日期、时间数据输入 ……………………………………… 29
2.2.4 不同单元格输入相同数据 ………………………………… 29
2.2.5 记忆式输入 ………………………………………………… 29
2.3 表格中数据的填充 ……………………………………………………… 32
2.3.1 上下左右填充 ……………………………………………… 32
2.3.2 序列填充 …………………………………………………… 32
2.3.3 日期序列 …………………………………………………… 32
2.3.4 自动填充 …………………………………………………… 34
2.3.5 自定义序列 ………………………………………………… 34
2.3.6 通过数据验证产生下拉菜单输入数据 …………………… 36
2.4 外部数据的导入 ………………………………………………………… 39
2.4.1 导入 Access 数据 …………………………………………… 39
2.4.2 导入文本文件 ……………………………………………… 40
2.5 Excel 表格的格式设置 …………………………………………………… 43
2.5.1 工作表行列设置 …………………………………………… 43
2.5.2 选定区域的移动与复制 …………………………………… 44
2.5.3 格式化工作表数据 ………………………………………… 44
2.5.4 锁定单元格或隐藏公式 …………………………………… 45
2.5.5 自动套用格式 ……………………………………………… 45
2.5.6 数字格式 …………………………………………………… 47
2.5.7 条件格式 …………………………………………………… 49
2.6 本章课外实验 …………………………………………………………… 54
2.6.1 商品销售表的制作 ………………………………………… 54

		2.6.2 系列数据填充应用 …………………………………………… 54
		2.6.3 工作表的格式化设置 …………………………………… 55

第3章 Excel公式定义与数据处理 …………………………………… 57

- 3.1 公式的定义 …………………………………………………… 57
  - 3.1.1 输入和修改公式 ……………………………………… 57
  - 3.1.2 公式的使用 …………………………………………… 58
- 3.2 运算符 ………………………………………………………… 58
  - 3.2.1 算术运算符 …………………………………………… 58
  - 3.2.2 比较运算符 …………………………………………… 58
  - 3.2.3 文本运算符 …………………………………………… 59
  - 3.2.4 运算符的应用 ………………………………………… 60
- 3.3 单元格引用 …………………………………………………… 63
  - 3.3.1 引用格式 ……………………………………………… 64
  - 3.3.2 不同工作表单元格的引用 …………………………… 65
  - 3.3.3 不同工作簿中单元格的引用 ………………………… 66
- 3.4 定义名称与使用名称 ………………………………………… 71
  - 3.4.1 定义名称 ……………………………………………… 71
  - 3.4.2 使用名称 ……………………………………………… 73
- 3.5 数据处理 ……………………………………………………… 77
  - 3.5.1 数据排序 ……………………………………………… 77
  - 3.5.2 数据筛选 ……………………………………………… 79
  - 3.5.3 分类汇总 ……………………………………………… 80
  - 3.5.4 数据综合处理 ………………………………………… 82
- 3.6 本章课外实验 ………………………………………………… 89
  - 3.6.1 单元格引用 …………………………………………… 89
  - 3.6.2 产品筛选 ……………………………………………… 90
  - 3.6.3 职工工资表的数据处理 ……………………………… 91

第4章 Excel图表应用 ……………………………………………… 93

- 4.1 图表的生成 …………………………………………………… 93
  - 4.1.1 图表的插入 …………………………………………… 93
  - 4.1.2 图表的快速布局 ……………………………………… 94
  - 4.1.3 图表的样式选择 ……………………………………… 94
  - 4.1.4 数据标签 ……………………………………………… 95
  - 4.1.5 切换图表行列 ………………………………………… 95
  - 4.1.6 更改图表类型 ………………………………………… 97
  - 4.1.7 数据表 ………………………………………………… 97

4.2 图表的修改 · 99
    4.2.1 添加图表标题 · 99
    4.2.2 修改坐标轴标题 · 99
    4.2.3 删除和增加图例项 · 101
    4.2.4 更改 X 轴标签 · 102
    4.2.5 修改水平轴（X 轴）的文字方向 · 103
    4.2.6 修改 Y 轴数据格式 · 104
    4.2.7 更改图例位置 · 106
    4.2.8 网格线 · 106
    4.2.9 添加背景 · 107
4.3 数据透视表 · 110
    4.3.1 生成数据透视表 · 110
    4.3.2 生成数据透视图 · 112
4.4 本章课外实验 · 114
    4.4.1 国民生产总值统计图 · 114
    4.4.2 企业工资计算与数据透视图 · 117

第 5 章 Excel 在数据统计与分析中的应用 · 119

5.1 数组公式及数据处理应用 · 119
    5.1.1 认识数组和数组公式 · 119
    5.1.2 数组的常见形式 · 120
    5.1.3 数组间的运算 · 120
5.2 常用数学统计函数及数据处理应用 · 124
    5.2.1 企业产品总量统计 · 124
    5.2.2 企业人数分段统计 · 130
    5.2.3 企业人均产量统计 · 134
    5.2.4 企业产量最值及排位统计 · 136
    5.2.5 综合应用 · 140
5.3 本章课外实验 · 143
    5.3.1 企业车间组装量分析 · 143
    5.3.2 企业车间组装量汇总 · 144

第 6 章 Excel 在企业生产和经营管理中的应用 · 145

6.1 设计企业生产管理常用表格 · 145
    6.1.1 生产部门业务能力分析表 · 145
    6.1.2 设计产品成本核算系统 · 147
    6.1.3 设计新产品开发测试情况登记表 · 149
    6.1.4 设计新产品开发测试统计表 · 151

6.2 日期时间函数的应用 ·· 153
  6.2.1 产品交货日期计算 ··· 153
  6.2.2 生产任务工作日计算 ·· 154
  6.2.3 工时数计算 ·· 155
6.3 企业经营管理 ·· 156
  6.3.1 药品研发阶段成本计算 ··· 156
  6.3.2 产品订单数量与单价的管理 ·· 158
  6.3.3 连锁店与各类产品销售情况汇总表 ·· 159
6.4 本章课外实验 ·· 161
  6.4.1 企业生产车间男女员工生产件数统计 ······································· 161
  6.4.2 企业工作量分段人数统计 ··· 161
  6.4.3 企业员工的工作天数 ·· 162
  6.4.4 商品保修期计算 ··· 163

第 7 章 Excel 在市场销售管理中的应用 ·· 164

7.1 员工销售量查询 ·· 164
7.2 库存产品查询 ·· 168
7.3 产品批发零售销售额及利润计算 ··· 169
7.4 销售金额等级评价与奖金 ·· 172
7.5 员工业绩考核管理 ··· 174
7.6 编制进货单 ··· 177
7.7 本章课外实验 ·· 179
  7.7.1 进货信息查询 ··· 179
  7.7.2 企业库存量计算 ··· 179
  7.7.3 员工月销售提成计算 ·· 180

第 8 章 Excel 在工资绩效管理中的应用 ·· 182

8.1 工资表的建立 ·· 182
  8.1.1 建立实体-关系图 ··· 182
  8.1.2 工资表的建立 ··· 185
8.2 基本工资的计算 ·· 188
8.3 绩效工资的计算 ·· 190
8.4 工资报表的编制 ·· 191
8.5 工资的统计分析 ·· 194
8.6 年度工资绩效计算分析 ·· 198
  8.6.1 编制二月份、三月份工资表 ·· 198
  8.6.2 一季度工作量、工资情况汇总分析 ·· 201
  8.6.3 各季度工作量、工资情况变化趋势分析 ··································· 204

8.6.4 全年绩效工资改革情况分析 …… 206
8.6.5 各部门全年实际工作量、工资情况分析 …… 208
8.7 本章课外实验 …… 209
8.7.1 统计分析职工个人的工作量 …… 209
8.7.2 统计分析职工个人的工资绩效 …… 210

第 9 章 Excel 在税收管理中的应用 …… 216

9.1 税收基础知识 …… 216
9.1.1 增值税 …… 216
9.1.2 消费税 …… 217
9.1.3 企业所得税 …… 219
9.1.4 个人所得税 …… 220
9.2 Excel 在纳税申报方面的应用 …… 221
9.3 Excel 在税务筹划中的应用 …… 229
9.4 Excel 在税收征管中的应用 …… 231
9.4.1 使用分析工具库进行趋势预测 …… 232
9.4.2 使用函数进行趋势预测 …… 235
9.4.3 使用图表进行趋势预测 …… 236
9.5 常用税收分析指标的计算 …… 239
9.5.1 税收动态指标分析 …… 239
9.5.2 税收与经济关系因素分析 …… 240
9.6 本章课外实验 …… 242
9.6.1 消费税纳税申报 …… 242
9.6.2 个人所得税计算 …… 242

第 10 章 Excel 在金融理财中的应用 …… 244

10.1 银行储蓄收益计算 …… 244
10.1.1 定额定投型储蓄收益 …… 244
10.1.2 复利计算储蓄收益 …… 246
10.1.3 单笔投资计算复利现值 …… 248
10.1.4 定额定期计算复利付款 …… 249
10.1.5 浮动利率储蓄收益 …… 251
10.2 贷款方案计算 …… 252
10.2.1 等额本金分期还款计算 …… 253
10.2.2 等额本息分期还款计算 …… 255
10.2.3 等额本息还款期数计算 …… 257
10.2.4 贷款利率计算 …… 259
10.3 理财方案比较 …… 260

		10.3.1 不同年限存款比较	260
		10.3.2 投资方案比较	262
		10.3.3 购房贷款计划	263
	10.4	本章课外实验	265
		10.4.1 定额定投基金收益	265
		10.4.2 借款复利计算	266
		10.4.3 教育经费现值计算	266
		10.4.4 养老储蓄计算	267
		10.4.5 等额本金期数计算	267
		10.4.6 等额本息还款计算	268
		10.4.7 贷款利率比较	268

第 11 章 Excel 在会计业务中的应用 269

	11.1	总分类账与会计报表	269
		11.1.1 建立和维护会计总分类账	269
		11.1.2 编制总分类账	271
	11.2	编制资产负债表	273
	11.3	编制利润表	277
	11.4	资金管理	279
	11.5	固定资产折旧	281
		11.5.1 固定资产折旧相关概述	281
		11.5.2 年限平均法	282
		11.5.3 双倍余额递减法	283
		11.5.4 年数总和法折旧	285
	11.6	本章课外实验	287
		11.6.1 汇总银行日记账	287
		11.6.2 固定资产折旧计算	287

第 12 章 Excel VBA 基础 290

	12.1	VBA 及其开发环境	290
		12.1.1 VBA 简介	290
		12.1.2 VBA 开发环境	290
		12.1.3 Excel 对象	293
	12.2	Application 对象简介	293
		12.2.1 Application 对象常用属性	293
		12.2.2 Application 对象常用方法	294
		12.2.3 Application 对象常用事件	294
	12.3	Workbook 对象简介	297

  12.3.1　Workbooks 集合 ·················· 297
  12.3.2　Workbook 对象常用属性 ········ 297
  12.3.3　Workbook 对象常用方法 ········ 298
  12.3.4　Workbook 对象常用事件 ········ 298
 12.4　Worksheet 对象简介 ························ 300
  12.4.1　Worksheets 集合 ·················· 300
  12.4.2　Worksheet 对象常用属性 ······· 301
  12.4.3　Worksheet 对象常用方法 ······· 301
  12.4.4　Worksheet 对象常用事件 ······· 302
 12.5　Range 对象简介 ······························· 305
  12.5.1　Range 对象常用属性 ·············· 305
  12.5.2　Range 对象常用方法 ·············· 305
  12.5.3　Range 对象使用 ···················· 306
 12.6　本章课外实验 ·································· 310
  12.6.1　隐藏或显示工作表 ·················· 310
  12.6.2　贷款打折 ································ 310
  12.6.3　行列的插入与删除 ·················· 311

第 13 章　VBA 在经济管理中的应用 ············ 312

 13.1　VBA 在数据统计与分析中的应用 ···· 312
  13.1.1　产品生产件数的统计 ·············· 312
  13.1.2　工资分类汇总统计 ·················· 314
 13.2　VBA 在企业生产和经营管理中的应用 ··· 316
  13.2.1　企业商品到货日期计算 ··········· 316
  13.2.2　企业商品保质期计算 ·············· 317
 13.3　VBA 在市场销售管理中的应用 ········ 319
  13.3.1　企业产品库存查询 ·················· 319
  13.3.2　年终销售额绩效奖金计算 ········ 321
  13.3.3　企业员工业绩考核 ·················· 323
 13.4　VBA 在企业办公中的应用 ··············· 325
  13.4.1　企业员工身份证信息处理 ········ 325
  13.4.2　企业员工考勤管理 ·················· 327
 13.5　VBA 在税收管理中的应用 ··············· 329
  13.5.1　娱乐业纳税申报表 ·················· 329
  13.5.2　工资、薪金所得税计算 ··········· 331
 13.6　VBA 在金融理财中的应用 ··············· 333
  13.6.1　复利计算本利合计 ·················· 333
  13.6.2　固定年金的还款数与本金计算 ··· 335

  13.7 VBA 在会计业务中的应用 ·· 336
    13.7.1 总分类账与试算平衡 ·· 336
    13.7.2 计提固定资产折旧 ·· 338
  13.8 本章课外实验 ··· 339
    13.8.1 通过文本框按部门汇总应发工资 ······································ 339
    13.8.2 通过列表框按部门汇总应发工资 ······································ 340
    13.8.3 通过选项按钮实现按部门汇总应发工资 ··························· 340
    13.8.4 销售量等级评价与销量统计 ·· 341
    13.8.5 浮动利率的存款计算 ·· 342

参考文献 ··· 344

第 1 章　Excel 工作簿与工作表

引言

Excel 是专门进行表格绘制、数据整理、数据分析的数据处理专业软件，是现代办公不可或缺的常用软件。利用它可完成表格输入、统计、分析等多项工作，可生成精美直观的表格和图表。为人们日常生活和工作中处理各式各样的表格提供了良好的工具。

经济管理中常用的报表、工资表、收支统计表等工作最常用的工具就是 Excel 电子表格软件，Excel 电子表格软件除了包括输入、编辑、格式化、排序、计算和将表格转换成各类统计表等基本功能外，最明显的特点是可以将重复的数据快速复制，可以将常用的数据统计进行函数化处理，可以在拖动中快速完成烦琐的数据统计。

Excel 的工作方式是为用户提供工作簿，Excel 工作簿实际就是一个 Excel 文件，包括 Excel 2013 的.xlsx 文件和兼容以前 Excel 97～Excel 2003 版本的.xls 文件。每一个工作簿包含若干张工作表，用户在工作表中完成各种数据的处理，最后将工作簿以文件的形式保存或打印输出。

Excel 工作表是打开工作簿后，在 Excel 窗口工作区部分由行、列组成的用于保存和分析用户数据的表格。掌握 Excel 工作表操作，是 Excel 处理数据的基础。数据加工处理完成，要对工作表进行相应的格式化和打印。

本章学习目标

- ❖ 工作簿窗口的组成
- ❖ 创建工作簿
- ❖ 保存工作簿
- ❖ 打开工作簿
- ❖ 关闭工作簿
- ❖ 保护工作簿
- ❖ 工作表的基本操作

1.1　工作簿窗口的组成

Excel 的工作簿是由一张或若干张表格组成的，启动 Excel 时，系统会默认创建一个空白工作簿，该工作簿包含一个空白工作表，默认为 Sheet1，再创建工作表时默认为 Sheet2、

Sheet3……依此类推。Excel 2013 系统将每一个工作簿作为一个文件保存,其扩展名为".xlsx"。工作簿名称显示在 Excel 程序窗口标题栏正中间,默认为工作簿1,此后依次创建的工作簿会被自动命名为工作簿2、工作簿3……如图1-1所示。

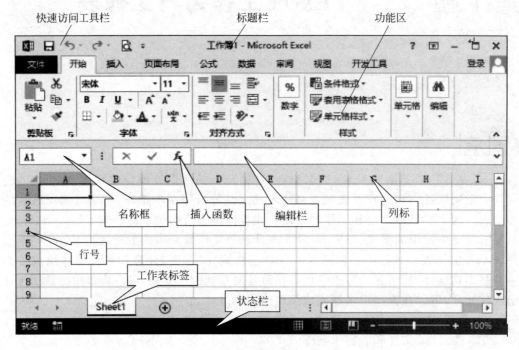

图 1-1 Excel 工作簿窗口组成

1.1.1 标题栏

在使用 Excel 时标题栏有如下作用:

(1) 确定是否是当前窗口。

(2) 显示当前工作簿的文件名,默认为工作簿1,工作簿2,……,保存后显示的是文件名。

(3) 在标题栏上双击可以最大化或还原当前工作簿窗口。

(4) 通过鼠标可以移动当前窗口。

(5) 标题栏右端是控制按钮,包括最小化、最大化、关闭按钮。

(6) 在工作簿名称左端是自定义快速访问工具栏。系统默认有"新建"、"保存"、"撤销"等常用命令按钮。单击 ▼ 按钮,单击其他命令,打开 Excel 选项,可以自定义添加命令按钮,如图1-2所示。

例如:将"插入控件"命令按钮添加到快速访问工具栏,可以单击"其他命令"→"快速访问工具栏"→"所有命令"→"插入控件"选项,单击"添加"按钮或双击"插入控件"选项,便在快速访问工具栏中显示" ▦▾ 插入控件",如图1-3所示。

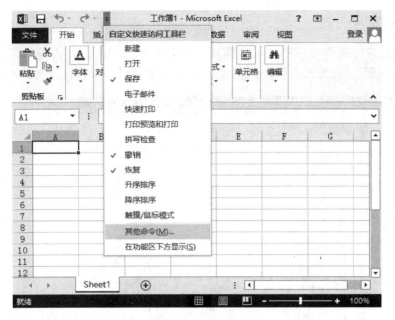

图 1-2 Excel 中的自定义快速访问工具栏

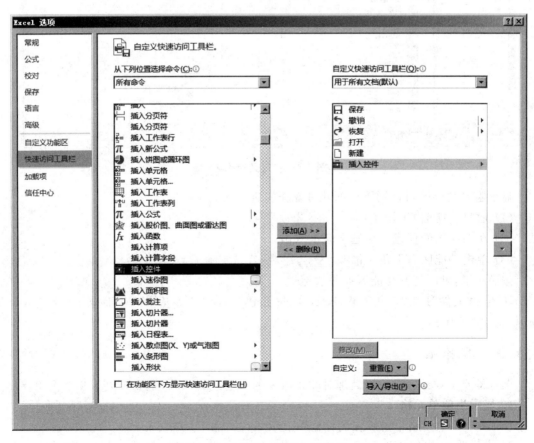

图 1-3 快速访问工具栏中添加新工具

1.1.2 功能区

Excel 的基本功能都可在功能区中实现,包括"开始"、"插入"、"页面布局"、"公式"、"数据"、"审阅"、"视图"、"开发工具"等选项卡。功能区在使用时也可以自己定义,如图 1-4 所示。

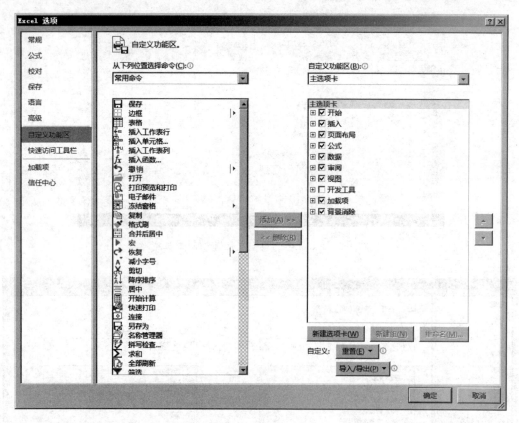

图 1-4 自定义功能区

显示隐藏功能区可以用下面的几种操作实现:
(1) 通过快捷键 Ctrl+F1。
(2) 在功能区的任意一个选项卡上双击。
(3) 单击功能区右下角小箭头 ⌃ 。
按 Alt 键,可以打开功能区操作快捷键。
功能区"文件"选项卡包含了 Excel 中的"新建"、"保存"等基本操作命令,以及 Excel 选项,如图 1-5 所示。

1.1.3 名称框

名称框是 Excel 进行数据处理时非常重要的一个组成部分,主要有以下几个作用。

1. 显示当前单元格

例如在 A1 单元格单击后在名称框中显示 A1。

2. 进行单元格的定位

例如要定位的单元格为 B5000,可以直接到名称框中输入"B5000",回车后系统会自动

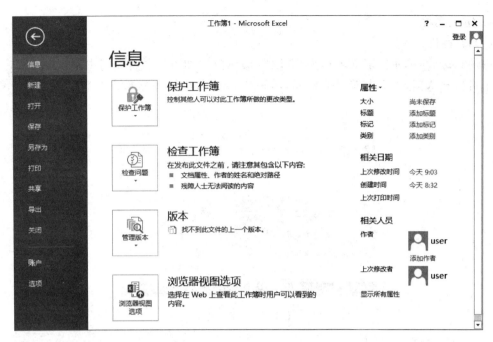

图 1-5　Excel 中的"文件"选项卡

定位到 B5000 单元格。

3．进行范围选取

利用名称框可以选择指定的行或列,如表 1-1 和表 1-2 所示。例如：输入"1:1"可以选定第 1 行的所有单元格；输入"A:A"可以选定 A 列等,输入"A1:C100"可以选定 3 列 100 行数据区域。

表 1-1　引用运算符

引用运算符	示　例	含　义
:（冒号）	A1:C5	区域运算符,表示的是 A1 到 C5 的所有单元格
,（逗号）	A1:C5,F1:H5	联合运算符,表示的是 A1 到 C5 和 F1 到 H5 的所有单元格
（空格）	A1:C5 B3:D8	交集运算符,表示的是两个区中相交部分的所有单元格,也就是 B3 到 C5 的所有单元格

表 1-2　单元格范围选取

在名称框中输入	选 取 范 围
1:1	选取第 1 行所有单元格
1:5	选取第 1 行到第 5 行所有单元格
1:1,3:3,5:10	选取第 1 行、第 3 行、第 5 行到第 10 行的所有单元格
A:A	选取 A 列所有单元格
A:C	选取 A 列到 C 列所有单元格
A:A,C:E	选取 A 列和 C 列到 E 列所有单元格
A1:C100	选取 A1 到 C100 的所有单元格
A1:C10,E1:G10	选取 A1 到 C10 和 E1 到 G10 的所有单元格
A1,B7,C5,F10	选取 A1,B7,C5,F10 四个单元格

4. 定义名称

（1）名称创建

将 A1 到 C5 单元格定义名称为"选取"，操作方法如下：在名称框中输入 A1:C5，在名称框中再次输入"选取"，如图 1-6 所示，也可以通过名称管理器单击"新建"按钮，如图 1-7 所示。

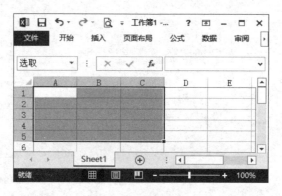

图 1-6　定义名称

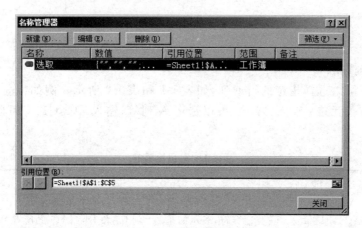

图 1-7　名称管理器

（2）名称的删除

Excel 中定义的名称不能与已经定义的名称重复，如果想把 C6 到 F10 单元格范围的名称也定义为"选取"，此名称将不能再使用，所以必须删除已定义的"选取"的名称后，再重新使用。选择"公式"→"定义的名称"→"名称管理器"选项，在打开的"名称管理器"中进行删除，在此也可以对已定义的名称进行编辑，如图 1-7 所示。

（3）名称的编辑与修改

定义好的名称如果需要修改可以通过名称管理器中的"编辑"来实现。如图 1-7 所示。有关名称的使用在后续第 3 章中会做更详尽的叙述，在此不再赘述了。

1.1.4　编辑栏

编辑栏的作用主要有以下几种。

1. 进行数据录入

在名称框中进行单元格定位后,直接在编辑栏中输入要录入的数据,也可以在当前单元格中直接录入。

2. 进行数据修改

修改时单击要修改的单元格,在编辑框中就可以完成修改。

3. 进行公式定义

定义公式时先在编辑栏中输入等号,然后输入相应的公式;也可单击插入函数按钮 f_x 插入函数。

1.1.5 工作表视图

Excel 工作表是由若干行和列组成的一张表格。

1. 工作表行号

用 1、2、3、……来表示行数,一直到 1 048 576 行。

2. 工作表列标

用 A、B、…、Z、AA、AB、…、AZ、BA、BB、…、BZ 的规律来表示列数,一直到 XFD 列共有 16 384 列。

3. 网格线

Excel 的单元格视图方式并不是制作出来的表格,制作表格需要在网格线的基础上加上表线即可。

(1) 网格线的隐藏

在"视图"→"显示"选项卡中选择"网格线"选项,通过选中或取消选中复选框选择显示或隐藏网格线。在这个选项卡中也可以设置显示/隐藏编辑栏、显示/隐藏标题(即行标和列标)功能。

(2) 修改网格线颜色

单击功能区"文件"→"选项"→"高级"→"网格线颜色",如图 1-8 所示。

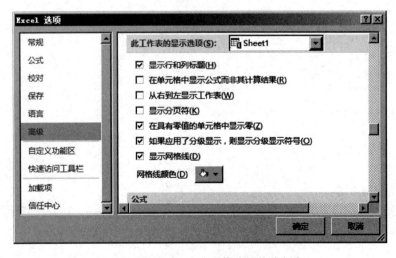

图 1-8 通过 Excel 选项修改网格线颜色

1.1.6 工作表标签及滚动按钮

工作表标签位于窗口的左下方,用于显示工作表名称。右击工作表标签显示如图 1-9 所示的快捷菜单,双击工作表标签可直接修改名称。

在工作表标签区有两个滚动按钮:"前一个工作表"按钮 ◀ 和"后一个工作表"按钮 ▶,按住 Ctrl 键结合这两个按钮,可以快速跳转到第一个工作表或最后一个工作表。

1.1.7 状态栏

状态栏位于操作界面的底部,显示当前工作的状态和显示比例等。右击状态栏可显示"自定义状态栏"快捷菜单,如图 1-10 所示。利用该菜单可以设置如单元格模式、权限、平均值、最小值、最大值、求和等状态或值是否在状态栏中显示。选择菜单中的某一项,使其前面出现或取消"√"符号,进而控制该项在状态栏上是否显示。

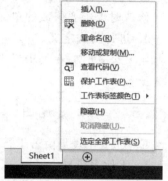

图 1-9 工作表标签弹出菜单

图 1-10 自定义状态栏

1.2 工作簿的创建、保存、打开和关闭

1.2.1 创建工作簿

1. 创建空白工作簿

Excel 启动时,系统会自动根据"空白工作簿"模板创建一个空白工作簿。用户可以利用"文件"菜单或组合键 Ctrl+N 创建新的空白工作簿。

2. 创建基于模板的新工作簿

Excel 启动后,系统会自动提供多个模板以供选择,如个人月预算、账单等。单击"文件"菜单,从左侧列表中选择"新建"项,然后选择本地模板或联机模板,系统会根据选定的模板样式创建新工作簿,如图 1-11 所示。

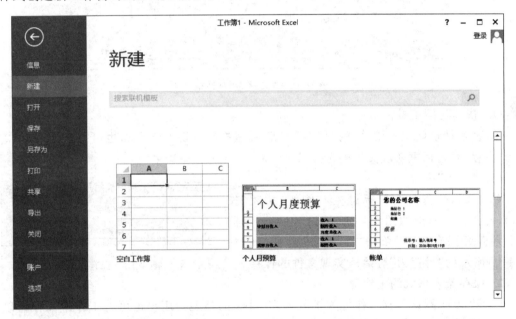

图 1-11 通过 Excel 文件选项新建模板工作簿

1.2.2 保存工作簿

对于新创建的工作簿,不论其编辑修改操作是否完成,都要将其保存起来,以方便以后使用。

1. 保存 Excel 工作簿

保存 Excel 工作簿的方法很多,主要可通过以下方法实现。

(1)"文件"菜单

如果新创建的工作簿未保存过,单击"文件"菜单,从 Backstage 视图左侧选择"保存"选项,会打开"另存为"对话框,如图 1-12 所示。在该对话框中输入工作簿名称,确定工作簿要保存的位置,单击"保存"按钮将其保存;对于已经保存过的工作簿,在 Backstage 视图中选择"保存"选项后不会弹出"另存为"对话框,而是直接将新的编辑修改操作保存在原文件中。

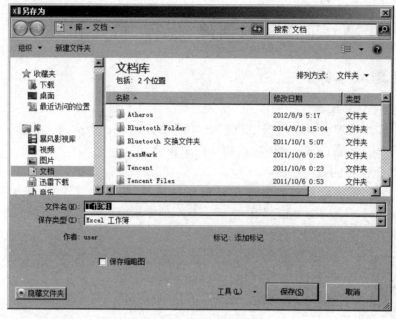

图 1-12 "另存为"对话框

(2) 快捷访问工具栏

单击"快捷访问工具栏"中的"保存"按钮 ■ 或按组合键 Ctrl+S,也可打开如图 1-12 所示的"另存为"对话框实现文件的保存。

(3) "关闭"按钮

单击 Excel 程序窗口标题栏右侧的"关闭"按钮,系统会自动弹出如图 1-13 所示的对话框,询问用户是否要保存文件,单击"是"按钮也可打开如图 1-12 所示的"另存为"对话框实现文件的保存。

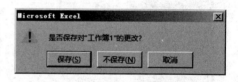

图 1-13 保存消息框

2. 保存兼容格式的工作簿

Excel 2013 默认保存工作簿为扩展名为 .xlsx 的类型。用户也可将工作簿保存为以前版本兼容的格式,在保存对话框中文件类型选择如"Excel 97-2003 工作簿",如图 1-14 所示。

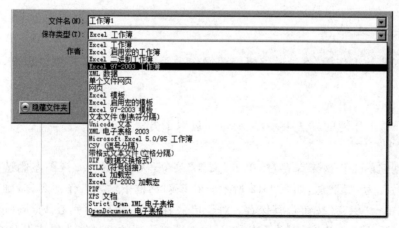

图 1-14 "保存类型"下拉列表

3. 自动保存工作簿

自动保存工作簿可以防止在突然断电的情况下用户丢失大量未存盘的数据。例如用户预先将自动保存设置为 10 分钟,系统每隔 10 分钟就会自动保存一次当前的工作簿。如果由于某种原因,用户没来得及保存当前的工作簿系统便关闭了,再次启动 Excel 时,系统会自动将工作簿恢复到最后一次自动保存的状态下,这样就会大大减少用户的数据丢失。具体操作如下:

单击"文件"→"选项"→"保存",在右侧"保存工作簿"区域,单击"将文件保存为此格式"项右侧的 ▼ 按钮,从中展开列表中选择默认保存工作簿类型为"Excel 工作簿";选中"保存自动恢复信息时间间隔"复选框,并在其后的文本框中输入自动保存工作簿的时间,如 10 分钟;在"自动恢复文件位置"选项右侧的文本框中,可以设置或修改工作簿自动保存或恢复的路径,如图 1-15 所示。

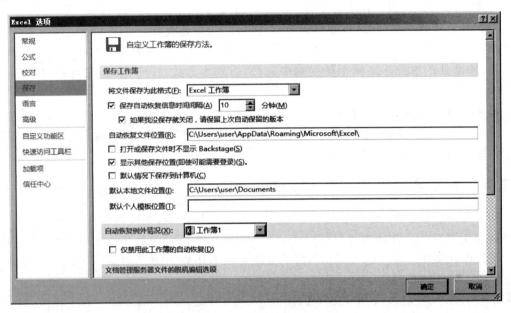

图 1-15　自动保存工作簿

4. 保存为网页或模板

在如图 1-14 所示的"另存为"对话框中的"保存类型"下拉列表中选择"网页"或"Excel 模板",即可将文档保存为网页或模板。

1.2.3　打开工作簿

1. 打开 Excel 工作簿的方式

(1) 双击要打开的工作簿。

(2) 右击要打开的工作簿,从弹出的快捷菜单中选择"打开"命令。

(3) 在启动 Excel 的情况下,可以通过"打开"对话框选择要打开的工作簿。

(4) 在启动 Excel 的情况下,可按 Ctrl+O 组合键通过"打开"对话框选择要打开的工作簿。

2. 以只读方式打开 Excel 工作簿

如果不希望内容审阅者无意间修改文件,可以以只读方式打开 Excel 工作簿。以只读方式打开 Excel 工作簿,可以查看的是原始文件,但无法保存对它的更改。在"打开"对话框中根据路径查找到所要打开的工作簿,然后单击"打开"按钮旁的 ▼ 按钮,从展开列表中选择"以只读方式打开"选项,即可以只读方式打开 Excel 工作簿,如图 1-16 所示。

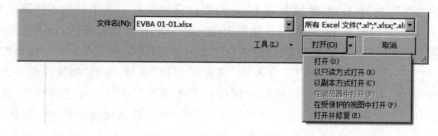

图 1-16　Excel 工作簿打开方式

3. 以副本方式打开 Excel 工作簿

以副本方式打开文件时,程序将创建文件的副本,并且查看的是副本。用户所做的任何更改都将保存到该副本中。程序为副本提供新名称,默认情况下是在文件名的开头添加"副本(1)",操作是在如图 1-16 所示的列表中选择"以副本方式打开"选项,即可以副本方式打开 Excel 工作簿。

4. 打开最近浏览过的工作簿

单击"文件"菜单,从 Backstage 视图的左侧选择"打开"选项,在右侧显示的"最近使用的工作簿"列表中选择一个将其打开。

1.2.4　关闭工作簿

操作完毕的工作簿,要及时关闭,以避免打开的窗口过多,不便操作或产生误操作。如果当前工作簿修改后并未执行保存操作,会弹出图 1-13 所示的保存提示对话框,询问用户是否进行保存操作。常见的关闭工作簿的方法有以下几种。

1. 退出 Excel 系统

单击 Excel 系统窗口右上角的"关闭"按钮,退出 Excel 的同时关闭所有工作簿。

2. "关闭"命令

单击"文件",打开 Office 菜单,选择"关闭"命令。

3. 快捷键

按组合键 Alt+F4,关闭当前工作簿。

案例 1-1　创建"销售报表"模板

 案例要求

启动 Excel,创建"销售报表"模板进行如下操作:
(1) 将建好的工作簿保存为"案例 1-1 答案",将该工作簿关闭。
(2) 以只读方式重新打开"案例 1-1 答案"工作簿。
(3) 设置自动保存工作簿的时间间隔为 5 分钟。
(4) 将工作簿另存为兼容格式,文件名为"副本案例 1-1 答案"。

 **案例实效**

本案例最终效果如图 1-17 所示。

图 1-17 销售报表

 **案例实施**

本案例的实现用到了利用模板创建 Excel 工作簿及工作簿的保存、关闭、打开和设置自动保存工作簿等知识点。

(1) 启动 Excel，执行"销售报表"模板→"创建"命令，如图 1-18 所示。

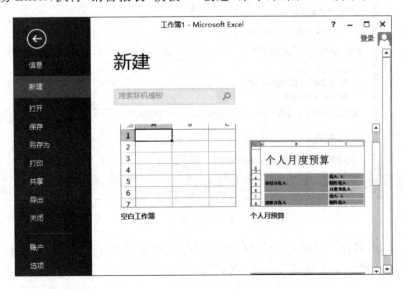

图 1-18 销售报表模板

按 Ctrl+W 组合键关闭并保存为"案例 1-1 答案"。

（2）按 Ctrl+O 组合键打开，通过浏览找到保存为"案例 1-1 答案"的工作簿，在打开对话框中选中该工作簿，单击打开按钮后面的箭头，选择"以只读方式打开"选项。如图 1-19 所示。

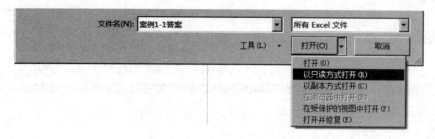

图 1-19　文件打开方式

（3）执行"文件"→"选项"→"保存"→"保存自动回复信息时间间隔"命令，设置自动保存工作簿的时间间隔为 5 分钟，如图 1-20 所示。

图 1-20　设置自动保存时间间隔

（4）将工作簿另存，在"另存为"对话框中保存类型选择"Excel 97-2003"，在"文件名"文本框中输入"副本案例 1-1 答案"，单击"保存"按钮，如图 1-21 所示。

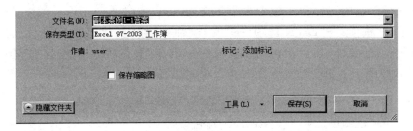

图 1-21　保存兼容模式

1.3　Excel 工作表的基本操作

1.3.1　工作表的插入

工作表存在于工作簿中,在 Excel 2013 新创建的工作表中默认包含一个工作表 Sheet1。如果要在现有工作表的末尾快速插入新工作表,可以单击工作表标签后面的"插入新工作表"按钮,如图 1-22 所示。

如果要在当前工作表之前插入新工作表,可以单击"开始"→"插入"→"插入工作表"命令,如图 1-23 所示。也可在当前工作表标签上右击,弹出如图 1-24 所示的快捷菜单,单击"插入"命令,插入新工作表。

图 1-22　插入新工作表按钮

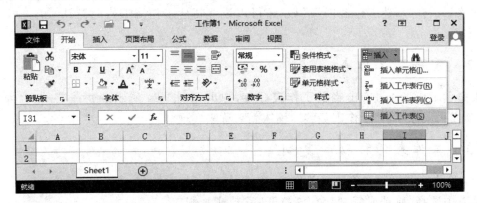

图 1-23　插入工作表

图 1-24　右击工作表标签弹出的快捷菜单

如果要在新创建的工作簿中包含多个工作表,可以通过改变工作表的默认数来实现,执行"文件"菜单→"选项"→"Excel 选项"→"常规"命令,在"新建工作簿时"区域,修改"包含的工作表数"选项的数值,然后单击"确定"按钮。其中"包含的工作表数"可设最小值是 1,最大值是 255,如图 1-25 所示。

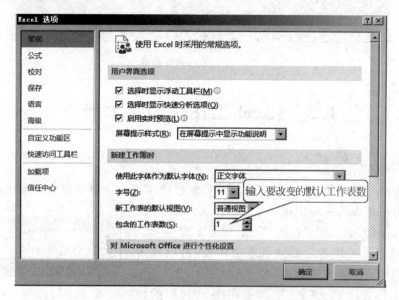

图 1-25 "Excel 选项"对话框

在该对话框"新建工作簿时"区域,还可以设置新建工作簿编辑时默认采用的字体、字号、视图等。

1.3.2 重命名工作表

重命名工作表通过右击当前工作表标签,弹出如图 1-24 所示的快捷菜单,选择"重命名"命令或用鼠标双击"工作表标签",输入新名称来实现。

1.3.3 工作表的移动和复制

(1)选中需要复制或移动的工作表,在工作表标签上右击,在弹出的如图 1-24 所示的快捷菜单中选择"移动或复制"命令,打开"移动或复制工作表"对话框,如图 1-26 所示,如果选中"建立副本"复选框,就是复制,不选中该复选框就是移动。

(2)工作表的复制也可以通过按 Ctrl+左键拖动来实现,例如将 Sheet1 复制,就会产生一个名称为 Sheet1(2)的工作表,如图 1-27 所示。

(3)工作表的移动与工作表的复制的不同是:复制需要配合按 Ctrl 键,而移动只需按住鼠标左键直接进行拖动,工作表的移动可以在同一个工作簿中移动也可以在不同工作簿间移动。

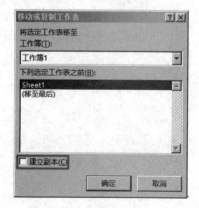

图 1-26 移动工作表

图 1-27　复制工作表

1.3.4　工作表拆分

对于一个数据量大的工作表需要前后比较分析的情况可以使用工作表拆分。利用视图选项卡"窗口"组中的"拆分"选项,即可实现将窗口一分为四,如图 1-28 所示。

图 1-28　"窗口"组中的"拆分"

1.3.5　工作表窗口冻结

窗口冻结是冻结工作表的某一部分以使其在滚动浏览工作表其余部分时该部分保持可见。

执行"视图"→"窗口"→"冻结窗格"命令,在展开的列表中设置窗口的冻结,如图 1-29 所示。如果要冻结首行和首列,可以在图 1-29 所示列表中选择"冻结首行"和"冻结首列"命令。如果同时冻结行和列,首先在工作表中定位单元格,然后选择列表中的"冻结拆分窗格"命令,将当前单元格上方的行,左部的列冻结。窗口冻结后,该列表中的"冻结拆分窗格"命令变成"取消冻结窗格",单击该命令可取消窗口冻结。

图 1-29　冻结拆分窗格

1.3.6 工作表窗口排列

工作表窗口排列可以通过执行"视图"→"窗口"→"全部重排"命令,利用弹出的"重排窗口"对话框来实现,如图1-30所示。

1.3.7 工作表标签颜色

有时为了突出某个工作表的重要程度,需要设置工作表标签的颜色,设置方法是在工作表标签上右击,在弹出如图1-24所示的快捷菜单中选择"工作表标签颜色"命令,然后在级联调色板中选择合适的颜色即可。

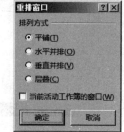

图1-30 "重排窗口"对话框

1.3.8 工作表的隐藏

隐藏工作表可以从一定程度上提高数据的安全性,方法是右击要隐藏的工作表标签,在弹出的如图1-24所示的快捷菜单中选择"隐藏"命令。单击该菜单中的"取消隐藏"命令可以重新显示被隐藏的工作表。

案例 1-2　工作表的基本操作

案例要求

打开名称为"案例1-2.xlsx"工作簿,进行如下操作:

(1) 将"全年件数统计"工作表复制并重命名为"筛选"工作表、"排序"工作表、"分类汇总"工作表。

(2) 将"全年件数统计"工作表标签颜色设置为红色。

(3) 冻结"全年计件数汇总"工作表,使得在滚动工作表时第一行和前两列保持可见。

(4) 将"筛选"工作表、"排序"工作表、"分类汇总"工作表隐藏,再将"排序"工作表取消隐藏。

(5) 将"排序"工作表删除。

案例实效

本案例最终效果如图1-31所示。

案例实施

(1) 打开"案例1-2.xlsx"工作簿,分别按住Ctrl键加鼠标左键拖动"全年件数统计"工作表标签三次即可复制为"全年件数统计(1)"、"全年件数统计(2)"、"全年件数统计(3)";分别右击"全年件数统计(1)"、"全年件数统计(2)"、"全年件数统计(3)"工作表标签,在弹出的快捷菜单中选择"重命名"命令,将它们分别重命名为"筛选"、"排序"、"分类汇总"。

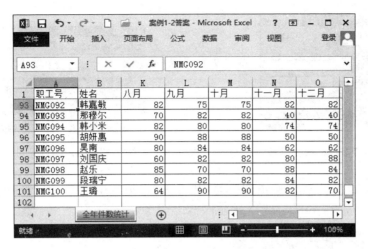

图 1-31　工作表的基本操作效果

（2）右击"全年件数统计"工作表标签，在弹出的快捷菜单中选择"工作表标签颜色"→"红色"命令。

（3）将 C2 单元格设置为活动单元格，执行"视图"→"窗口"→"冻结窗格"→"冻结拆分窗格"命令。

（4）分别在"筛选"、"排序"、"分类汇总"工作表标签上右击，选择"隐藏"命令，在任意一个工作表标签上右击选择"取消隐藏"→"排序"命令，单击"确定"按钮。

（5）在"排序"工作表标签上右击选择"删除"命令，单击"确定"按钮。

1.4　保护工作簿

当一个完整的数据工作簿创建完成后，为了保密以及防止他人恶意修改或删除工作簿中的重要数据，可以对工作簿进行安全保护。

1.4.1　设置工作簿密码

如果只允许授权的用户查看或修改工作簿中的数据，可以通过设定密码来保护整个工作簿文件。在"另存为"对话框中单击"工具"按钮，从弹出的下拉菜单中选择"常规选项"命令，打开"常规选项"对话框，如图 1-32 所示。

（1）如果希望只有知道密码的用户才能查看工作簿的内容，在"打开权限密码"文本框中输入密码。

（2）如果希望只有知道密码的用户才能修改工作簿的内容，在"修改权限密码"文本框中输入密码。

（3）如果担心其他用户在无意中修改文件，可以选中"建议只读"复选框。设定了"建议只读"后，再打开文件时，系统将询问用户是否以只读方式打开文件。

（4）单击"确定"按钮，打开如图 1-33 和图 1-34 所示的"确认密码"对话框。

（5）在"确认密码"对话框中重新输入一遍密码，单击"确定"按钮。

（6）在"另存为"对话框中单击"保存"按钮。

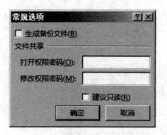
图 1-32 "常规选项"对话框

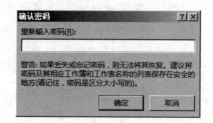
图 1-33 "确认密码"对话框(1)

（7）在打开的如图 1-35 所示的"确认另存为"对话框中单击"是"按钮，替换已有的工作簿。

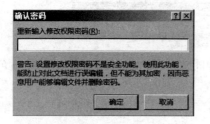
图 1-34 "确认密码"对话框(2)

图 1-35 "确认另存为"对话框

如果设置了打开权限密码，系统将使用高级加密方法，文件将会得到更加安全的保护；如果只设置了修改权限密码，系统不会使用任何加密方法，文件的安全性较差。为了保证文件的安全性，建议同时设定打开权限密码和修改权限密码，并且要将这两个权限的密码设成不一样的两个字符串。

1.4.2 打开有密码的工作簿

如果要打开的工作簿设置了"打开权限密码"，打开工作簿时会弹出如图 1-36 所示的验证打开权限的"密码"对话框，在对话框中输入密码，单击"确定"按钮。

如果要打开的工作簿设置了"修改权限密码"，打开工作簿时会弹出如图 1-37 所示的验证修改权限的"密码"对话框。在该对话框中输入密码，单击"确定"按钮后，可以对工作簿进行编辑修改操作；如果在设置修改权限密码时选中了"建议只读"复选框，这时会打开一个警告对话框，询问用户是否以只读方式打开工作簿，如图 1-38 所示，单击"只读"按钮，工作簿打开后，只能查看内容，不能进行编辑修改操作。

图 1-36 "密码"对话框(1)

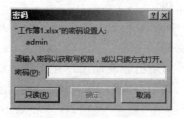
图 1-37 "密码"对话框(2)

图 1-38　询问是否以只读方式打开工作簿

1.4.3　修改和删除工作簿密码

通过 1.4.2 节的操作打开有密码保护的工作簿后，重复 1.4.1 节的操作，将原有密码修改为新密码或删除即可。

1.4.4　保护当前工作表

（1）执行"审阅"→"更改"→"保护工作表"命令，如图 1-39 所示。

图 1-39　审阅保护工作表

（2）弹出"保护工作表"对话框，选中需要加密码的内容前的复选框输入密码后，单击"确定"按钮即可，如图 1-40 所示。

图 1-40　"保护工作表"对话框

取消密码的方法是只需把图 1-40"保护工作表"对话框中的密码删除即可。

1.5 打印工作簿

对工作簿的编辑修改操作完成之后,如果要打印工作簿,在打印之前,要根据打印要求选择打印内容、对要打印的工作簿进行页面设置;设置完成后,还要进行打印预览,查看设置的结果是否满足打印要求,然后再进行打印。

1.5.1 工作簿页面设置

一个工作簿由若干工作表组成,默认情况下打印的是当前工作表。页面设置包括设置纸张方向、纸张大小、打印区域等。利用"页面布局"选项卡,单击纸张大小、页边距等按钮,在展开的列表中进行选择,可以对每一项单独设置,如图1-41所示。也可以通过单击"页面设置"选项组右下角的"对话框启动器"按钮,打开"页面设置"对话框,通过选项卡的切换进行综合设置,如图1-42所示。

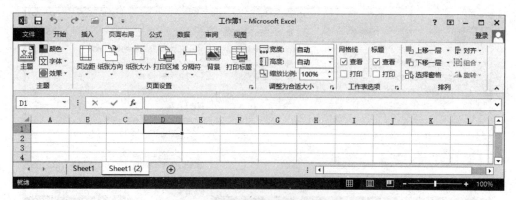

图1-41 "页面布局"选项卡

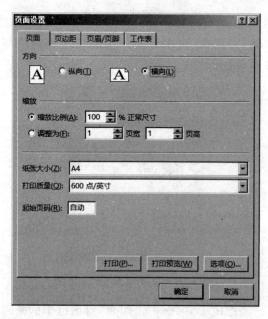

图1-42 "页面设置"对话框

1. "页面"选项卡

在"页面"选项卡中设置打印方向和纸张大小,以及打印内容的缩放比例。

2. "页边距"选项卡

在"页边距"选项卡中设置页面上、下、左、右的边距以及打印内容在页面中的"水平"和"垂直"居中方式。

3. "页眉/页脚"选项卡

在"页眉/页脚"选项卡中设置页眉、页脚的内容以及页眉、页脚的显示方式。选中"奇偶页不同"复选框可以分别定义在奇数页和偶数页上显示不同的页眉或页脚,选中"首页不同"复选框可以定义在首页和其余页上显示不同的页眉或页脚。

4. "工作表"选项卡

在"工作表"选项卡中设置打印区域、打印标题、是否打印行号列标、打印顺序等。

1.5.2 设置打印区域

系统默认的打印区域是当前页面中的所有内容,用户可以根据需要,设定当前页面中需要打印的内容。

在要打印的工作簿中,选定当前工作表中需要打印的数据。在"页面布局"选项卡中,单击"页面设置"组中的"打印区域"按钮,从打开的下拉菜单中选择"设置打印区域"命令,如图1-43所示。如果要更改已设定的打印区域,可以单击"打印区域"按钮,从打开的下拉菜单中选择"取消打印区域"命令,然后再重新设置打印区域。

图 1-43　设置打印区域

1.5.3 打印预览

完成页面设置后,为确保打印效果和质量,在打印之前需要进行打印预览。单击"文件"菜单,在 Backstage 视图左侧选择"打印"选项后,页面中部显示的是打印设置区,右部显示的是打印预览效果,如图1-44所示。单击右下角的"上一页""下一页"按钮进行预览页的切换,单击"缩放到页面"按钮 ,可以以100%的显示比例预览打印页,若要在打印之前返回到文档并进行编辑,单击 按钮返回。

1.5.4 打印设置

若要更改打印相关设置,可在图1-44的中间部分"打印"设置区域进行。可以设置打印机、打印范围、打印内容以及打印份数。

设置完成预览满意后就可以联机打印,单击图1-44中间部分的"打印"按钮,就可以进行工作簿的打印输出了。

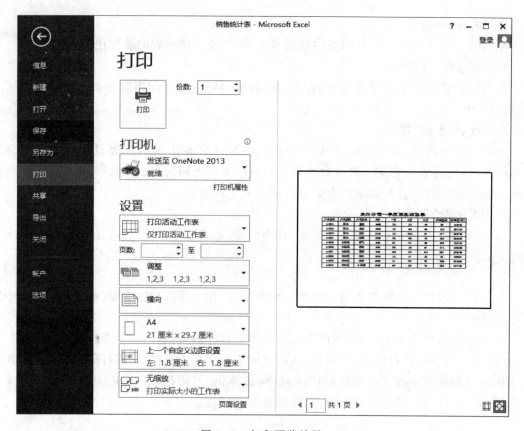

图 1-44 打印预览效果

案例 1-3　工作簿打印设置

打开"案例 1-3.xlsx"工作簿，该工作簿是某年"消费者信心指数"，将工作簿按如下设置进行打印。

（1）纸张大小：设置为 B5(JIS)。

（2）纸张方向：横向。

（3）页边距：上、下边距为 2.5 厘米，左、右边距为 2 厘米。

（4）居中设置：设置水平居中打印。

（5）添加页眉/页脚：添加页眉"消费者信心指数一览表"，字体设置为楷体、16 号、加粗、合并后居中，右侧页脚添加为当前日期并设置为楷体、12 号。

（6）打印"消费者信心指数一览表"工作簿中除栏目标题以外的内容。

本案例预览效果如图 1-45 所示。

消费者信心指数一览表

日期	预期指数	满意指数	信心指数
2007.08	99.9	93.3	97.3
2007.09	99.6	92.9	96.9
2007.01	99.2	92.4	96.5
2007.11	98.7	92	96
2007.12	99.5	93.1	96.9
2008.01	98.6	91.2	95.6
2008.02	96.8	90.5	94.3
2008.03	97.1	90.7	94.5
2008.04	96.6	90.1	94
2008.05	97	90.2	94.3
2008.06	96.5	90.6	94.1
2008.07	96.9	90.8	94.5
2008.08	96	90.2	93.7
2008.09	95.6	90	93.4

2017/4/22

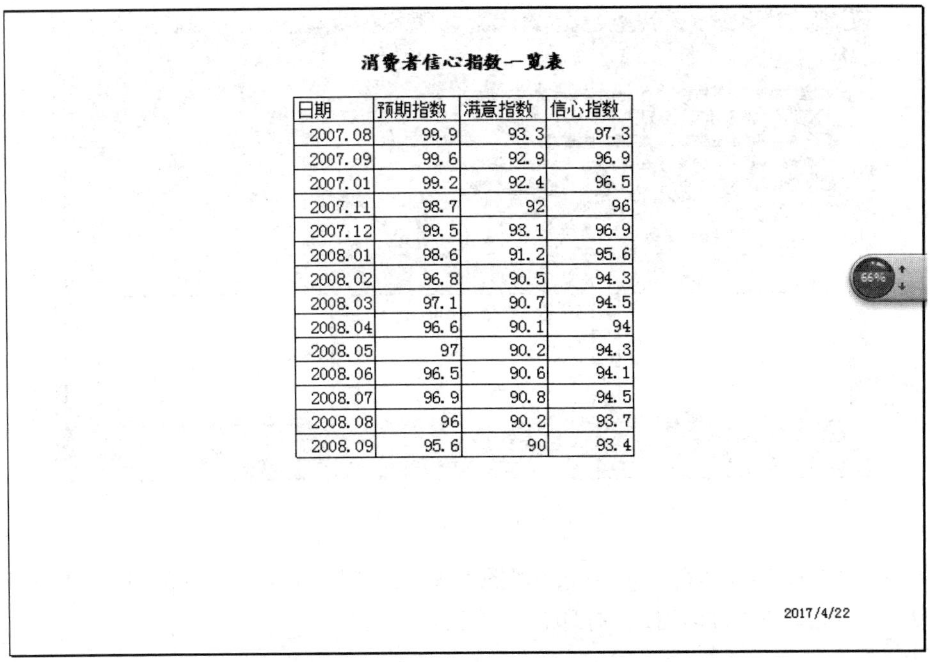

图 1-45　预览效果

案例实施

本案例的实现需使用“页面设置”对话框，通过选项卡的切换综合进行工作簿的打印设置。

(1) 打开“案例 1-3. xlsx”工作簿，在“页面布局”选项卡中单击“页面设置”选项组右下角的“对话框启动器”按钮，打开“页面设置”对话框。

(2) 在“页面”选项卡上的“方向”选项组中选择“横向”，在“纸张大小”下拉列表中选择“B5(JIS)”。

(3) 在“页边距”选项卡上设定页面上、下边距为 2.5 厘米，左、右边距为 2 厘米，并在“居中方式”选项组中选定“水平”复选框。

(4) 在“页眉/页脚”选项卡上单击“自定义页眉”按钮，打开“页眉”对话框，在“中”文本框中输入“消费者信心指数一览表”。如图 1-46 所示。选中“消费者信心指数一览表”，单击“格式文本”按钮，打开“字体”对话框，设置为楷体、16 号、加粗，确定之后插入页眉。

(5) 在“页眉/页脚”选项卡上单击“自定义页脚”按钮，打开“页脚”对话框，选择“右”文本框，单击“插入日期”按钮，在“右”文本框中会自动出现文本“&[日期]”，表示页脚内容为当前日期。选中“&[日期]”，单击“格式文本”按钮，打开“字体”对话框，设置为楷体、12 号，确定之后插入页脚。

(6) 连续单击“确定”按钮，完成页面设置，返回“消费者信心指数一览表”工作簿页面，选定除栏目标题以外的所有内容。在“页面布局”选项卡中，单击“页面设置”组中的“打印区域”按钮，从展开的下拉列表中选择“设置打印区域”命令。

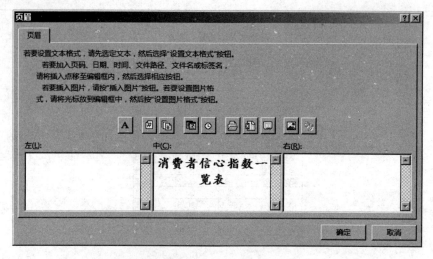

图 1-46 "页眉"对话框

(7) 单击"文件"菜单,在 Backstage 视图左侧选择"打印"选项,右侧可看到打印预览效果。确认无误后,单击"打印"按钮打印该工作簿。

1.6 本章课外实验

1.6.1 企业库存列表模板应用

(1) 启动 Excel 创建"销售报表"模板。
(2) 将建好的工作簿保存为"课外实验 1-1 答案",将该工作簿关闭。
(3) 以副本方式重新打开"课外实验 1-1 答案"工作簿。
(4) 设置自动保存工作簿的时间间隔为 5 分钟。
(5) 将工作簿另存为兼容格式,文件名为"课外实验 1-1 答案",设置工作簿的打开权限密码为"123",修改权限密码为"456"。

1.6.2 企业工作量工作簿应用

打开"课外实验 1-2.xlsx"工作簿,进行如下操作:
(1) 设置不显示编辑栏。
(2) 修改网格线的颜色为蓝色。
(3) 冻结首行与首列。
(4) 设置行号与列标不显示。
(5) 视图新建窗口,对窗口进行垂直并排。
(6) 在功能区显示开发工具选项卡。
(7) 修改文档保存时,作者信息为"张巍"。

第 2 章　Excel 数据填充与格式设置

引言

Excel 工作表中的数据信息,有数值、文本、日期、公式等各种类型,其中有些是有一定的范围要求的,有些是有规律的、相同的,有些是没有规律的、不同的。对于没有规律的数据或文字只能逐字输入,而有规律的、相同的数据 Excel 提供了许多特有的快捷、简便的输入方法,同时,也提供了许多限定输入范围、避免输入错误数据的方法。掌握数据的填充可以提高数据的输入效率,也可以从外部导入批量数据,掌握了这些技巧,可以有效地提高输入效率。各类数据处理完成以后,基本上是通过表格的形式体现出来的。因此掌握表格操作,是格式化数据的前提。

本章学习目标

- 在表格中输入各种类型的数据
- 对表格中的数据进行序列填充
- 使用记忆式输入方法
- 在不同的单元格输入相同的数据
- 将外部数据导入到 Excel 中
- 按要求对表格进行格式设定

2.1　Excel 表格插入点的设置和数据选定操作

2.1.1　设置插入点

插入点的设置可以通过单击,也可以通过快捷键来实现,如表 2-1 所示。

表 2-1　快捷键名称及作用

序号	快捷键名称	快捷键作用
1	光标键：↑	向上移动一个单元格
2	光标键：↓	向下移动一个单元格
3	光标键：←	向左移动一个单元格
4	光标键：→	向右移动一个单元格

续表

序号	快捷键名称	快捷键作用
5	Tab 键	向右移动一个光标键
6	Shift+Tab 键	向左移动一个光标键
7	PageUp 键	向上移动一屏单元格
8	PageDown 键	向下移动一屏单元格
9	Ctrl+↑ 键	向上选定到第一个单元格
10	Ctrl+↓ 键	向下选定到第一个单元格
11	Ctrl+← 键	向左选定到第一个单元格
12	Ctrl+→ 键	向右选定到第一个单元格
13	Ctrl+Home 键	移动到表格的第一行第一列
14	Ctrl+End 键	移动到表格的最后一行最后一列
15	Ctrl+PageUp 键	移动到下一个工作表
16	Ctrl+PageDown 键	移动到上一个工作表
17	Alt+PageUp 键	移动到下一个工作表
18	Alt+PageDown 键	移动到上一个工作表
19	Scroll Lock 锁定键+↑	向上移动一个单元格
20	Scroll Lock 锁定键+↓	向下移动一个单元格
21	Scroll Lock 锁定键+←	向左移动一个单元格
22	Scroll Lock 锁定键+→	向右移动一个单元格

2.1.2 工作表选定操作

在工作表中要选定单元格、区域、行或列等,可以通过如表 2-2 所示的方法进行。

表 2-2 选定操作方法

序号	选取方式	选取方法
1	整行选取	左键单击行号
2	整列选取	左键单击列标
3	多行选取	左键拖动同时选中多个行号
4	多列选取	左键拖动同时选中多个列标
5	连续单元格选取	Shift+左键选中开始和结束单元格
6	连续行选取	Shift+左键选中开始和结束行号
7	连续列选取	Shift+左键选中开始和结束列标
8	不连续单元格选取	Ctrl+左键单击所要选取的单元格
9	不连续行选取	Ctrl+左键单击所要选取的行号
10	不连续列选取	Ctrl+左键单击所要选取的列标
11	选定所有单元格选取	Ctrl+A 或者单击全选按钮

2.2 Excel 基本数据的录入

在 Excel 中,可以输入两类数据,一类是常量,即可以直接输入到单元格中的数据,可以是数字、英文字母、汉字或特殊字符。其特点是:编辑之后数据不会自动改变。另一类是公式,公式是一个由常量、单元格引用(变量)、函数、运算符等组成的序列。其特点是,编辑之后,其单元格中输入的公式内容自动变成公式的计算结果。

输入数据时,首先要选取插入点或数据区域,使其进入编辑状态,编辑栏的名称框内将显示当前单元格名称,用户当前输入的内容将显示在编辑栏及当前单元格中。编辑过程中,单击"×"取消当前编辑内容,单击"√"确认当前编辑操作。

2.2.1 数值数据的输入

数值数据包括:数字(0~9)和+、-、$、%、E,及小数点(.)和分位点(,)等字符。系统默认右对齐显示格式。若输入的数字位数超过11时,系统自动以科学记数法显示,当显示不下时,系统采用四舍五入的形式,当数值型单元格数据参与计算时,以输入数据为准,而不是以显示数据为准。在输入分数时,为避免将输入的分数视为日期,需要在分数前先输入0按空格,如输入1/2,系统会认为是1月2日,而不是二分之一,若要输入数值1/2,应在相应单元格中输入"0 1/2"。

2.2.2 文本数据的输入

文本数据包括:英文字母、汉字、数字及其他符号,其系统默认的格式是左对齐。如果需要将数字作为文本处理,如电话号码、身份证号等时,应先输入一个单引号,再输入数字,否则Excel将其视为数值型(系统默认右对齐格式)数据,而不是字符型。如输入'010051,屏幕上显示的是左对齐格式,不显示单引号,且在单元格左上角有绿色三角。若输入的文字超过单元格的宽度时,系统会自动扩展到右侧单元格,超出部分自动隐藏。

2.2.3 日期、时间数据输入

按Ctrl+;组合键可以输入系统当天的日期,按Ctrl+Shift+;组合键可以输入系统当前的时间。日期与时间格式不同于数值和字符格式,是一种特殊的数据格式。要输入一个任意日期,可按"年-月-日"或"年/月/日"方式输入,若只输入"月-日"或"月/日",系统自动添加年为当前年份。时间的输入用":"分隔,默认条件下系统以24小时制显示时间,若要以12小时制显示,需要在输入时间后输入一个空格,输入"AM"表示上午,输入"PM"表示下午。

2.2.4 不同单元格输入相同数据

要在不同单元格中输入相同的数据,首先选中多个单元格,然后在选中的当前单元格中输入数据,如图2-1所示,输入完成后按Ctrl+Enter键就实现了在所有选中的单元格中输入了该数据,如图2-2所示。

2.2.5 记忆式输入

这种输入方式是指要输入的数据已经输入过,可以通过按"Alt+↓"组合键打开输入列表,然后从列表中选择要输入的内容,如图2-3所示。

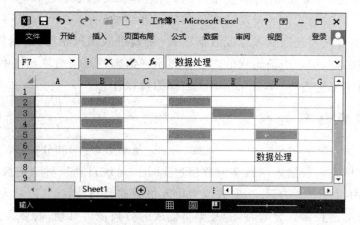

图 2-1 不同单元格输入相同数据(1)

图 2-2 不同单元格输入相同数据(2)

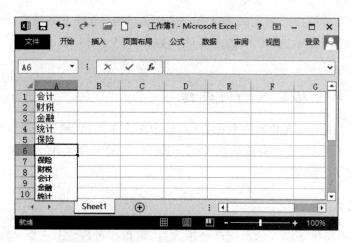

图 2-3 记忆式输入

案例 2-1　人员基本信息录入

案例要求

内蒙古呼和浩特"宏达商贸有限公司"组建成功，该企业有 3000 员工，办公室人员根据每位员工的档案汇总人员基本信息。打开"案例 2-1.xlsx"工作簿，完成以下操作：

(1) 填充每位职工的来源。
(2) 输入每位职工的身份证号。
(3) 输入每位职工的家庭所在地区的电话区号。

案例实效

本案例最终效果如图 2-4 所示。

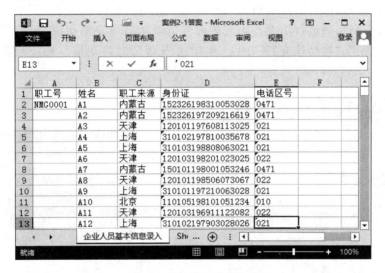

图 2-4　"案例 2-1"的结果

案例实施

对题目进行分析可以看出职工来源可以通过记忆式输入实现，身份证号和电话区号可以采用数字变文本输入来实现。

打开"案例 2-1.xlsx"中的"企业人员基本信息录入"工作表，进行以下操作。

(1) 姓名为 A2 职工来源与 A1 职工来源相同，直接按 Ctrl+D 组合键即可完成。姓名为 A3 和 A4 的职工正常输入职工来源为天津和上海，A5 的职工假设不是"上海"而是"天津"或"内蒙古"，可以按"Alt+↓"光标键打开输入列表，直接进行选择。

(2) 输入各员工身份证号和电话号码时可以在前面输入"'"（单引号）然后再输入相应的身份证号或电话号码即可。

2.3 表格中数据的填充

在输入工作表数据时,经常会遇到一些有规律的数据,如相同的数值、字符;等差、等比数列;日期、月份、星期等。若按常规方法输入,效率低、速度慢,而采用系统提供的数据填充方法输入,速度快、效率高。

2.3.1 上下左右填充

上下左右填充是指在当前单元格的上面、下面、左面、右面填充同样的数据。操作时可以执行"开始"→"编辑"→"填充"命令,在展开的如图 2-5 所示的列表命令中选择"向下"、"向上"、"向左"、"向右"填充。向下填充和向右填充可以使用快捷键 Ctrl+D 和 Ctrl+R。

2.3.2 序列填充

执行功能区"开始"→"编辑"→"填充"→"系列"命令,弹出"序列"对话框。

从这里可以看到,序列可以在行或列产生,如果是行,就是横向在当前行进行填充,如果是列,就是纵向在当前列进行填充。填充的时候需要确定填充的类型,也就是"等差序列"、"等比序列"、"日期"、"自动填充"等,然后输入"步长值"和"终止值",确定后就可以填充,如图 2-6 所示。

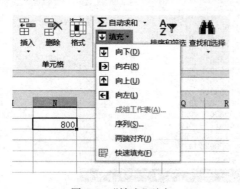
图 2-5 "填充"列表

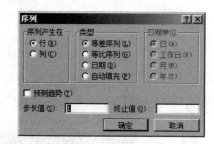
图 2-6 序列填充

序列填充有两种方法,一种是给定单元格区域范围进行填充,一种是给定终止值进行填充。

1. 给定单元格区域范围

当给定需填充数据的单元格区域范围时,需将给定的区域选中,然后在"序列"对话框中选择填充的类型和设定步长值即可。

2. 给定终止值

填充时需在"序列"对话框中选择序列产生的位置、类型、步长值和终止值。

2.3.3 日期序列

日期序列中日期单位包含按日填充、按工作日填充、按月填充、按年填充等。在实际操作过程中可以使用序列填充,填充方法同等差序列、等比序列,如图 2-7 所示,也可以通过填充柄实现,填充柄是将光标停在单元格右下角时的黑色十字指针,然后按住左键或右键拖动也可以进行序列填充。

(1) 按鼠标左键拖动填充柄系统默认是按日填充,按住 Ctrl＋左键拖动填充柄是复制日期。如图 2-8 所示,在 A1 单元格输入 2017-1-1 后,按住左键拖动填充柄到 A10 后日期是以日作为单位进行填充的。在 B1 单元格输入 2017-1-1 后按住 Ctrl＋左键拖动填充柄到 B10 后,日期是进行了复制。

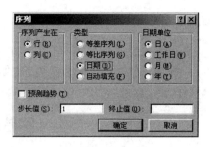

图 2-7　日期序列

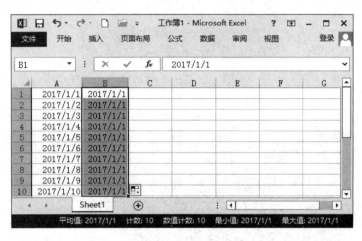

图 2-8　左键填充柄填充

(2) 按鼠标右键拖动填充柄后会弹出快捷菜单。如图 2-9 所示,在图中的 A 列选择的是以天数填充;在 B 列选择的是以工作日进行填充;C 列是以月进行填充;D 列是以年进行的填充。

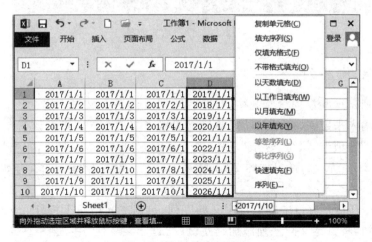

图 2-9　右键填充柄填充

2.3.4 自动填充

一些有规律的序列，可以用自动填充来完成。公式复制时也可以通过自动填充来实现。

例如：在 A1 单元格输入"星期一"，在 B1 单元格输入"一月"，在 C1 单元格输入"甲"，在 D1 单元格输入"蒙 A1001"，通过自动填充至第 10 行，如图 2-10 和图 2-11 所示。

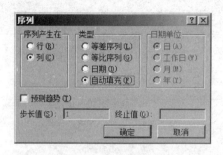

图 2-10 "序列"对话框

图 2-11 自动填充效果

2.3.5 自定义序列

自定义序列是这些数据没有规律，但这些数据在使用上又有一定的规律。自定义序列可以采用手动输入来定义，也可以导入单元格数据来定义。具体操作如下。

打开"文件"选项卡，执行"选项"→"高级"命令，选择"常规"选项，单击"编辑自定义列表"按钮，如图 2-12 所示。弹出如图 2-13 所示的"自定义序列"对话框，有如下两种方式编辑自定义序列。

（1）在"输入序列"窗口中输入自定义的序列，数据之间用回车符号或半角的逗号隔开，单击"添加"按钮，将自定义的序列添加到左侧的"自定义序列"中，如图 2-13 所示。

（2）从单元格导入数据：例如导入 A1 到 A5 单元格的数据，如图 2-14 和图 2-15 所示，单击"导入"按钮即可将序列添加到左侧的"自定义序列"。

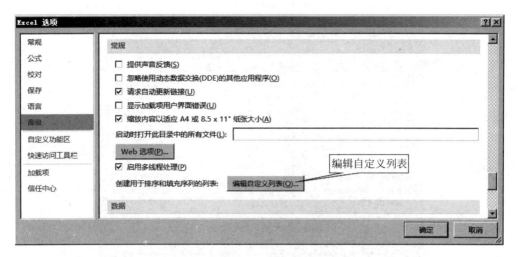

图 2-12 "Excel 选项"对话框

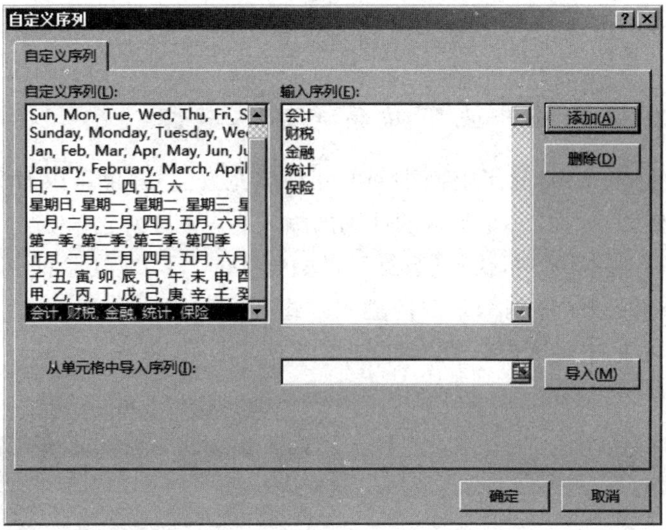

图 2-13 "自定义序列"对话框

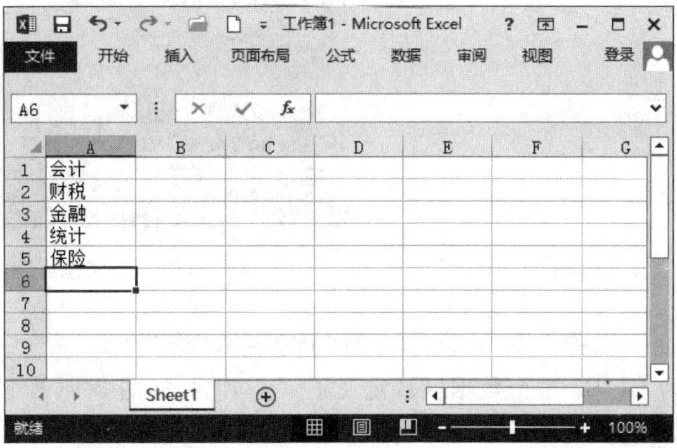

图 2-14 数据

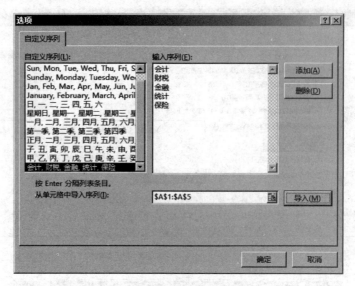

图 2-15　自定义导入序列

2.3.6　通过数据验证产生下拉菜单输入数据

在 Excel 的数据填充中，除了上面讲到的几种填充方法外，也可以通过数据验证产生下拉菜单输入数据，例如，如图 2-16 所示的性别的输入。

具体操作如下：选中 A 列，执行"数据"→"数据工具"→"数据验证"命令，弹出"数据验证"对话框，验证条件选择"序列"，来源的输入方式有以下两种：

（1）直接在文本框中输入"男,女"，如图 2-17 所示。

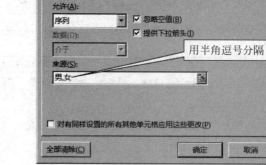

图 2-16　通过下拉菜单输入　　　　　图 2-17　"数据验证"对话框

（2）数据区域定义名称。在 B1、B2 单元格分别输入"男"、"女"。选中 B1、B2，在名称框中输入"性别"，即为 B1、B2 这个数据区域定义了一个名称，如图 2-18 所示。

选中 A 列，打开数据验证对话框，在"验证条件"下的"允许"选项中选择"序列"，"来源"中输入"=性别"，如图 2-19 所示，单击"确定"按钮后，即可在 A 列单元格中使用序列填充。

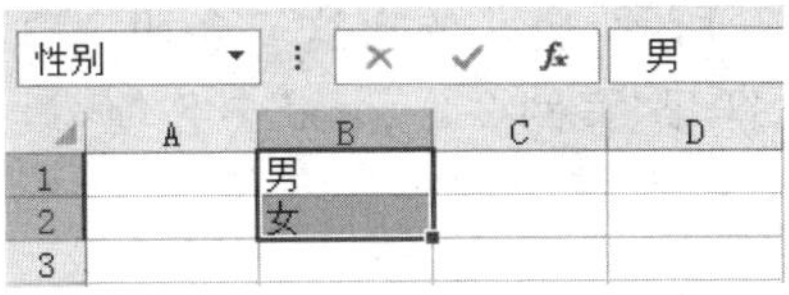

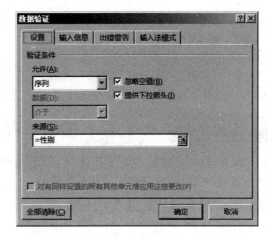

图 2-18 定义名称

图 2-19 "数据验证"对话框

案例 2-2 补充完整人员基本信息录入

 案例要求

打开"案例 2-2.xlsx"工作簿,完成以下操作。

为单位的员工编制职工号,职工号的规律是以 NMG 开头然后分别是 NMG0001、NMG0002,依此类推,一直到 NMG3000。

案例实效

本案例最终效果如图 2-20 所示。

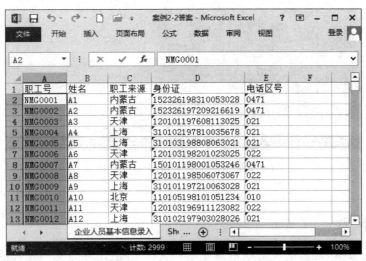

图 2-20 "案例 2-2.xlsx"最终效果

Excel 数据填充与格式设置

Excel 在经济管理中的应用

打开"案例 2-2.xlsx"中的"企业人员基本信息录入"工作表,通过名称框输入 A2:A3001,选中所有职工号,然后选择系列填充中的自动序列就完成了 3000 员工的自动编号。

案例 2-3 办公室人员值班表设计

某企业办公室有 6 位工作人员,每个人的信息如表 2-3 所示,企业要求这 6 名职工每周一到周五的晚上轮回值班。周六日休息,不作值班安排。打开"案例 2-3.xlsx"工作簿,设计并安排 2017 年全年值班表。

表 2-3　办公室工作人员

职工号	姓名	性别	手机号码
NMG0011	张小明	男	13947150012
NMG0012	李璐	女	13947150058
NMG0013	王金海	男	13947150087
NMG0014	齐文山	男	13145723089
NMG0015	古云	男	15823451239
NMG0016	其木格	女	15478901234

本案例最终效果如图 2-21 所示。

图 2-21　"案例 2-3.xlsx"最终效果

对题目进行分析,可知值班日期不填充星期六与星期日,在填充时选择的是按工作日填充。值班人姓名和值班人手机号码首先确定谁第一个值班,从图 2-21 看出齐文山值第一个

班,以后按办公室工作人员的顺序依次值班。在"办公室工作人员"工作表中可以看到,姓名数据已经存在,而每个人的手机号码并没有输入。从中分析可以知道姓名可以通过导入数据直接变为自定义序列,而手机号码可以通过输入来转换为自定义序列。

打开"案例2-3.xlsx",进行以下操作:

(1)选择"办公室工作人员"工作表,将所有人的姓名通过自定义序列中的导入序列将姓名定义为自定义序列。

(2)通过手工在输入序列中输入办公室所有人员的手机号码,手机号码的顺序要与办公室人员的顺序一致。

(3)单击A2单元格,弹出"序列"对话框,在对话框中按如图2-22所示填充相应内容。

(4)分别选中B2、C2单元格后双击填充柄,即可完成相应的填充。

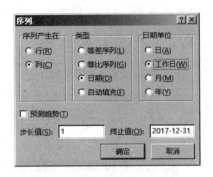

图2-22 "序列"对话框

2.4 外部数据的导入

在日常工作中,经常会遇到需要将Excel以外的其他格式的数据导入Excel中。

2.4.1 导入Access数据

导入步骤如下:

(1)执行"数据"→"获取外部数据"→"自Access"命令,弹出"选取数据源"对话框,选择需要导入的Access文件如"职工.mdb",单击"打开"按钮,如图2-23所示。

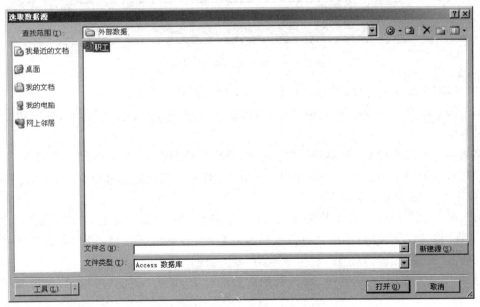

图2-23 "选取数据源"对话框

(2) 在弹出的"导入数据"对话框中可以选择数据在工作簿中的显示方式,数据的存放位置可以为现有工作表或新工作表,单击"确定"按钮,如图 2-24 所示。

(3) Access 数据导入后,Excel 自动加了表样式,并处于数据筛选状态,对此可以根据个人需要自行进行调整。

2.4.2 导入文本文件

导入文本文件的步骤如下。

(1) 执行"数据"→"获取外部数据"→"自文本"命令,弹出"导入文本文件"对话框,选择需要导入的文本文件"职工.txt",单击"导入"按钮,如图 2-25 所示。

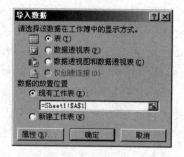

图 2-24 "导入数据"对话框

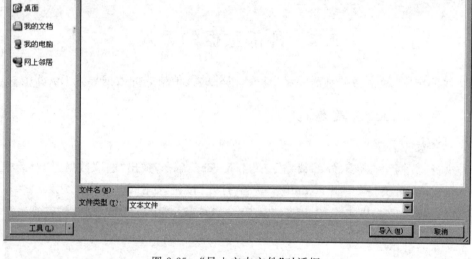

图 2-25 "导入文本文件"对话框

(2) 利用文本导入向导,共分 3 步将文本文件数据导入到 Excel 中。

第 1 步:在图 2-26 所示的对话框中,采用默认设置,单击"下一步"按钮,弹出图 2-27 所示的对话框。

第 2 步:在图 2-27 的"分隔符号"区域,选择数据分隔符号("Tab 键"、"分号"、"逗号"、"空格"等),本例中文本文件中的数据以逗号作为间隔,因此这里选择"逗号",单击"下一步"按钮,弹出图 2-28 所示的第 3 步。

第 3 步:在图 2-28 中选择数据导入 Excel 后的格式("常规"、"文本"、"日期"),本例中选择"常规"格式("常规"数据格式将数值转换成数字,日期值转换成日期,其余数值转换成文本),单击"完成"按钮,弹出图 2-29 所示的"导入数据"对话框。

(3) 在"导入数据"对话框中,选择数据放置的位置,单击"确定"按钮后,即可导入文本数据。

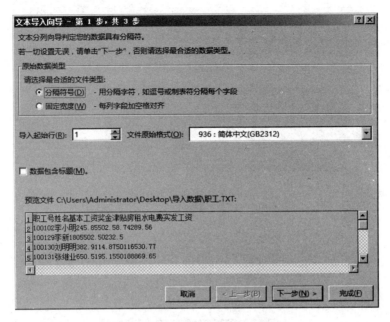

图 2-26 文本导入向导——第 1 步

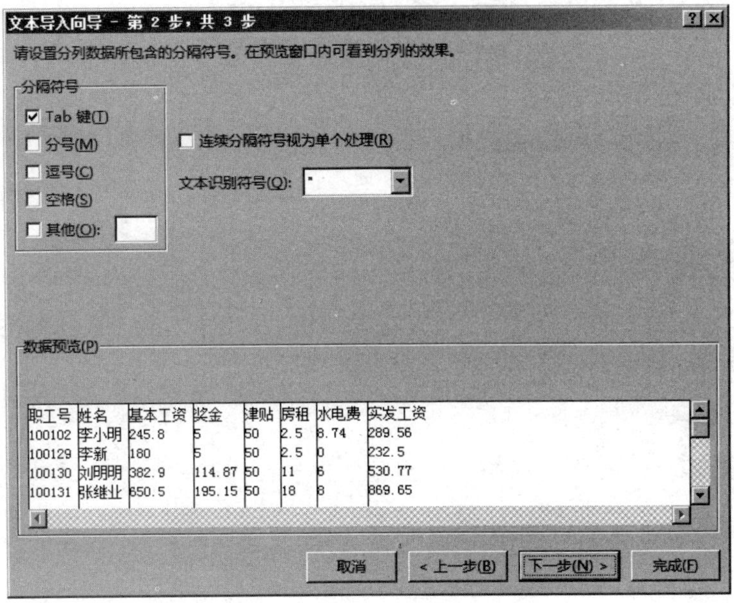

图 2-27 文本导入向导——第 2 步

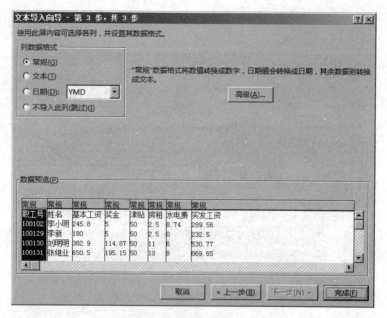

图 2-28 文本导入向导——第 3 步

图 2-29 "导入数据"对话框

案例 2-4　数据导入应用

 案例要求

打开"导入数据"中"部门.txt"、"人员基本工资.txt"导入到 Excel 的 Sheet1、Sheet2、中,并存为"案例 2-4 答案"。

案例实效

本案例最终效果如图 2-30 和图 2-31 所示。

案例实施

对题目进行分析可知实现本案例需要用外部数据的导入中将.txt 文件数据导入到 Excel 的知识。

图 2-30 "案例 2-4"最终效果(1)

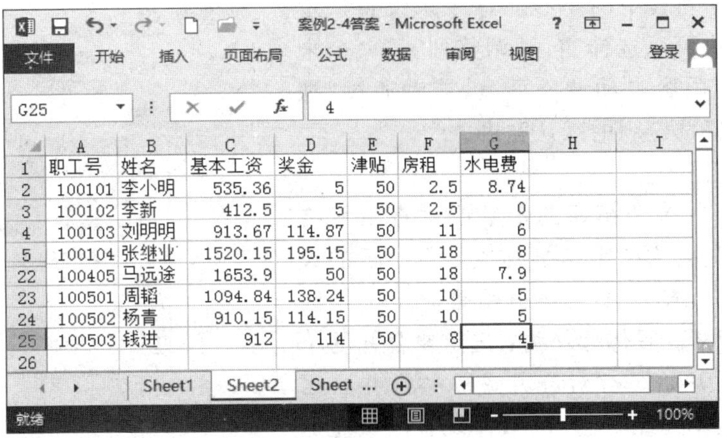

图 2-31 "案例 2-4"最终效果(2)

新建一个 Excel 工作簿,进行以下操作:

(1) 执行"数据"→"获取外部数据"→"自文本"命令,弹出"导入文本文件"对话框,选择需要导入的文本文件"导入数据"中的"部门.txt",单击"导入"按钮,按上面知识要点分析中导入文本文件的步骤即可将"部门.txt、人员基本工资.txt"导入到 Excel 的 Sheet1、Sheet2 中。

(2) 保存工作簿。

2.5 Excel 表格的格式设置

对于一个完整的工作表而言,仅有数据是不够的,还应具有层次分明、结构性强、条理清晰以及可读性好等特点。因此,适当地对工作表的显示格式、对齐方式等方面做一些修饰,可以提高工作表的美观性和易读性。改变单元格内容的颜色、字体、对齐方式等,称为格式化单元格,对工作表的显示方式进行格式化,称为格式化工作表。

2.5.1 工作表行列设置

在编辑工作表时可以进行行列的插入或删除及单元格的合并和拆分等操作。

1. 插入和删除行或列

执行"开始"→"单元格"→"插入"命令，利用展开的列表可以执行单元格、行、列或工作表的插入操作。

执行"开始"→"单元格"→"删除"命令，利用展开的列表可以执行单元格、行、列或工作表的删除操作。

2. 设置行高和列宽

执行"开始"→"单元格"→"格式"命令，展开列表如图 2-32 所示，选择列表中的"行高"命令来设置选定行的固定行高，也可以选择"自动调整行高"命令来设置根据当前行内容自动调整行高。

执行"开始"→"单元格"→"格式"命令，选择如图 2-32 所示展开列表中的"列宽"命令来设置选定列的固定列宽，也可以选择"自动调整列宽"命令来设置根据当前列内容自动调整列宽，或者通过"默认列宽"命令设置选定列的默认宽度。

图 2-32 格式列表

3. 合并单元格

当合并两个或多个相邻的水平或垂直单元格时，这些单元格就成为一个跨多列或多行显示的大单元格。合并单元格的单元格引用是原始选定区域的左上角单元格。具体操作为：选定要合并的单元格区域，单击"开始"→"对齐方式"→"合并后居中"按钮，对选定单元格进行合并，并设置区域左上角单元格的内容在合并后单元格的中心显示。单击该按钮右侧的 ▼ 按钮，利用展开列表还可以设置其他合并方式：跨越合并（将相同行的所选单元格合并到一个大的单元格中）和合并单元格（将所选区域合并为一个大的单元格）。

4. 拆分单元格

可以将合并的单元格重新拆分成多个单元格，但是不能拆分未合并过的单元格。具体操作为：单击"开始"→"对齐方式"→"合并后居中"按钮右侧的 ▼ 按钮，从展开列表中选择"取消单元格合并"命令。

2.5.2 选定区域的移动与复制

要移动或复制工作表中的选定内容，可以使用 Office 剪贴板来实现。操作时首先选定要移动或复制的区域，然后利用"开始"选项卡"剪贴板"组中的剪切、复制、粘贴按钮来实现，也可以右击，从弹出的快捷菜单中选择相应命令来实现，或用快捷键 Ctrl＋X（剪切）结合 Ctrl＋V（粘贴）实现移动操作，用快捷键 Ctrl＋C（复制）结合 Ctrl＋V（粘贴）实现复制操作。

2.5.3 格式化工作表数据

工作表中内容输入后，需要进一步对工作表进行修饰，使一些重要内容突出，工作表整体美观、简洁，有一定的专业性，可以用 Excel 的格式化功能对工作表进行美化。例如：利用"开始"选项卡的"字体"组对选定内容进行字符格式设置,也可以右击选定内容,从弹出的快捷菜单中选择"设置单元格格式"命令,打开"设置单元格格式"对话框,如图 2-33 所示。利用该对话框可以综合设置数字格式、字符格式、段落格式、边框和底纹等。

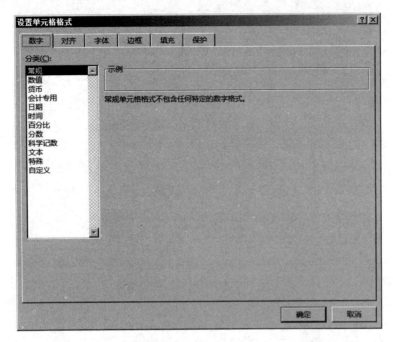

图 2-33 "设置单元格格式"对话框

2.5.4 锁定单元格或隐藏公式

要防止用户意外或故意更改、移动或删除重要数据,可以保护某些工作表或工作簿元素。例如利用 Excel 制作的某公司报表中,该报表中有每个月的原始数据的录入,也有重要的公式,如果公式被人有意或无意更改,所得到的结果就是错误的,因此要求将公式部分锁住或隐藏起来。可以利用图 2-33 所示对话框的"保护"选项卡来实现,设置结果如图 2-34 所示。

利用该选项卡可以"锁定"单元格内容或"隐藏"公式。但想要实现锁定单元格或隐藏公式,接下来必须在"审阅"选项卡的"更改"组中,单击"保护工作表"按钮,在弹出的图 1-40 所示的对话框对工作表设置保护后才能起作用。在图 1-40 所示对话框中首先输入工作表保护密码,然后在"允许此工作表的所有用户进行"列表中选择非授权用户可以进行的操作,除此之外的操作这类用户是不能进行的。

2.5.5 自动套用格式

如果想要简化工作表的格式设置过程,可以套用 Office 内置的表格格式。首先选定工作表要套用格式的数据区域,执行"开始"→"样式"→"套用表格格式"命令,弹出如图 2-35 所示的表格格式列表,从中选择一种格式即可。

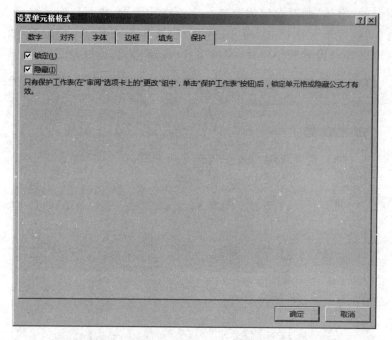

图 2-34　锁定单元格内容或隐藏公式

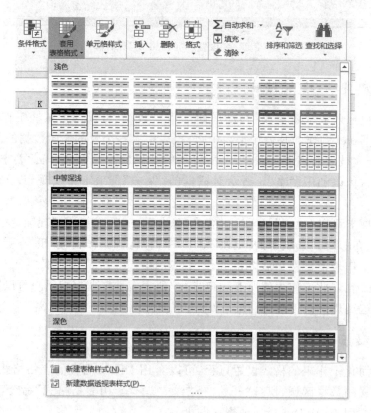

图 2-35　自动套用格式

2.5.6 数字格式

数字格式是通过应用数字的特定格式来更改数字的外观而不更改数值本身,数字格式并不影响工作表中用于执行计算的实际单元格值或公式计算的结果。

可以通过"开始"选项卡"数字"组中的按钮设置常用数字格式,也可以利用图 2-33 所示对话框详细设置数字格式。

1. 常规

常规格式不包含任何特定的数字格式,这是在 Excel 中输入数字时默认应用的数字格式。当单元格的宽度不够显示整个数字时会用小数点对数字进行四舍五入。当输入较大的数字(12 位或更多位)使用科学记数(指数)表示法显示数字。

2. 数值

数值格式用于一般数字的表示,这种格式可以指定要使用的小数位数、是否使用千位分隔符以及如何显示负数。

3. 货币

货币格式用于表示一般货币数值,也可以指定货币值的小数位数、千位分隔符以及负数的显示方式。

4. 会计专用

会计专用格式可以对一列数值进行货币符号和小数点对齐,也可以指定数值的小数位数和货币符号的类型。

5. 日期

这种格式会根据用户指定的类型和区域设置(国家/地区),将日期和时间系列数值显示为日期值。以星号(∗)开头的日期格式响应在 Windows"控制面板"中指定的区域日期和时间设置的更改。不带星号的格式不受"控制面板"设置的影响。

6. 时间

这种格式会根据用户指定的类型和区域设置(国家/地区),将日期和时间系列数显示为时间值。以星号(∗)开头的时间格式响应在 Windows"控制面板"中指定的区域日期和时间设置的更改。不带星号的格式不受"控制面板"设置的影响。

7. 百分比

百分比格式将单元格中数值乘以 100,并以百分数形式显示。可以指定要使用的小数位数。

8. 分数

这种格式会根据用户指定的分数类型以分数形式显示数字。

9. 科学记数

这种格式以指数表示法显示数字,用 E+n 替代数字的一部分,其中用 10 的 n 次幂乘以 E(代表指数)前面的数字。例如,2 位小数的"科学记数"格式将 12345678901 显示为 1.23E+10,即用 1.23 乘 10 的 10 次幂。用户可以指定要使用的小数位数。

10. 文本

这种格式将单元格的内容视为文本,数字也作为文本处理,单元格显示的内容与输入的内容完全一致。

11. 特殊

特殊格式可用于跟踪数据列表及数据库的值,可以用来设置将输入的数字显示为不同区域的邮政编码、中文小写数字或中文大写数字。

12. 自定义

自定义格式以现有格式为基础,生成自定义的数字格式,并会将自定义数字格式添加到数字格式代码的列表中,可以添加 200 到 250 个自定义数字格式。

自定义日期格式时,显示日期(月份,日,年份)的代码,如表 2-4 所示。自定义时间格式时,显示时间(时,分,秒)的代码,如表 2-5 所示。

表 2-4 日期格式代码

若要显示	代码
将月份显示为 1~12	m
将月份显示为 01~12	mm
将月份显示为 Jan~Dec	mmm
将月份显示为 January~December	mmmm
将月份显示为该月份的第一个字母	mmmmm
将日期显示为 1~31	d
将日期显示为 01~31	dd
将日期显示为 Sun~Sat	ddd
将日期显示为 Sunday~Saturday	dddd
将年显示为 00~99	yy
将年显示为 1900~9999	yyyy

表 2-5 时间格式代码

若要显示	代码
将小时显示为 0~23	H
将小时显示为 00~23	hh
将分钟显示为 0~59	m
将分钟显示为 00~59	mm
将秒显示为 0~59	s
将秒显示为 00~59	ss
使小时显示类似于 4 AM	h AM/PM
使时间显示类似于 4:36 PM	h:mm AM/PM
使时间显示类似于 4:36:03 P	h:mm:ss A/P
以小时为单位显示运行时间,如 25.02	[h]:mm
以分钟为单位显示运行时间,如 63:46	[mm]:ss
以秒为单位显示运行时间	[ss]

注意:日期和时间格式代码中都用到了"m",如果"m"紧跟在"h"或"hh"代码之后,或者紧靠在"ss"代码之前,Microsoft Office Excel 将显示分钟数而不是月份。

2.5.7 条件格式

条件格式是突出显示所关注的单元格或单元格区域,强调异常值,使用数据条、颜色刻度和图标集来直观地显示数据。

条件格式按设定的条件来更改单元格区域的格式设置。若设定的条件为 True,则基于该条件设置单元格区域的格式;如果条件为 False,则不基于该条件设置单元格区域的格式。

添加新的条件格式的"规则"列表如图 2-36 所示。

(1) 添加条件格式,单击"新建规则",打开"新建格式规则"对话框;

(2) 按设定的条件选择规则类型,然后在"条件"列表中设置满足条件的单元格格式。

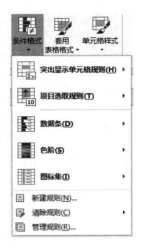

图 2-36 条件格式菜单

案例 2-5　企业营业税模板制作

案例要求

某企业由专人进行企业纳税管理,在纳税管理中每个月需要交纳营业税,该企业的营业税税率为 5%,每个月只需要输入企业营业收入,营业税会自动计算完成。打开"案例 2-5.xlsx"工作簿,完成下列操作:

(1) 企业除营业额数据外其他的所有数据不允许修改和删除。
(2) 企业的营业额如果输入负数系统会拒绝接收,并显示"输入错误"。
(3) 输入数据和计算后的营业税采用货币格式。
(4) 全年汇总自动计算。
(5) 制作企业管理 12 个月的营业税的模板,每年计算企业营业税只需通过模板生成即可。

本案例最终效果如图 2-37 所示。

对题目进行分析可知本案例用到了工作表的保护、数据的有效性设置、数字格式的设置和模板模式的保存等知识点的应用。

打开"案例 2-5.xlsx",进行以下操作:

(1) 在名称框中输入 B2:B13,选中允许修改的单元格,右击,在弹出的快捷菜单中选择"设置单元格格式"对话框,打开"保护"选项卡,取消"锁定"复选框。

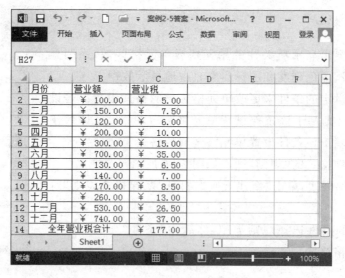

图2-37 "案例2-5.xlsx"最终效果

（2）执行"数据"→"数据工具"→"数据验证"命令，设置有效条件，如图2-38所示。

在"数据验证"对话框中打开"出错警告"选项卡，按图2-39所示输入。

图2-38 "数据验证"对话框（1）

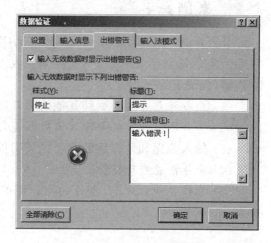

图2-39 "数据验证"对话框（2）

（3）在名称框中输入B2:C13，选择该区域，单击"开始"→"数字"→"数字格式"中的"货币"。

（4）选中A14和B14两个单元格，单击"开始"→"对齐方式"→"合并后居中"。

（5）选中C2单元格，输入公式"=B2*5%"，将该公式向下填充至C13单元格；选中C14单元格定义公式SUM(C2:C13)。

（6）给表格加上边框线。

（7）打开"文件"选项卡，选择"另存为"，打开"另存为"对话框，文件名输入"企业营业税"，保存类型选择"Excel模板"，然后单击"保存"按钮保存模板，如图2-40所示。

（8）模板保存后将其关闭，在Excel工作簿窗口执行"文件"→"新建"→"我的模板"命令，能够看到已经制作的"企业营业税"模板，然后单击"确定"按钮，如图2-41所示。

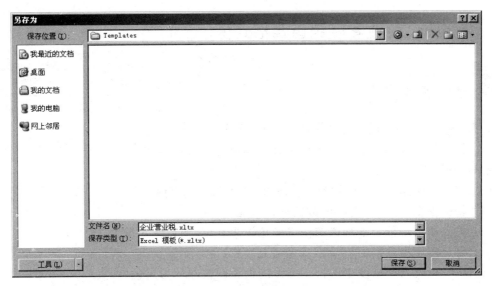

图 2-40 保存模板

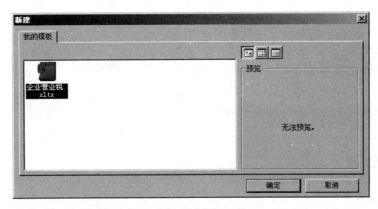

图 2-41 "新建"对话框

（9）确定之后，根据"企业营业税"模板创建新的工作簿，在工作表营业额列输入各个月的营业额后，能自动计算出某个年度各个月的营业税，如图 2-42 所示。依此方法可以计算以后每个年度的营业额。

	A	B	C	D
1	月份	营业额	营业税	
2	一月	¥ 100.00	¥ 5.00	
3	二月	¥ 150.00	¥ 7.50	
4	三月	¥ 120.00	¥ 6.00	
5	四月	¥ 200.00	¥ 10.00	
6	五月	¥ 300.00	¥ 15.00	
7	六月	¥ 700.00	¥ 35.00	
8	七月	¥ 130.00	¥ 6.50	
9	八月	¥ 140.00	¥ 7.00	
10	九月	¥ 170.00	¥ 8.50	
11	十月	¥ 260.00	¥ 13.00	
12	十一月	¥ 530.00	¥ 26.50	
13	十二月	¥ 740.00	¥ 37.00	
14	全年营业税合计		¥ 177.00	

C14 =SUM(C2:C13)

图 2-42 企业营业税

案例 2-6　企业季度销售表格式化

打开"案例 2-6.xlsx"的工作簿，完成如下操作：

（1）给表格除标题行以外的数据区域添加所有框线并设置字号为 16，所有行列都设置为自动调整行高和列宽。

（2）将 A 列数据（除表标题和列标题外）设置为红色字体。

（3）将一季度中大于 10 的用黄色进行填充。

（4）将二季度中低于平均值的图案颜色设为红色，图案样式设为 25% 灰色。

（5）将三季度中重复的值设为蓝色填充。

（6）将三季度与四季度中数据不一致的设置图案颜色为黑色，图案样式为 50% 灰色。

（7）将"合计"一列利用自动求和功能求得各个产品的年度销售合计，并添加人民币符号及两位小数。

（8）将 G 列数据设置为中文大写数字。

（9）按合计达到 40 万为达标的标准（包含 40），将达标与否列中合格的设置为红色文字黄色填充，不合格的设置为绿色文字蓝色填充。

（10）将 A1 到 H1 单元格合并后居中，设置为黑体 20 号字，单元格样式设置为好。

（11）利用替换功能将橙汁替换为健力宝。

本案例最终效果如图 2-43 所示。

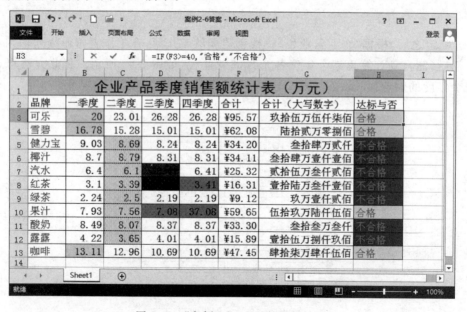

图 2-43　"案例 2-6.xlsx"的最终效果

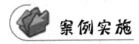

案例实施

对题目进行分析可知本案例用到了工作表的格式设置、条件格式设置、数字格式的设置和 Excel 的查找和替换功能等知识点。

打开"案例 2-6.xlsx"的工作簿,进行如下操作。

(1) 在名称框中输入 A2:H13,选中数据区域,在"开始"→"字体"→ 中选择所有框线并选择字号为 16;执行"开始"→"单元格"命令,在"格式"中选择"自动调整行高"和"自动调整列宽"选项。

(2) 在名称框中输入 A2:A13,选中 A 列除标题外的数据区域,在"开始"→"字体"→ 中选择标准色中的红色。

(3) 在名称框中输入 B3:B13,选中数据区域,在"开始"→"样式"→"条件格式"→"突出显示单元格规则"→"大于"中输入"10",打开"设置为"的下拉箭头,在"自定义格式"→"填充"选项卡中选择背景色为黄色。

(4) 在名称框中输入 C3:C13,选中数据区域,执行"开始"→"样式"→"条件格式"→"项目选取规则"→"低于平均值"命令,打开"设置为"的下拉箭头,在"自定义格式"→"填充"选项卡中选择图案颜色和图案样式。

(5) 在名称框中输入 D3:D13,选中数据区域,执行"开始"→"样式"→"条件格式"→"新建规则"命令,选择"仅对唯一值或重复值设置格式",全部设置格式选择"重复",如图 2-44 所示,单击右下角的格式按钮,打开"填充"选项卡,背景色选择蓝色。

(6) 在名称框中输入 D3:E13,选中数据区域,执行"开始"→"样式"→"条件格式"→"新建规则"命令,在"使用公式确定要设置格式的单元格"→"为符合此公式的值设置公式"文本框中输入"=NOT(EXACT($D3,$E3))",单击右下角的"格式"按钮→"填充"选项卡,设置图案颜色为黑色,图案样式为 50%灰色,如图 2-45 所示。

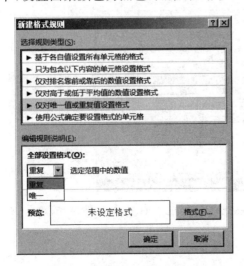

图 2-44 "新建格式规则"对话框(1)

图 2-45 "新建格式规则"对话框(2)

(7) 选中 F3 单元格，执行"开始"→"编辑"→∑自动求和▼命令，在名称框中输入 F3:F13，选中数据区域，设置单元格格式为"货币"。

(8) 在 G3 单元格中定义公式为"＝F3＊10000"，将公式向下填充，并设置单元格格式为"特殊"→"中文大写数字"。

(9) 在 H3 单元格中定义公式为"＝IF(F3＞＝40,"合格","不合格")"，将公式向下填充，执行"开始"→"样式"→"条件格式"→"突出显示单元格规则"→"等于"命令，单击某一值为"合格"的单元格，打开"设置为"的下拉箭头，选择"自定义格式"→"红色文字黄色填充"，再次执行"开始"→"样式"→"条件格式"→"突出显示单元格规则"→"等于"命令，单击某一值为"不合格"的单元格，打开"设置为"的下拉箭头，选择"自定义格式"→设置为"绿色文字蓝色填充"。

(10) 在名称框中输入 A1:H1，选中数据区域，执行"开始"→"对齐方式"→"合并后居中"命令，在"开始"→"字体"中选择黑体 20 号字；执行"开始"→"样式"→"单元格样式"→"好"命令。

(11) 执行"开始"→"编辑"→"查找和选择"→"替换"命令，将内容"橙汁"替换为"健力宝"，全部替换。

2.6 本章课外实验

2.6.1 商品销售表的制作

打开"课外实验 2-1.xlsx"工作簿，根据商品销售单价、商品数量，计算商品销售金额。

(1) 商品名通过下拉菜单选择输入。

(2) 单价依据所输入的商品名自动添加。

(3) 根据"数量"列（E 列）中产品销售数量，在"金额"列（F 列）中自动计算产品的销售金额，若产品销售数量为 0，金额为空。

本案例最终效果如图 2-46 所示。

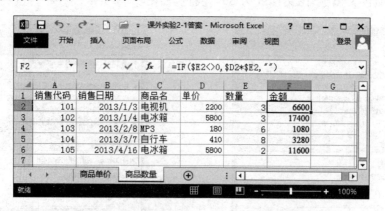

图 2-46 "课外实验 2 1.xlsx"的最终效果

2.6.2 系列数据填充应用

打开"课外实验 2-2.xlsx"工作簿，按要求完成填充，以下填充均填充至 200 行。

(1) 在 Sheet1 中完成下列操作。

① 在 A1 单元格中输入 2,按照等差序列填充,步长为 2。

② 在 B1 单元格中输入 2,按照等比序列填充,步长为 2。

(2) 在 Sheet2 中完成下列操作:

① 在 A1 单元格中输入 2013-1-1,向右填充至 D1 单元格。

② 在 A1 到 A200 单元格中,按照日期中的日填充。

③ 在 B1 到 B200 单元格中,按照日期中的工作日填充。

④ 在 C1 到 C200 单元格中,按照日期中的月填充。

⑤ 在 D1 到 D200 单元格中,按照日期中的年填充。

⑥ 在 E1 单元格中输入 1900-1-1,按照日期中的日填充至 200 行。选中 E1 到 E10 单元格,设置单元格格式为"常规"。

(3) 在 Sheet3 中完成下列操作:

① 在 A1 单元格中输入"一月",按照序列中的自动填充完成。

② 在 B1 单元格中输入"星期一",按照序列中的自动填充完成。

③ 在 C1 单元格中输入"蒙 A1001",按照序列中的自动填充完成。

④ 在 D1 单元格中输入"甲",按照序列中的自动填充完成。

⑤ 在 E1 单元格中输入"数学",采用自定义序列填充,序列内容为"语文、数学、英语、计算机"。

(4) 在 Sheet4 中完成下列操作。

① 将第一行全部输入 1。

② 在 A2 单元格中输入分数 1/2。

③ 在 A3 单元格中输入 0.2 转换成分数。

④ 在 A4 单元格中输入 0.5 转换成百分比,无小数。

⑤ 在 A5 单元格中输入 2013-1-1 转换成 2013 年 1 月 1 日。

⑥ 在 A6 单元格中输入 123456,将其转换为中文大写数字。

⑦ 在 A7 单元格中输入身份证号:152326197209216619。

⑧ 在 A8 单元格中输入呼和浩特市的区号:0471。

2.6.3 工作表的格式化设置

打开"课外实验 2-3.xlsx",进行如下操作:

(1) 将 Sheet1 工作表重命名为"市场份额统计",并将该工作表标签颜色设置为红色。

(2) 将 A1 到 G1 单元格设置水平对齐方式为"跨列居中",高为 40,字体为黑体、20 号。

(3) 为标题行下面的数据区域添加绿色双线表线。

(4) 设置 A2 到 G2 单元格行高为 35,字体为宋体、14 号、加粗,设置文字水平垂直均居中对齐,且自动换行,表格底纹填充为黄色。

(5) 通过公式计算出每种产品四个季度的合计。

(6) 通过条件格式为四个季度的数据添加橙色渐变数据条,并将合计一列的数据添加人民币符号、保留两位小数,将合计一列中大于 50 万的数据设置为红色、加粗。

(7) 在 G 列将 F 列的数据转换为中文大写。

本案例最终效果如图 2-47 所示。

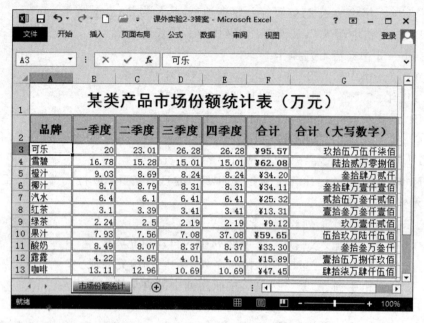

图 2-47 "课外实验 2-3.xlsx"的最终效果

第 3 章　Excel 公式定义与数据处理

引言

公式和函数是 Excel 重要的特色内容，Excel 公式是 Excel 工作表中进行计算的表达式。Excel 函数就是预先定义好的公式。应用 Excel 公式和函数会根据数据的变化自动更新公式计算的结果。对处理和分析 Excel 工作表中的数据起着非常重要的作用。在 Excel 为单元格区域、函数、常量或表格定义名称并合理地使用名称，可以更加快速准确地创建公式。Excel 数据处理指的是数据排序、筛选、数据验证、分类汇总等处理方法。

通过本章的学习，可以准确地引用单元格，合理使用定义好的名称，掌握公式和函数的使用，并能够运用 Excel 提供的数据处理工具进行高效的数据处理与分析。

本章学习目标

- ❖ 公式的定义
- ❖ 运算符
- ❖ 单元格引用
- ❖ 定义名称与使用名称
- ❖ 数据处理

3.1　公式的定义

公式是以等号开始，由进行计算的运算数、运算符组成的表达式，运算数可以是常量、单元格引用或单元格的名称，还可以是函数。

3.1.1　输入和修改公式

首先定位要计算的单元格，在编辑栏中右侧输入"＝"直接输入公式，或用鼠标单击"√"按钮确认。如果要取消编辑的公式，则可单击编辑栏的"×"按钮，或按 Esc 键。

可以直接在定位的单元格中输入"＝"再输入公式，如要取消编辑的公式，双击单元格修改，对某个单元格做了公式定义后，对其他数据的计算，可通过以下复制公式的方法：

(1) 通过按快捷键 Ctrl＋D 向下、Ctrl＋R 向右复制公式。

(2) 通过"复制"、"粘贴"命令复制公式。

(3) 通过自动填充复制公式。

(4) 通过复制柄双击复制公式。

对于有规律的计算公式,只需输入一个,其他的通过复制/粘贴或拖拽的方法得到。但对于规模比较大的数据可以采用自动填充的形式完成公式复制。

3.1.2 公式的使用

1. 在公式中使用运算符

如：=36^(1/2)表示 36 的 2 次方根。

2. 在公式中使用工作簿、工作表和单元格引用

如：=[book1.xlsx]Sheet1!\$A\$4*[book2.xlsx]Sheet2!B\$6

3. 在公式中使用函数

如：=SUM(B5:B10,D5:D10)

总结：可以看出,函数可以是公式的一部分,但公式不一定总需要包含函数。函数其实是一些预设定的功能模块,它们使用一些称为参数的特定数值按特定的顺序或结构进行计算,返回特定的值。

3.2 运 算 符

运算符对公式中的元素进行特定类型的运算。Excel 包含 4 种类型的运算符：算术运算符、比较运算符、文本运算符和引用运算符。计算时有一个默认的次序,但可以使用括号更改计算次序。

3.2.1 算术运算符

算术运算符用于完成基本的数学运算,如表 3-1 所示。

表 3-1 算术运算符

运算符	运算符名称	含义	操作举例	运算结果
+	加号	加	=5+2	8
-	减号	减	=5-2	3
*	星号	乘	=5*2	10
/	斜杠	除	=5/2	2.5
^	次方符	乘幂	=5^2	25
%	百分号	百分比	=5%	0.05

3.2.2 比较运算符

1. IF 函数的用法

(1) IF 函数的参数意义：IF(判断条件,值1,值2),如果条件成立则结果为值1,否则结果为值2。例如：if(F3>60,"合格","不合格"),如果条件 F3>60 成立,则执行结果为合格,否则执行结果为不合格。如图 3-1 所示。

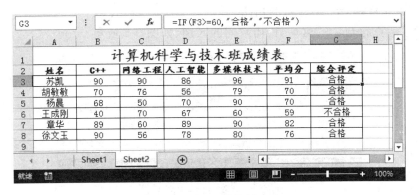

图 3-1　IF 函数的用法

（2）IF 函数可以嵌套使用 IF 函数。如 IF(条件 1,值 1,IF(条件 2,值 2,值 3,…))。

2．比较运算符

比较运算符有＝、＞、＜、＞＝、＜＝、＜＞。用于比较两个值的大小,比较结果是逻辑值,即 True 或 False。当比较的条件成立时为 True,表示"真",否则为 False,表示"假",如表 3-2 所示。

表 3-2　比较运算符

运算符	运算符名称	含义	操作举例	运算结果
＝	等于号	等于	＝5＝2	FALSE
＞	大于号	大于	＝5＞2	TRUE
＜	小于号	小于	＝5＜2	FALSE
＞＝	大于或等于号	大于等于	＝5＞＝2	TRUE
＜＝	小于或等于号	小于等于	＝5＜＝2	FALSE
＜＞	不等于号	不等于	＝5＜＞2	TRUE

3.2.3　文本运算符

1．"&"运算符

文本运算符使用"&"可以将两个文本操作数连接起来以产生更大的文本,其操作数可以是带引号的文本常量,也可以是单元格地址。如 A1 单元格的内容是"内蒙古",B1 单元格中的内容是"财经大学",想要在 C1 单元格中出现:内蒙古财经大学,则就可以使用"&"运算符,如图 3-2 所示。

图 3-2　文本连接

2. "&"运算符和"+"运算符的用法

比较"&"运算符与"+"运算,得出它们的区别,如图3-3所示。

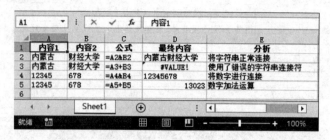

图3-3 "&"与"+"的区别

3.2.4 运算符的应用

案例 3-1 自动生成职工电子邮箱

案例要求

打开"案例 3-1.xlsx"工作簿,内容为某公司的职工信息,根据此表中的职工号,自动生成以职工号为用户名的网易 163 电子邮箱。

案例实效

本案例最终效果如图 3-4 所示。

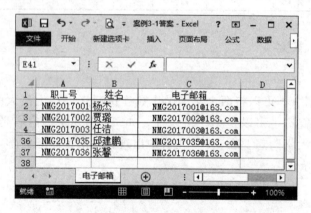

图 3-4 "案例 3-1"的最终效果

案例实施

(1) 打开"案例 3-1.xlsx"工作簿,电子邮箱工作表。

(2) 选中 C2 单元格输入："=A2&"@163.com""，按回车键。C2 中就会自动生成职工号为 NMG2017001 的网易邮箱。

(3) 方法一：在名称框中输入："C2:C37"，则会将所要生成邮箱的 C 列所有单元格选中。再选择"开始"选项卡中"编辑"列表框中的"填充"选项，选择"系列"选项，类型选择自动填充后确定。

方法二：选中 C2 单元格，使其单元格右下角在"填充"柄状态，双击鼠标，就能一次得到所有职工的电子邮箱。

案例 3-2 成绩的综合评定

案例要求

(1) 打开"案例 3-2"计算机科学与技术班级的成绩表 sheet1，为了做出最终的综合评定，设定按照各科平均分来判断该学生成绩是否合格的规则。如果各科平均分超过 60 分则认为是合格的，否则为不合格。

(2) 使用 IF 函数多层嵌套，计算综合评定列，实现当各科平均分超过 90 分时，评定为优秀。

(3) 将各科分数数据列低于 60 分的设为浅粉色，综合评定一列合格的为绿色，不合格的为红色。

案例实效

本案例的最终效果如图 3-5 所示。

H3 =IF(F3>60,IF(F3>90,"优秀","合格"),"不合格")

计算机科学与技术班成绩表							
姓名	C++	网络工程	人工智能	多媒体技术	平均分	综合评定1	综合评定2
苏凯	90	90	86	96	91	合格	优秀
胡敏敏	70	76	56	79	70	合格	合格
杨晨	68	50	70	90	70	合格	合格
王成刚	40	70	67	60	59	不合格	不合格
章华	89	60	89	90	82	合格	合格
徐文王	90	56	78	80	76	合格	合格

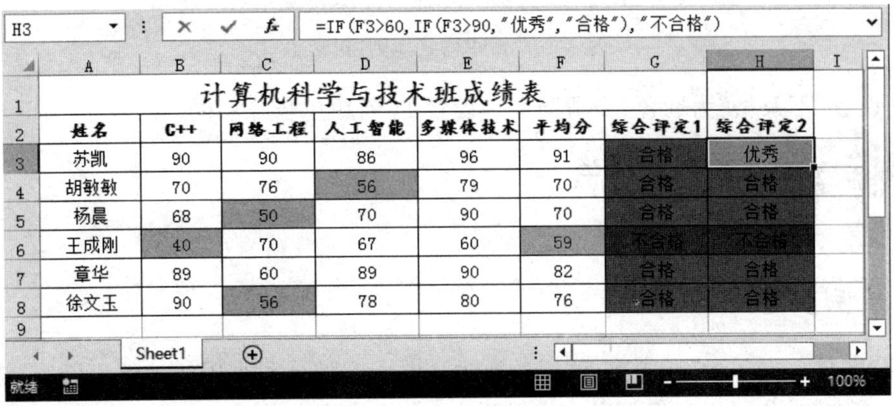

图 3-5 "案例 3-2"的最终效果

案例实施

(1) G3=IF(F3>60,"合格","不合格")。

(2) 用多层嵌套 IF 函数得：在 H3 中输入：
＝IF(F3＞60,IF(F3＞90,"优秀","合格"),"不合格")

语法解释为：如果单元格 F3 的值大于 60，则执行第二个参数，在这里为嵌套函数，继续判断单元格 F3 的值是否大于 90，如果满足在单元格 H3 中显示"优秀"字样，不满足显示"合格"字样，如果 F3 的值，对以上条件都不满足，则执行第三个参数即在单元格 H3 中显示"不合格"的字样。

(3) 在"开始"选项中执行"条件格式"→"突出显示单元格规则"命令，设置条件小于 60，为浅红色。

(4) 选中综合评定 G 列，执行"开始"→"条件格式"→"新建规则"命令，打开如图 3-6 所示的"新建格式规则"对话框，在对话框中选择"只为包含以下内容的单元格设置格式"选项，在"编辑规则说明"中选择"单元格值"为"等于"，输入"合格"，打开"格式"设置填充颜色为"绿色"，如图 3-6 所示。

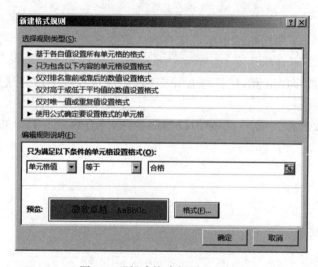

图 3-6 "新建格式规则"对话框

(5) 设置"不及格"为红色，步骤同上。设置 H 列颜色步骤相同。

案例 3-3 月计件汇总

案例要求

打开"案例 3-3.xlsx"工作簿，该工作簿为某电子配件公司采用的计件工资制，统计一月份实际完成件数，公司规定每月完成计件数为 70 件，每件工资为 25 元。完成下列操作：

(1) 在"完成情况"列利用公式自动计算出每个职工是否完成规定件数（"完成"或"未完成"）。

(2) 计算出工资列每个职工的工资数。

(3) 计算奖金。依据是：超出公司规定计件数(70)的部分每件按 2 元计算，没有达到公司规定计件数的奖金为 0。

本案例最终效果如图 3-7 所示。

图 3-7 "案例 3-3"的最终效果

(1) 打开"案例 3-3.xlsx"的"一月份计件汇总"工作表。

(2) 选中 D2 单元格,输入"=IF(C2>=70,"完成","未完成")"按回车键,双击 D2 单元格右下角的"填充"柄,填充至 D37 单元格。

(3) 选中 E2 单元格,输入"=C2*25",按回车键,同样双击 E2 单元格右下角的"填充"柄,填充至 E37 单元格,计算出所有人的工资。

(4) 奖金列的计算方法 1:选中 F2 单元格输入"=IF(C2<=70,0,(C2-70)*2)",判断本月实际完成件数,如果小于等于 70 则奖金为 0,否则为实际完成件数减去规定件数(70)后乘以 2。

(5) 奖金列的计算方法 2:选中 F2 单元格输入"=IF(D2="未完成",0,(C2-70)*2)"回车,判断完成情况,如果是"未完成"则奖金为 0,否则为实际完成件数减去规定件数(70)后乘以 2。

3.3 单元格引用

单元格引用的作用是标识工作表的单元格或单元格区域,并指明公式中所使用的数据位置。

在定义公式时会用到工作表的不同数据,或者不同工作表中的单元格数据,或者不同工作簿中的数据。

单元格引用通常有不同工作表单元格的引用、不同工作簿中单元格的引用，在不同簿、不同表和单元格的引用中要用到相对引用、绝对引用和混合引用这三种方式。

3.3.1 引用格式

单元格的引用分为相对引用、绝对引用和混合引用三种形式。下面以 A2、B2 单元格为例说明三种引用形式的用法。

1. 相对引用

用 A2 等地址来表示想要处理的单元格，属于相对引用。使用相对引用的公式，在进行复制时，公式中的地址会随复制位置的改变而改变。行变列也变，行是相对行、列是相对列。当在 D2 单元格中输入"＝A2＋B2"后按回车键，再将 D 列向下填充至 D5 后，D 列其他单元格的公式自动变成了 C 列所示的公式，如图 3-8 所示。

当在 B4 单元格中输入"＝B1＋B2"后按回车键，再将第 4 行向右填充至 E4 后，第 4 行其他单元格的公式自动变成了第 3 行所示的公式，如图 3-9 所示。

图 3-8　相对引用(1)　　　　图 3-9　相对引用(2)

2. 混合引用

用 A＄2（行不变列变）、＄A2（列不变行变）等地址来表示单元格，属于混合引用。使用混合引用的公式，在进行复制时，公式中的相对引用部分随复制位置改变而改变，绝对引用部分不随复制位置而变化。例如 D2 单元格中输入公式为"＝A＄2＋＄B2"后按回车键，再将 D 列向下填充至 D5 后，D 列其他单元格的公式自动变成了 C 列所示的公式，如图 3-10 所示。

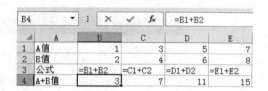

图 3-10　混合引用(1)

当在 B4 单元格中输入"＝B＄1＋＄B2"后按回车键，再将第 4 行向右填充至 E4 后，第 4 行其他单元格的公式自动变成了第 3 行所示的公式，如图 3-11 所示。

3. 绝对引用

用 ＄A＄2、＄B＄2 等地址来表示单元格，行列都不变，属于绝对引用。使用绝对引用的公式，在进行复制时，公式中的地址不会随复制位置的改变而改变。当在 D2 单元格中输入"＝＄A＄2＋＄B＄2"后按回车键，再将 D 列向下填充至 D5 后，D 列其他单元格的公式如 C 列所示，还是"＝＄A＄2＋＄B＄2"，如图 3-12 所示。

当在 B4 单元格中输入"＝＄B＄1＋＄B＄2"后按回车键，再将第 4 行向右填充至 E4 后，第 4 行其他单元格的公式不会随复制位置的改变而改变，如图 3-13 所示。

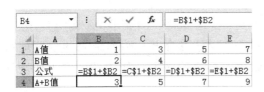

图 3-11 混合引用(2)

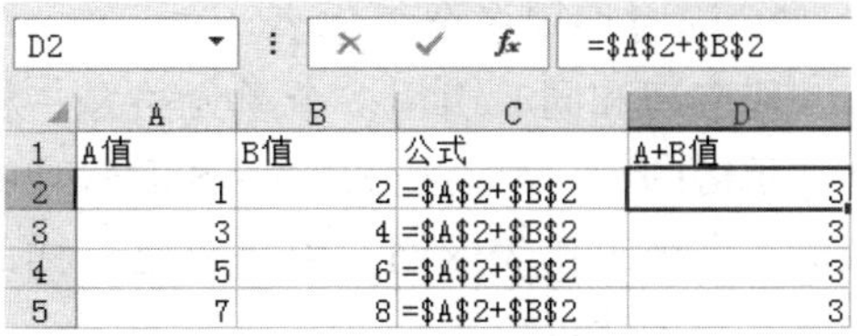

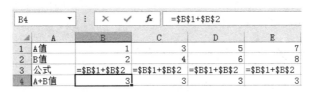

图 3-12 绝对引用(1)

图 3-13 绝对引用(2)

3.3.2 不同工作表单元格的引用

1. 引用单个工作表数据

不同工作表中单元格的引用和同一工作表中单元格的引用没有太大区别,只是在引用的单元格前加上"工作表名!"。例如在 Sheet1 工作表的 A1 单元格中想要引用 Sheet2 工作表中的 A1 单元格的内容,就应该在 Sheet1 工作表的 A1 单元格中写公式"=Sheet2!A1"。引用不同工作表中的单元格也有相对引用、混合引用和绝对引用,其用法和在同一工作表中的用法相同。

例如:某工作簿中的前两个工作表中存有数据,现想在 Sheet3 工作表中求出前两个工作表对应数据的和,如图 3-14~图 3-16 所示。

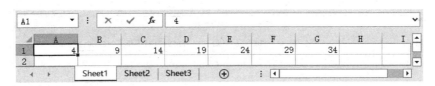

图 3-14 Sheet1

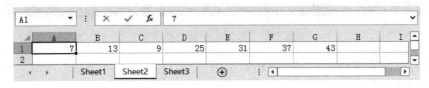

图 3-15 Sheet2

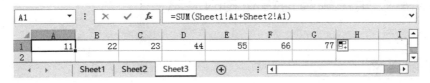

图 3-16 Sheet3

2. 同时引用多个工作表

其道理和同时引用多个单元格是一样的,使用到":"运算符。例如求 A1 到 A10 这 10 个单元格的和,可以用公式"=SUM(sheet2!A1:A10)",只需给出开始和结束的位置就可以了。多个工作表的同时引用也是一样的,只需给出要引用的多个工作表的开始工作表和结束工作表就可以了。

例如将某工作簿中的 3 个工作表中的 A1 单元格的值求和,则可以写公式"=SUM(sheet1:sheet3!A1)"。如果想求这三个工作表 A1 到 A10 所有单元格的和,则可以定义公式"=SUM(Sheet1:Sheet3!A1:A10)"。

3.3.3 不同工作簿中单元格的引用

引用不同工作簿里的单元格,其引用格式为:

[工作簿名称.XLSX]工作表名称!单元格地址

例如:如果要在工作簿 3 的 Sheet1 工作表中 A1 单元格里计算工作簿 1 的 Sheet1 工作表中的 A1 和工作簿 2 的 Sheet1 工作表中的 A1 单元格中数据的和,则公式可以写成"=[工作簿 1]Sheet1!A1+[工作簿 2]Sheet1!A1",如图 3-17 所示。

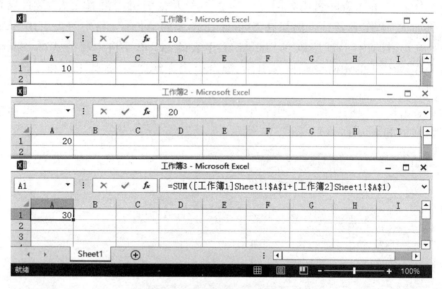

图 3-17 不同工作簿数据引用

不同工作簿中单元格的引用也有相对引用、混合引用和绝对引用。其用法和同一工作表中的用法是相同的。

 销售额与销售利润的汇总

打开"案例 3-4"工作簿,根据图 3-18 和图 3-19 给出的销售单价工作簿和销售数量工作

簿实现如下操作。

图 3-18 "案例 3-4"数据（销售单价）

图 3-19 "案例 3-4"数据（销售数量）

（1）在不同工作簿中计算销售金额，并对每个员工的销售金额进行汇总。
（2）在不同工作表中计算销售利润，并对每个员工的销售金额进行汇总。

案例实效

案例效果如图 3-20 和图 3-21 所示。

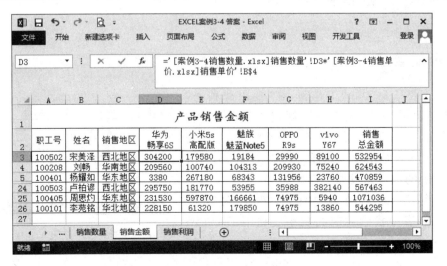

图 3-20 "案例 3-4"结果（销售金额）

图 3-21 "案例 3-4"结果(销售利润)

 案例实施

(1) 在销售金额表中引用了销售单价工作簿和销售数量工作簿这两个不同工作簿中单元格的数据计算销售金额得：D3='[案例 3-4 销售数量.xlsx]销售数量'!D3 * '[案例 3-4 销售单价.xlsx]销售单价'!B＄4，向下拖至 D26，向右拖至 H2,销售总金额 I3＝SUM(D3:H3)其他销售额都填充到 26 行，便得到每个员工的销售金额进行汇总。

(2) 在案例 3-4 答案簿中的销售利润表中引用销售单价工作表和销售数量工作表这两个不同表中单元格的数据计算销售金额得：＝销售数量!D3 *(销售单价!B＄4－销售单价!B＄3)，向下拖至 D26，向右拖至 H2,其他销售利润都填充到 26 行。

(3) 利润总和 I3＝SUM(D2:H2)，填充到 H26。

案例 3-5　存款利息计算

 案例要求

打开"案例 3-5.xlsx"工作簿，在"期限和利率"工作表中给出了某银行存款利率规定的存款期限和利率的数据，如图 3-22 所示。在"存款信息"工作表中给出了存款金额和存款期限信息，如图 3-23 所示，根据表中的内容完成如下操作。

根据"存款信息"工作表中的存款期限，在"期限与利率"工作表中找到对应的利率。利用 Excel 函数计算出每笔的存款年利息。

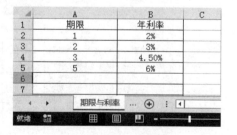

图 3-22　期限与利率

图 3-23 存款利息

 案例实效

本案例最终效果如图 3-24 所示。

图 3-24 "案例 3-5"的最终效果

案例实施

（1）打开"案例 3-5.xlsx"工作簿，选中"存款数据"工作表中的 D3 单元格，利用 Excel 的 IF 函数判断多情况的嵌套关系。输入公式"＝B3 * IF(C3＝1,期限与利率!＄B＄2,IF (C3＝2,期限与利率!＄B＄3,IF(C3＝3,期限与利率!＄B＄4,期限与利率!＄B＄5)))"，按回车键确定，就会自动计算出该笔的存款在其指定的年限所得到的利息。

（2）在名称框中输入"D2:D22"后按回车键，所要计算的利息列就会被选中，采用自动填充。就会自动求出所有所要的结果。

（3）其结果如图 3-24 所示。

案例 3-6　各地区全年总销售额汇总

案例要求

打开"案例 3-6.xlsx"工作簿,如图 3-25 给出了某公司产品一到四季度销售额记录,数据分别在"一季度地区销售额"到"四季度地区销售额"的四个工作表中,根据工作簿中各个工作表中各地区的销售额统计。要求:

(1) 在销售额汇总工作表中利用 SUM 函数跨表引用单元格一次求出全年按地区总汇的各地区销售额。

(2) 在销售额汇总工作表中利用 SUM 函数跨表引用单元格区域一次求出全年总销售额。

图 3-25　一到四季度销售额记录

案例实效

本案例最终效果如图 3-26 所示。

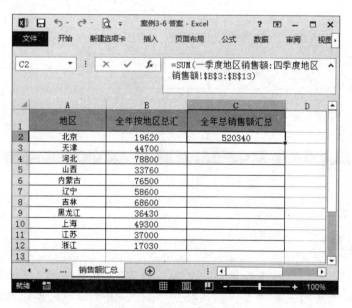

图 3-26　"案例 3-6"的最终效果

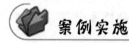

(1) 打开"案例 3-6.xlsx",分别打开第一到四季度的工作表各地区销售额数据。

(2) 现将四个季度的每个地区的销售额求和汇总到"销售额汇总"工作表中对应的地区的销售额单元格 B2 到 B12 中。打开"销售额汇总"工作表,选中 B2 单元格输入公式：=SUM(一季度地区销售额:四季度地区销售额!$B3),选中 B2 单元格,使其单元格右下角在"填充"柄状态,双击,填充至 B12。

(3) 现将第一到第四季度的销售额求和汇总到"销售额汇总"工作表中对应的全年总销售额汇总单元格 C2 中。打开"销售额汇总"工作表,选中 C2 单元格输入公式：=SUM(一季度地区销售额:四季度地区销售额!$B$3:$B$13)即可。

3.4 定义名称与使用名称

定义名称是为工作表中某些单元格或单元格区域起一个名称,并用此名称代替单元格或单元格区域的地址。也可对经常使用某些单元格区域、函数、常量或表格定义名称,使用时直接用定义好的名称来代表它们即可。例如图 3-20,工作表中 B3~B8 是 C++成绩,把 B3~B8 定义为"C++",若想求出 C++平均成绩时,输入公式"=AVERAGE(C++)"即可,比直接引用单元格地址的公式"=AVERAGE(B2:B8)"更直观和容易理解。合理使用名称,可以更加快速准确地创建公式。

3.4.1 定义名称

定义名称要遵循如下规则：
- 名称中不能含有空格,但可以使用下画线和句点。
- 名称的第一个字符必须是字母或汉字。不可使用单元格地址、阿拉伯数字。
- 避免使用 Excel 本身预设的一些特殊用途的名称,如 Print—Area、Database 等。
- 名称中的字母不区分大小写。

1. 直接定义名称

利用 Excel 名称框可对单元格或单元格区域进行命名：选中要命名的单元格或单元格区域,在编辑栏左侧的名称框中输入相应的定义的名称,输入需要的名称后按回车键,即可为当前单元格区域命名。如图 3-27 中给单元格定义了名称"苏凯成绩"。

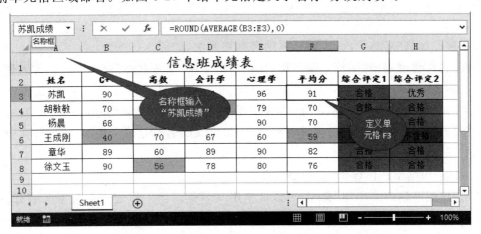

图 3-27 名称框定义名称

2. 利用"定义名称"命令定义

选中单元格区域，切换到执行"公式"→"定义名称"→"定义名称"命令弹出"新建名称"对话框，输入名称。单击"确定"按钮即可实现为单元格区域命名。

要指定名称的范围，在"范围"下拉列表框中，选择"工作簿"或工作簿中工作表的名称。名称的适用范围是指在没有限定的情况下能够识别名称的位置。

如果给常量或公式定义名称，则在"新建名称"对话框的引用位置中输入："＝常量"或者"＝公式"。

如果需要为该名称添加一些说明信息，还可以在"备注"文本框中输入说明文字，以便于以后了解该名称的用途、使用方法等，如图3-28所示。

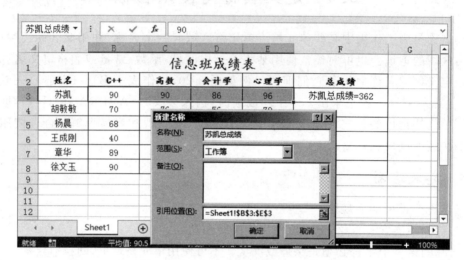

图3-28 "定义名称"按钮定义名称

3. 利用"名称管理器"命令定义

单击"公式"→"定义的名称"功能组中的"名称管理器"按钮，打开"名称管理器"对话框，如图3-29所示。此对话框中列出了本工作簿中已经定义的所有名称的详细信息，包括名称、名称所代表的数值、引用位置、范围（即级别）以及备注信息。

"名称管理器"对话框的左上角有一个"新建"按钮，单击它可以打开图3-28所示的"新建名称"对话框，在该对话框中定义名称即可，定义完毕后返回"名称管理器"对话框。新定义的名称被添加到"名称管理器"对话框的名称列表中，如图3-29所示。

利用"名称管理器"对话框定义名称，要比单独使用"新建名称"对话框有更大的优越性，因为可以随时查看已定义名称的详细信息，以便于了解定义的名称是否想要、是否有错误。如果定义的名称错误，还可以单击"名称管理器"对话框中的"编辑"按钮。打开"编辑名称"对话框，对名称的名字和引用位置进行修改，如果定义的名称是不需要的，可以选择该名称，然后单击"删除"按钮将其删除。

4. 利用"根据所选内容创建"命令定义

使用"根据所选内容创建"命令，可以批量定义名称。当工作表中的数据区域有行标题或列标题时，可以利用该命令快速定义多个名称。在一般的应用上，针对表格数据来说，数据的选项名称都置于该数据区域之顶端行或最左列，此名称实际上也就是该区域的名称。

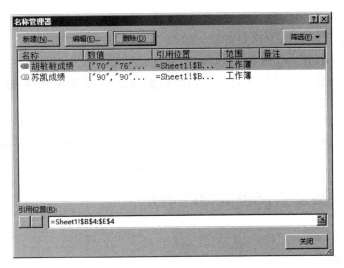

图 3-29 "名称管理器"对话框

选定要命名的单元格或区域,执行"公式"→"定义的名称"→"根据所选内容创建"命令,弹出"以选定区域创建名称"对话框,可以选中"首行"、"最左列"、"末行"或"最右列"复选框来指定包含名称的位置,单击"确定"按钮,如图 3-30 所示。

图 3-30 "以选定区域创建名称"对话框

3.4.2 使用名称

1. 在新建的公式函数中使用已定义的名称

定义名称之后,在工作簿中的任何一张工作表中都可以使用该名称。在编辑公式函数时,如果选定了已经命名的数据区域,公式函数内就会自动出现该区域的名称。也可以在编辑公式函数时直接输入名称来使用。

对于名称的使用,如同对单元格的引用一样,只需要输入对应的单元格区域名称,即可实现对单元格区域的引用,如在前面定义名称"苏凯总成绩",下面使用此名称,计算"苏凯总成绩"的公式为:="苏凯总成绩="&SUM(苏凯总成绩),如图 3-31 所示。

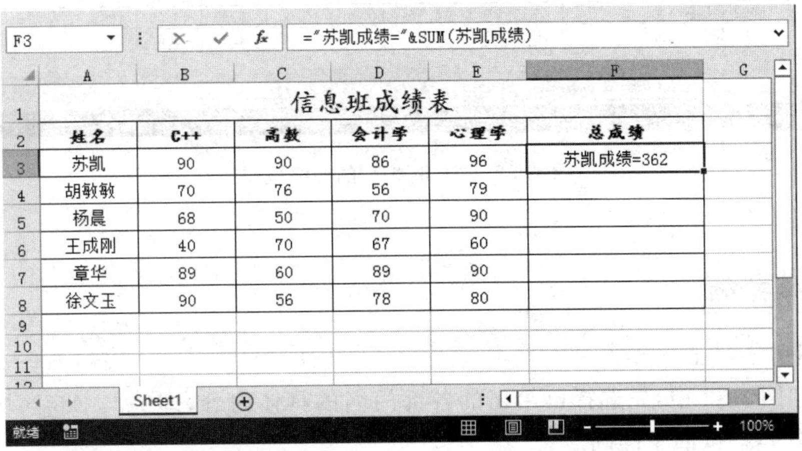

图 3-31 使用名称

Excel 公式定义与数据处理

2. 单元格区域使用名称

为有数据的单元格区域定义名称后,就可在 Excel 中像引用单元格一样引用名称,对反复使用的单元格区域,使用定义的名称,对处理数据更加高效。也可以在对单元格区域使用数据有效性设置时,直接用名称代替,从而在"数据"选项卡中实现各种"数据验证"的设置。

3. 用名称替代已建好的公式函数中的数据

如果先建立了公式函数,然后对建立好的公式函数进行定义名称,则可以用名称替代已建好的公式函数中的数据。单击"公式"选项卡中的"用于公式"按钮,从列表中选择想要的名称应用即可。

案例 3-7 员工工资表数据的填充

案例要求

打开"案例 3-7"工作簿,在"部门名"表中对已给数据定义对应的名称,利用数据验证对已给出的"员工工资表"的字段名"部门"和"性别"两列填充数据。并要求输入错误时,弹出"输入错误"对话框。

本案例最终效果如图 3-32 所示。

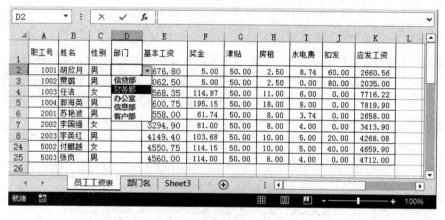

图 3-32 "案例 3-7"的最终效果

打开"案例 3-7"工作簿:

(1) 在如图 3-33 中,先选择已给出的各部门名的具体内容,即 A2:A6 区域,在名称框内定义为"部门名"按回车键确定。

(2) 在图 3-34 中,选定员工工资表中的 D2:D25,执行"数据"→"数据工具"→"数据验证"命令,打开"数据验证"对话框,选择"设置"→"序列",在"来源"中输入"=部门名",单击"确定"按钮。

图 3-33　在名称框中定义"部门名"

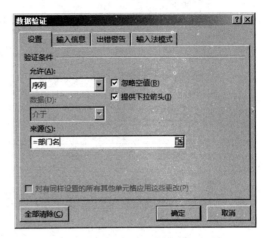

图 3-34　在"来源"中输入"=部门名"

(3) 如员工工资表的 D2:D25 单元格区域,执行"数据"→"数据工具"→"数据验证"命令,打开"数据验证"对话框,选择"出错警告",在"标题"中输入"=部门",在"错误信息"中输入"输入错误",单击"确定"按钮,当在 D2:D25 单元格中输入不是定义过的名称内容时,会提示出错警告。

(4) 在图 3-32 中,在填充"部门"一列的内容时,点开右侧的箭头,出现各部门名的具体内容,选择性地填充需要的内容。用单元格区域引用名称完成"部门"记录的填充。

(5) 填充"性别"一列的数据步骤与步骤(1)~步骤(4)类同。

案例 3-8　销量统计

案例要求

打开"案例 3-8.xlsx"工作簿,在 Sheet1 工作表中,统计机构北京赛诺给出了国内智能手机市场 2016 年上半年的销量排名情况,分为总体、线上和线下三个维度。其中总体排名上,华为凭借 4377 万台的销量排名第 1,OPPO、苹果、vivo、小米分列第 2~5 位,销量为 2900 万台、2766 万台、2555 万台和 2365 万台。通过定义名称求出以下各值:

(1) 用定义名称的方法,求出华为手机的销售总量。

(2) 如苹果 iPhone 7 手机参考价格定为 5990 元,用定义名称的方法,求出苹果手机每个月份的销售金额。

(3) 用定义名称的方法,求出国内智能手机市场六月份全国销售总金额。

本案例最终效果如图 3-35 所示。

Excel 在经济管理中的应用

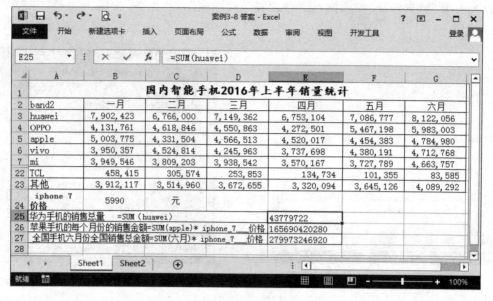

图 3-35 "案例 3-8"的最终效果

 案例实施

打开"案例 3-8.xlsx"工作簿，在 Sheet1 工作表中：

（1）使用单元格定义名称的方法将 B25 单元格定义为"iPhone_7＿＿价格"，单击 B25 单元格，将名称框中的"B25"修改为"iPhone_7＿＿价格"，按回车键即可定义完毕。

也可以选择 B25 单元格，单击"公式"选项卡中的"定义名称"，在出现的"新建名称"对话框中输入名称"iPhone_7＿＿价格"，如图 3-36 所示。

（2）定义各地区和各月份的名称：先选定单元格区域（A3：H24），单击"公式"→"根据所选内容创建"→"以选定区域创建名称"→选中"首行"和"最左列"复选框，单击"确定"按钮即可完成表内手机名称和各月份的名称定义，如图 3-37 所示。

图 3-36 "新建名称"对话框

（3）对数据量大，用定义好的名称计算案例的要求，可以选在任意单元格中直接使用名称计算即可。

在 E25 输入"＝SUM(huawei)"，即可得出华为手机销售量 43 779 722。

在 E26 输入"＝SUM(apple)＊iPhone_7＿＿价格"，即可得出苹果手机的销售金额 165 690 420 280。

在 E27 输入"＝SUM(六月)＊iPhone_7＿＿价格"，得出全国六月份销售金额 279 973 246 920。如图 3-35 所示。

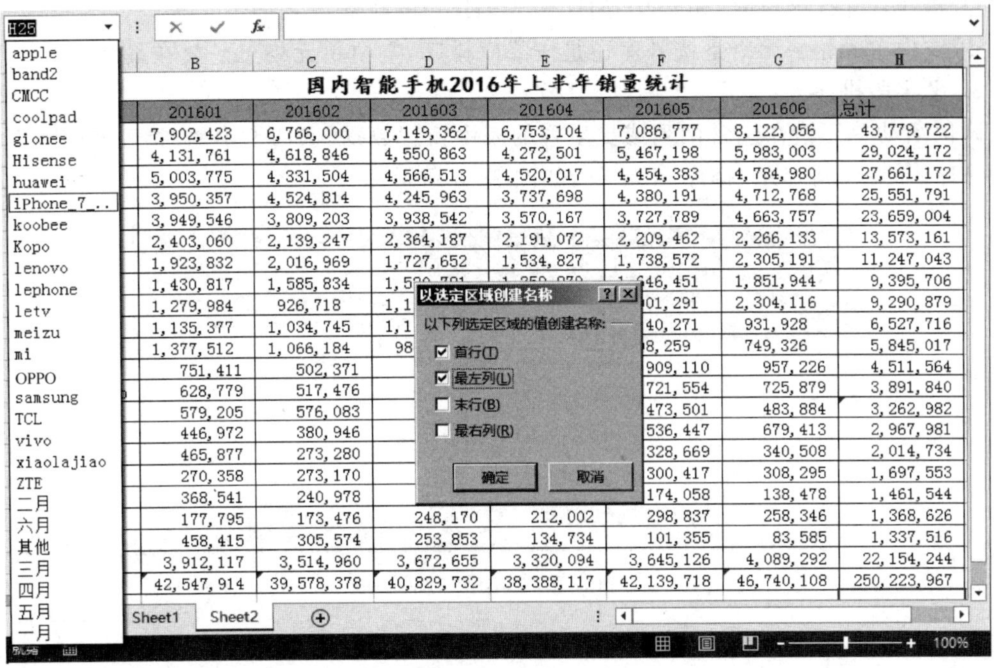

图 3-37 "根据所选内容创建"定义名称

3.5 数 据 处 理

工作表中的数据量都比较庞大与烦琐,通过视觉不能直观地分析出数据,为增加工作效率,从庞大的数据量中选出想要的数据,往往使用 Excel 表格中的排序筛选分类汇总辅助功能来管理数据。

3.5.1 数据排序

数据的排序是对数据分析不可缺少的组成部分。对数据进行排序有助于快速直观地显示数据并更好地理解数据,有助于组织并查找所需数据,做出最终更有效的决策。

可以对一列或多列中的数据按文本、数字以及日期和时间进行排序,还可以按自定义序列或格式进行排序。大多数排序操作都是针对列进行的,但也可以针对行进行。

1. 单字段排序

如果将数据按某一列排序,操作十分简单,只要在那一列中选定一个单元格,在"数据"选项卡中的"排序和筛选"组中,单击升序 ↑ 按钮或降序 ↓ 按钮即可。

排序依据也许是数字、文本或日期,在按升序排序时,Excel 使用如下排序次序。在按降序排序时,则使用相反的次序。

- ❖ 数字:按从最小的负数到最大的正数进行排序。
- ❖ 日期:按从最早的日期到最晚的日期进行排序。
- ❖ 文本:文本是从左到右的顺序逐字符进行排序的。
- ❖ 逻辑:在逻辑值中,False 排在 True 之前。

❖ 错误：所有错误值(如＃NUM！和＃REF!)的优先级相同。
❖ 空白单元格：无论是按升序还是按降序排序,空白单元格总是放在最后。

2. 多字段排序

确保活动单元格在包含两列或更多列的表中,在"数据"选项卡中的"排序和筛选"组中,单击排序 按钮将显示"排序"对话框,如图 3-38 所示。

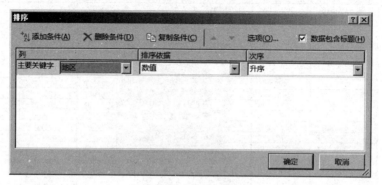

图 3-38 "排序"对话框

在"列"下的"主要关键字"旁边列表框中选择需要最先排序的列名,再选定其排列依据与次序。

单击"添加条件",重复以上操作可添加作为排序依据的其他列,如图 3-39 所示。

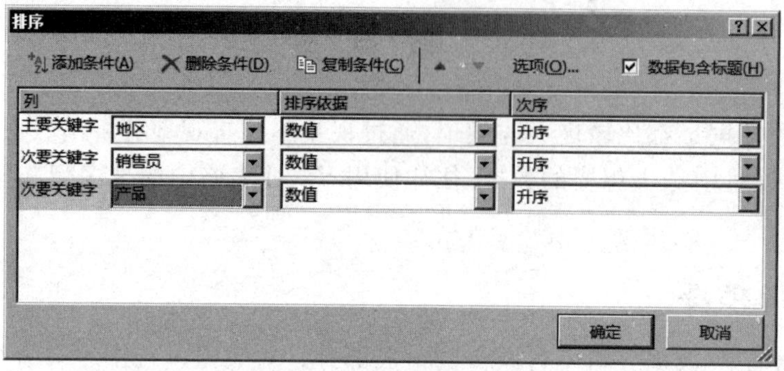

图 3-39 多字段排序

若要复制作为排序依据的列,选择该条目单击"复制条件"。若要删除作为排序依据的列,选择该条目单击"删除条件"。若要更改列的排序顺序,选择一个条目后单击"向上"或"向下"箭头更改顺序。

若要改变排序方向(按行排序或按列排序)或排序方法(字母排序或笔画排序),则在"排序"对话框中单击"选项"按钮,将显示"排序选项"对话框,在其中可设置排序方向、排序方法和是否大小写区分。

3. 按单元格颜色、字体颜色或图标进行排序

一般情况下,排序依据都是单元格中的数值,但有时也需要按单元格颜色或字体颜色来排序。此外,还可以按某个图标集进行排序,这个图标集是通过条件格式创建的。

在"排序"对话框的"排序依据"下,选择"单元格颜色"、"字体颜色"或"单元格图标"来实现这种操作。

4. 部分数据的排序

如果在排序过程中,有些数据不希望参与排序,则必须先将这些数据隐藏。被隐藏的数据将不会改变其位置,其余的显示数据按其排序键进行排序,重新显示隐藏的数据后便可达到部分数据不排序的目的。

3.5.2 数据筛选

在大量的数据中查看或运用数据时,并不是每一笔数据都是必要的。如果能过滤一些不必要显示的数据,则有助于提高工作效率。筛选功能就是一个隐藏所有不符合用户指定条件的过程,对于数据的突出显示与数据的整理具有特殊的作用。

1. 自动筛选

"自动筛选"是直觉式的"字段"导向筛选方法,只要利用鼠标即可完成一般较简易的筛选处理。在数据清单中选定一个单元格,在"数据"选项卡中的"排序和筛选"组中,单击"筛选"按钮,此时在列表第一行的字段名称处出现向下拖动箭头按钮▼。单击某一列上的▼按钮,可弹出一个下拉菜单,其中可按"颜色"筛选,也可按"文本值"筛选。图3-40中所示的是筛选出了"实发工资"大于3000的销售清单。

职工号	姓名	部门	基本工资	奖金	津贴	房租	水电费	扣发	实发工资
100103	刘明明	办公室	1913.67	1064.87	550.00	211.00	66.00	0.00	3251.54
100104	张继业	信贷部	2520.15	1145.15	550.00	218.00	68.00	0.00	3929.30
100203	谢家驹	信贷部	1829.88	1053.68	550.00	210.00	65.00	20.00	3138.56
100205	王大成	办公室	1784.57	1047.77	550.00	210.00	65.00	0.00	3107.34
100301	张凤鸣	客服部	2118.49	1092.89	550.00	218.00	69.00	60.00	3414.38
100302	陆远谋	客服部	2337.25	1120.25	550.00	212.00	66.00	0.00	3729.50
100303	孙键	信贷部	2320.00	1118.00	550.00	212.00	66.00	40.00	3670.00
100304	马永华	客服部	2366.00	1124.00	550.00	212.00	66.00	0.00	3762.00
100305	周韬	信贷部	2094.84	1088.24	550.00	210.00	65.00	20.00	3438.08
100306	杨青	客服部	1910.15	1064.15	550.00	210.00	65.00	40.00	3209.30
100307	钱进	信贷部	1912.00	1064.00	550.00	208.00	64.00	0.00	3254.00
100401	林霖	信贷部	2105.80	1017.00	550.00	217.00	60.00	20.00	3383.80
100402	万萌	财务部	2524.22	1030.00	570.00	220.00	66.90	0.00	3837.32

图 3-40 自动筛选

当用户想要实现自定义筛选时,可以使用自动筛选中的数字筛选按钮,来自己定义筛选的条件,具体如图3-41所示。

数据筛选完毕之后,若想显示所有数据则可以通过单击"数据"菜单选择排序和筛选组中的"清除"按钮或"筛选"按钮,就会将所有数据全部显示出来。还可以通过下拉三角中的复选框来实现全部数据的显示。

2. 高级筛选

使用自动筛选基本上可以解决大部分的筛选问题,但至少有如下4种可能的需求,用户必须进一步根据"高级筛选"功能来完成:

❖ 不同字段间,"或"条件的设置。
❖ 同一字段多重范围的筛选。
❖ 比较的对象是由字段经处理后的结果。

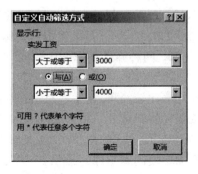

图 3-41 自定义筛选

❖ 将筛选结果送到原数据表以外的地方。

例如，单击数据区域内部，打开"数据"菜单"排序和筛选"组中的"高级"按钮。即会弹出"高级筛选"对话框，在"列表区域"中选择需要筛选的数据区域，在"条件区域"中选择条件区域。单击"确定"按钮即可筛选出指定条件的数据。图 3-42 是利用"高级"按钮筛选出财务部实发工资大于 3000 的员工信息的筛选过程。

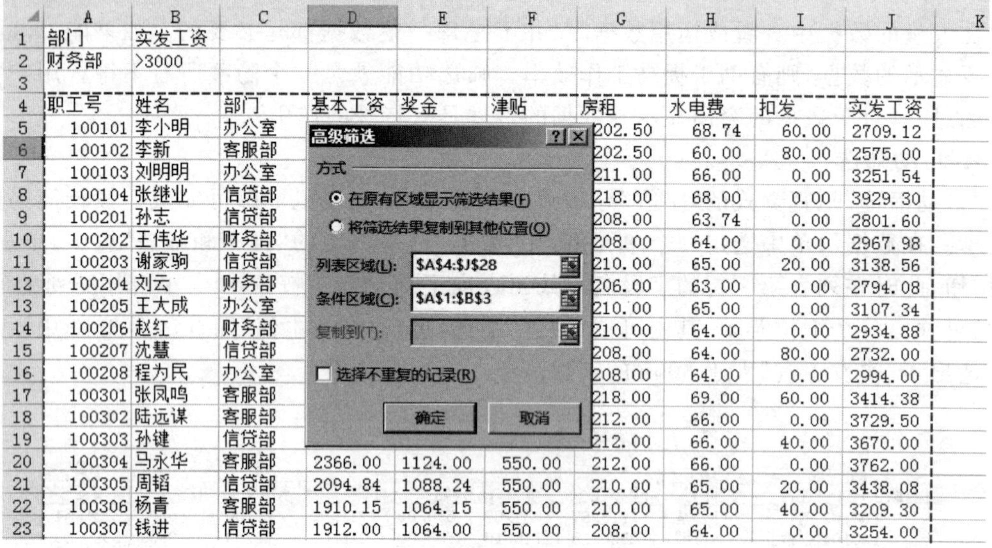

图 3-42 高级筛选

在使用高级筛选时，与自动筛选的明显差异就是设置"条件区域"作为筛选的标准。在工作表的任意空白处（和数据清单隔开至少一行或一列）输入高级筛选条件。

然后在数据清单中选定一个单元格，在"数据"选项卡中的"排序和筛选"组中，单击"高级"按钮，此时出现"高级筛选"对话框，如图 3-42 所示图中的"高级筛选"对话框。

高级筛选的方式有两种：一种是在原工作表中显现符合条件的数据。另一种是将符合条件的数据显示在其他区域，即在"高级筛选"对话框中的"复制到"中输入复制位置的起始单元格。

上述高级条件区域 $A$1:$B$3 中的各条件都在相同的行中，说明所设各条件是"与"的关系。如果高级筛选条件区域中的各条件都在不同行上，则说明设置的各条件是"或"的关系，也可多次使用自动筛选来实现。

3. 两种筛选操作的比较

自动筛选一般用于条件简单的筛选操作，符合条件的记录显示在原来的数据表格中，操作起来比较简单，初学者对"自动筛选"也比较熟悉。若要筛选的多个条件间是"或"的关系，或需要将筛选的结果在新的位置显示出来那只能用"高级筛选"来实现了。一般情况下，"自动筛选"能完成的操作用"高级筛选"完全可以实现，但有的操作则不宜用"高级筛选"，这样反而会使问题更加复杂化了，如筛选最大或最小的前几项记录。

3.5.3 分类汇总

在数据类型比较简单的工作表数据中，经常需要对某些字段进行数据的分析统计。

Excel 提供的分类汇总功能可以对工作表数据进行分类和汇总计算。根据不同的字段,可以从不同的角度对数据进行分类汇总操作。

分类汇总的主要精神在于其"分类"。即在进行汇总之前,必须对要进行分类的字段先进行排序。不论升序还是降序先将相同的数据放在一起,再对这些记录的其他数值字段进行求和、求平均、计数等汇总运算。

1. 分类汇总命令

分类汇总命令的结果是在数据清单中插入汇总行,显示出汇总值,并自动在数据清单底部或顶部插入一个总计行。操作步骤如下:

首先,对分类字段进行排序,排序的目的是要把同类记录放在一起。

然后,通过使用"数据"选项卡的"分级显示"组中的"分类汇总"命令,可以自动计算列中的分类汇总和总计。

如果想对一批数据以不同的汇总方式进行多个汇总,则可再次进行分类汇总,设置"分类汇总"对话框,并取消"替换当前分类汇总"复选框,即可叠加多种分类汇总。

设置分类汇总后,列标中的数据将分级显示,工作表窗口左边会出现分级显示区,列出一些分级符号,允许对数据的显示进行控制。默认数据分三级显示,单击分级显示区上方的 1 2 3 等按钮,可以只显示列表中的列标题和总计结果,或显示各个分类结果和总计结果,或显示所有的详细数据等。

2. 分类汇总函数

使用分类汇总命令汇总出来的数据信息繁多,不便于查看和比较,而且许多没有统计价值的数据的统计也是没有必要的,造成不必要的麻烦。利用 Subtotal 函数可以有针对性地汇总出需要统计的数据信息。

语法格式:

Subtotal(函数代码,参数 1,参数 2,……)

函数功能:用来对参数列表指定的数据进行分类汇总。

分类汇总方式用函数代码指定,表 3-3 列举了"分类汇总"对话框中"汇总方式"下拉列表框中的选项对应的具体函数的含义以及函数中指定的函数代码。

表 3-3 分类汇总方式及其函数代码

"汇总方式"选项	函数代码	实现功能
求和	9	数值求和
计数	3	数据项的数据
平均值	1	数据的平均值
最大值	4	数据的最大值
最小值	5	数据的最小值
乘积	6	所有数据的乘积
数值计数	2	含有数字的记录或者行的数目
标准偏差	7	估算总体的标准偏差,数据列为样本
方差	10	估算总体方差,数据列为样本
总体标准偏差	8	总体的标准偏差,数据列为总体
总体方差	11	总体方差,数据列为总体

说明：
- Subtotal 函数忽略任何不包括在筛选结果中的行。
- Subtotal 函数适用于数据列或垂直区域，不适用于数据行或水平区域。

3.5.4 数据综合处理

案例 3-9 日光灯采购情况数据分析

案例要求

打开"案例 3-9.xlsx"的"采购情况表"，根据表中给定数据信息完成数据统计，具体要求如下：

(1) 根据各列数据计算出每种日光灯的采购总额。

(2) 将数据复制到"排序"表中，先按"产品"列数据升序排序，产品列相同的数据再按"采购总额"列数据降序排序。

(3) 将数据复制到"筛选"表中，进行数据筛选，条件为："商标"为"北京"的产品。

(4) 将数据复制到"高级筛选 1"表中，进行数据筛选，条件为："商标"为"佛山"，"产品"为"LED 灯"且"瓦数"小于 10 的。

(5) 将数据复制到"高级筛选 2"表中，进行数据筛选，条件为："产品"为"白炽灯"，"瓦数"小于或等于 50 且"寿命（小时）"大于或等于 1000 的。

(6) 将数据复制到"分类汇总 1"表中，进行分类汇总：统计出各"产品"中的采购总额，并且将汇总结果显示在数据下方。

(7) 将数据复制到"分类汇总 2"表中，进行分类汇总：统计出各"产品"中不同商标的采购总额，并且将汇总结果显示在数据下方。

案例实效

本案例最终效果如图 3-43～图 3-49 所示。

案例实施

(1) 在"采购情况表"中，选中 H3 单元格，并在该单元格中输入公式"＝＝E3＊F3＊G3"，回车即可求 LED 灯的采购总额。选中 H3：H18 单元格，按下 Ctrl＋D 组合键或者是选中 H3 单元格，按住右下角的十字，下拉到 H18 单元格，可将公式填充到所选中的单元格。即可求出各个"产品"所对应的采购总额。

(2) 将全部数据复制到"排序"表中，将光标停在所要排序的数据区域内部，单击"数据"菜单，单击"排序和筛选"组中的"排序"按钮。即会弹出"排序"对话框，在对话框中的主要关键字中选择"产品"字段，排序依据为"数值"，次序为"升序"排序。"产品"列相同的数据再按"采购总额"列数据降序排序。再单击"排序"对话框中的"添加条件"按钮即会增加出"次要关键字"并选择"采购总额"字段，排序依据为"数值"，次序为"降序"排序，如图 3-50 所示。

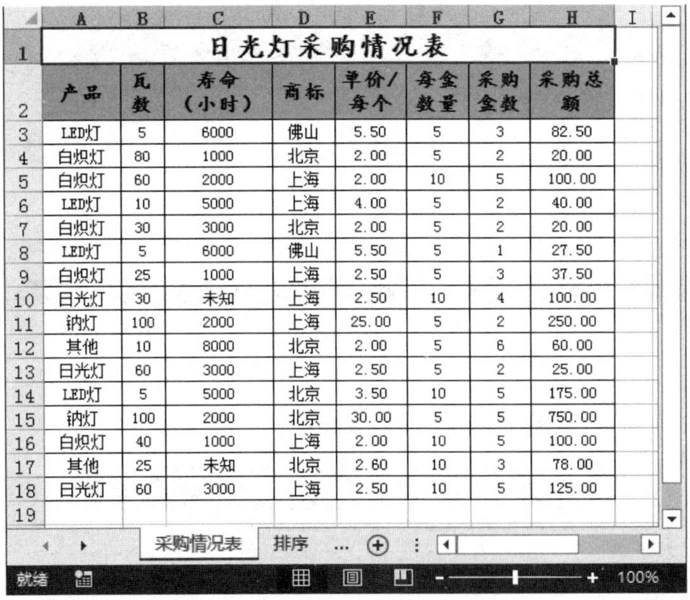

日光灯采购情况表

产品	瓦数	寿命（小时）	商标	单价/每个	每盒数量	采购盒数	采购总额
LED灯	5	6000	佛山	5.50	5	3	82.50
白炽灯	80	1000	北京	2.00	5	2	20.00
白炽灯	60	2000	上海	2.00	10	5	100.00
LED灯	10	5000	上海	4.00	5	2	40.00
白炽灯	30	3000	北京	2.00	5	2	20.00
LED灯	5	6000	佛山	5.50	5	1	27.50
白炽灯	25	1000	上海	2.50	5	3	37.50
日光灯	30	未知	上海	2.50	10	4	100.00
钠灯	100	2000	上海	25.00	5	2	250.00
其他	10	8000	北京	2.00	5	6	60.00
日光灯	60	3000	上海	2.50	5	2	25.00
LED灯	5	5000	北京	3.50	10	5	175.00
钠灯	100	2000	北京	30.00	5	5	750.00
白炽灯	40	1000	上海	2.00	10	5	100.00
其他	25	未知	北京	2.60	10	3	78.00
日光灯	60	3000	上海	2.50	10	5	125.00

图 3-43 "案例 3-9"——采购总额

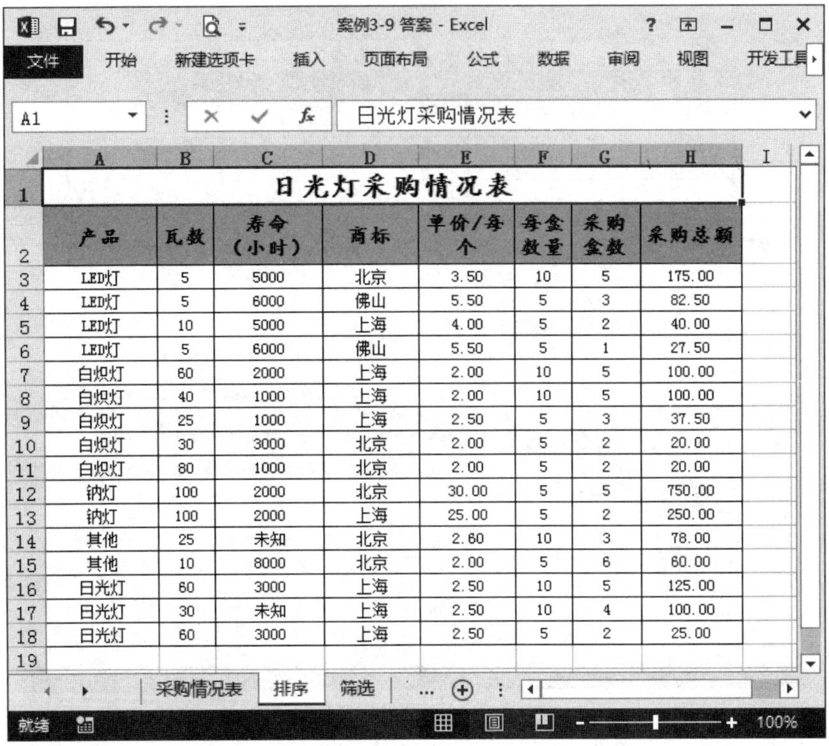

日光灯采购情况表

产品	瓦数	寿命（小时）	商标	单价/每个	每盒数量	采购盒数	采购总额
LED灯	5	5000	北京	3.50	10	5	175.00
LED灯	5	6000	佛山	5.50	5	3	82.50
LED灯	10	5000	上海	4.00	5	2	40.00
LED灯	5	6000	佛山	5.50	5	1	27.50
白炽灯	60	2000	上海	2.00	10	5	100.00
白炽灯	40	1000	上海	2.00	10	5	100.00
白炽灯	25	1000	上海	2.50	5	3	37.50
白炽灯	30	3000	北京	2.00	5	2	20.00
白炽灯	80	1000	北京	2.00	5	2	20.00
钠灯	100	2000	北京	30.00	5	5	750.00
钠灯	100	2000	上海	25.00	5	2	250.00
其他	25	未知	北京	2.60	10	3	78.00
其他	10	8000	北京	2.00	5	6	60.00
日光灯	60	3000	上海	2.50	10	5	125.00
日光灯	30	未知	上海	2.50	10	4	100.00
日光灯	60	3000	上海	2.50	5	2	25.00

图 3-44 "案例 3-9"——排序

Excel 公式定义与数据处理

Excel 在经济管理中的应用

图 3-45 "案例 3-9"——筛选

图 3-46 "案例 3-9"——高级筛选 1

图 3-47 "案例 3-9"——高级筛选 2

图 3-48 "案例 3-9"——分类汇总 1

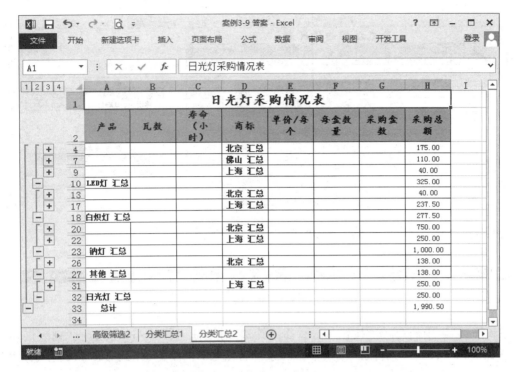

图 3-49 "案例 3-9"——分类汇总 2

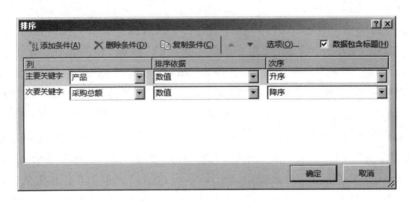

图 3-50 "排序"对话框

(3) 将数据复制到"筛选"表中,将光标停在数据区内部,单击"数据"菜单,单击"排序和筛选"组中的"筛选"按钮后,再单击"商标"列上的下拉三角,勾中复选框中的"北京"或者选择文本筛选,选择"等于",内容输入"北京"。即可筛选"商标"为"北京"的产品。

(4) 将数据复制到"高级筛选 1"表中,将光标停在数据区内部,单击"数据"菜单,单击"排序和筛选"组中的"高级"按钮,弹出"高级筛选"对话框,如图 3-51 所示,在"列表区域"选 $A$2:$H$18,在"条件区域"选给出的条件区域 1 中的 $J$5:$L$6,在"方式"中选择"在原有区域显示筛选结果"选项,单击"确定"按钮后,筛选出"商标"为"佛山","产品"为"LED 灯"且"瓦数"小于 10 的产品,如图 3-46 所示。

(5) 将数据复制到"高级筛选(2)"表中,将光标停在数据区内部,单击"数据"菜单,单击

Excel 在经济管理中的应用

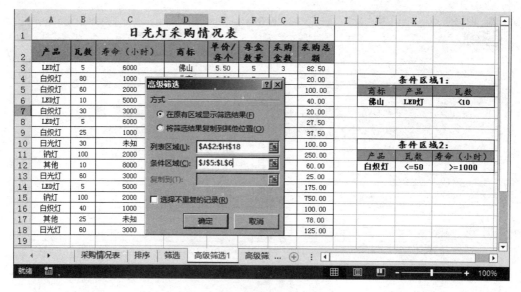

图 3-51 "高级筛选"对话框

"排序和筛选"组中的"高级"按钮,弹出"高级筛选"对话框,如图 3-52 所示,在"列表区域"选 ＄A＄2:＄H＄18,在"条件区"域选给出的条件区域(2)中的＄J＄11:＄L＄12,在"方式"中选"在原有区域显示筛选结果"确定后,筛选出白炽灯,瓦数小于等于 50 且寿命(小时)大于等于 1000 的产品,如图 3-47 所示。

(6) 将数据复制到"分类汇总(1)"表中,首先对原数据产品排序,然后将光标停在数据区内部,单击"数据"菜单"分级显示"组中的"分类汇总"按钮,在弹出的"分类汇总"对话框中,"分类字段"选择"产品","汇总方式"选择"求和","选定汇总"项中选择"采购总额"。默认汇总结果即显示在数据下方,单击"确定"按钮,统计出各产品的采购总额,如图 3-48 所示。

(7) 将数据复制到"分类汇总 2"表中,首先对原数据"产品"做主要关键字排序,对"商标"做次要关键字排序,将光标停在数据区内部,单击"数据"菜单"分级显示"组中的"分类汇总"按钮,在弹出的"分类汇总"对话框中,"分类字段"选择"产品","汇总方式"选择"求和","选定汇总"项中选择"采购总额",默认汇总结果即显示在数据下方,确定后,再一次打开"分类汇总"对话框,"分类字段"选择"商标","汇总方式"选择"求和","选定汇总"项中选择"采购总额",去掉"替换当前分类汇总"中的对勾,默认汇总结果即显示在数据下方,单击"确定"按钮统计出各产品中不同商标的采购总额,如图 3-49 所示。

案例 3-10　音乐产品销售情况

案例要求

打开"案例 3-10.xlsx"某公司音乐产品销售情况的工作簿,汇总求出下面要求的几个结果:

（1）求出每位销售员的"销售金额"。
（2）求出每位销售员的每种产品的"销售金额"。
（3）求出"陈玉玲"在"北京"地区销售的总金额。

本案例最终效果如图 3-52～图 3-54 所示。

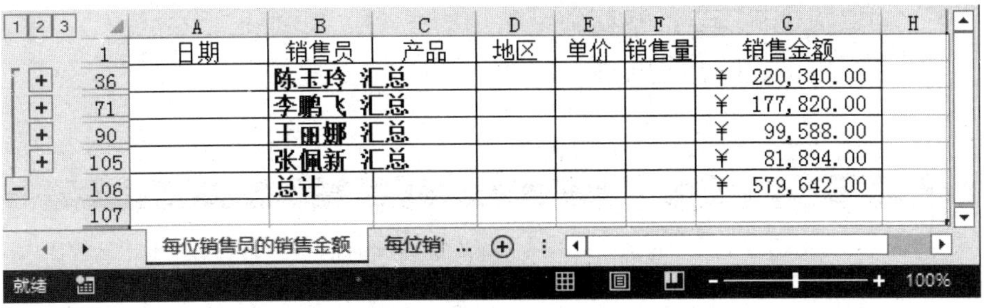

图 3-52 "案例 3-10"——每位销售员销售金额

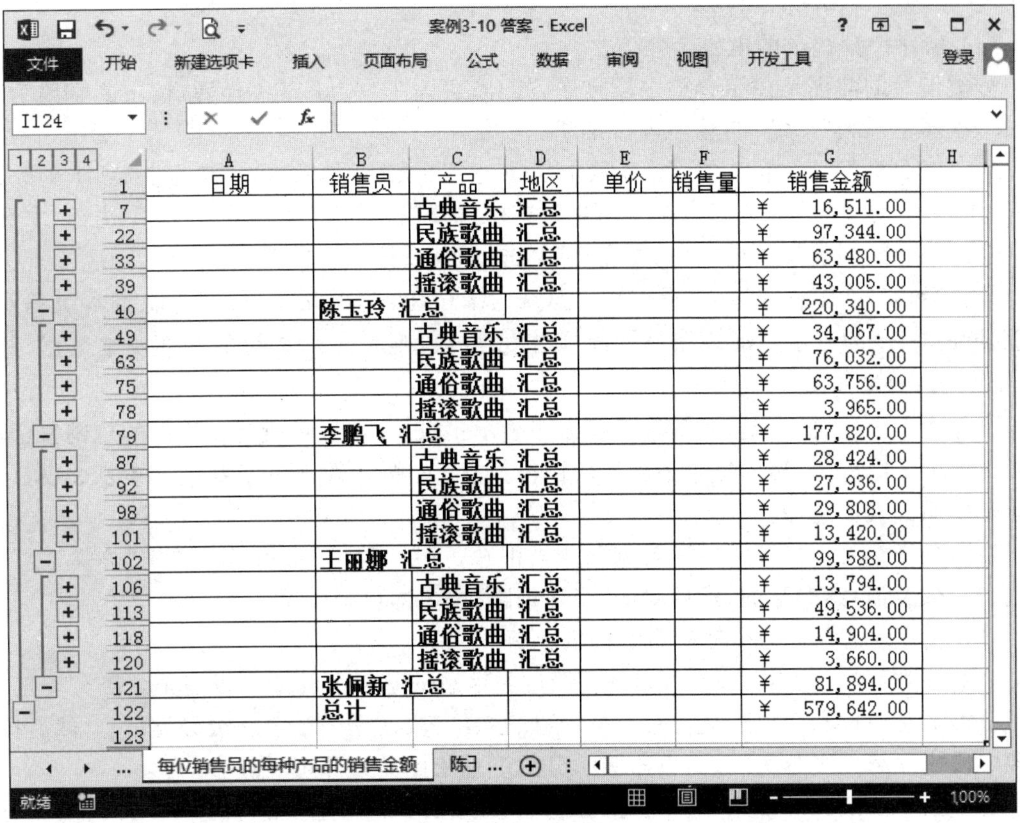

图 3-53 "案例 3-10"——每位销售员每种商品的销售金额

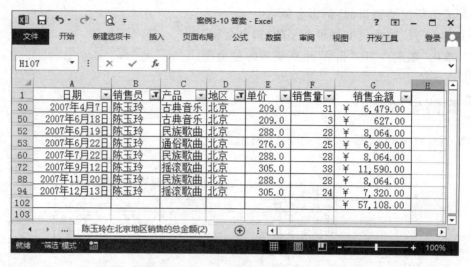

图 3-54 "案例 3-10"——陈玲玉在北京的销售金额 2

案例实施

(1) 求每位销售员的销售金额

分类汇总的前提是按照分类字段排序,打开"案例 3-10.xlsx"工作簿,按主要字段为"销售员",次要字段为"产品"的顺序进行排序。

第一级分类汇总:单击要汇总区域中任何一个单元格,然后单击"数据"选项卡的"分级显示"组中的"分类汇总"按钮。在"分类字段"中选择"销售员","汇总方式"中选择"求和",在"选定汇总项"列表框中选中"销售金额"复选框,其余按默认设置。

分级显示:工作表左边的按钮 是隐藏明细按钮,单击此按钮,则将隐藏本级的明细数据,同时 变为显示明细按钮 ,再单击 按钮,则将显示本级的全部明细数据,此时 变为 ,效果如图 3-53 所示。

工作表左上角有三个按钮 ,按钮 1 表示 1 级显示,显示所有销售员的总销售金额;按钮 2 表示 2 级显示,显示每个销售员的销售金额;如图 3-52 所示。按钮 3 表示 3 级显示,显示汇总明细及汇总额。

删除分类汇总:如果用户需要删除分类汇总,可在"数据"选项卡中单击"分类汇总"按钮,打开"分类汇总"对话框,然后单击"全部删除"按钮即可。

(2) 求每位销售员的每种产品的销售金额

二级分类汇总:如果需要,可以在一级分类汇总的基础上创建二级甚至多级分类汇总。多级分类汇总原理和简单分类汇总一样,按照主要字段建立一个第一级分类汇总,然后按照次要字段建立第二级分类汇总,更高级的分类汇总依此类推即可实现。

在以上单级汇总的基础上,单击要汇总区域中任何一个单元格,再打开"分类汇总"对话框,在"分类字段"中选择"产品","汇总方式"中选择"求和",在"选定汇总项"列表框中勾选"销售金额"复选框,一定要取消"替换当前分类汇总"复选框,单击"确定"按钮。

显示分级汇总:此时工作表左上角显示有 4 个按钮 ,单击按钮 3 即可得到如

图 3-53 所示的结果，也就是每位销售员的每种产品的“销售金额”。

(3) 求出“陈玉玲”在“北京”地区销售的总金额

方法一：使用解决上一问题的方法，按“销售员”一级分类汇总，按“地区”二级分类汇总，得出陈玉玲在北京地区销售的总金额结果，如图 3-54 所示。

方法二：采用先筛选再求和的方法。自动筛选出销售员为陈玉玲的记录，在筛选结果中再自动筛选出地区为北京的记录，然后对“销售金额”进行自动求和，如图 3-55 所示。

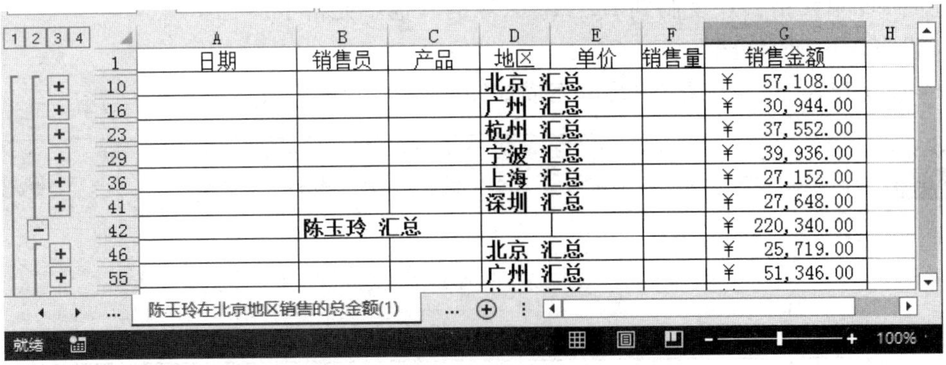

	A	B	C	D	E	F	G
1	日期	销售员	产品	地区	单价	销售量	销售金额
10				北京 汇总			¥ 57,108.00
16				广州 汇总			¥ 30,944.00
23				杭州 汇总			¥ 37,552.00
29				宁波 汇总			¥ 39,936.00
36				上海 汇总			¥ 27,152.00
41				深圳 汇总			¥ 27,648.00
42		陈玉玲 汇总					¥ 220,340.00
46				北京 汇总			¥ 25,719.00
55				广州 汇总			¥ 51,346.00

图 3-55 二级分类汇总出的结果

3.6 本章课外实验

3.6.1 单元格引用

打开工作簿“课外实验 3-1. xlsx”，按下列要求完成上机实验。

(1) 在工作表“混合引用”中编辑完成如图 3-56 所示内容。

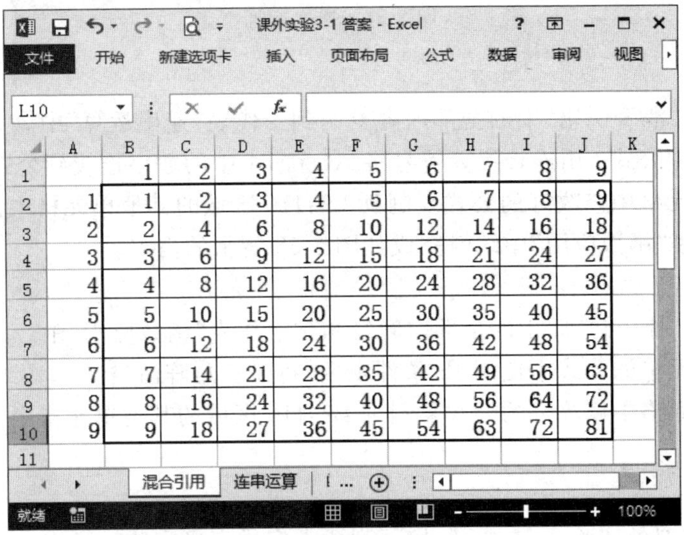

	A	B	C	D	E	F	G	H	I	J
1		1	2	3	4	5	6	7	8	9
2	1	1	2	3	4	5	6	7	8	9
3	2	2	4	6	8	10	12	14	16	18
4	3	3	6	9	12	15	18	21	24	27
5	4	4	8	12	16	20	24	28	32	36
6	5	5	10	15	20	25	30	35	40	45
7	6	6	12	18	24	30	36	42	48	54
8	7	7	14	21	28	35	42	49	56	63
9	8	8	16	24	32	40	48	56	64	72
10	9	9	18	27	36	45	54	63	72	81

图 3-56 混合引用

要求：
① 在 A2:A10 区域中用自动填充的方法输入数字 1~9。
② 在 B1:J1 区域中也输入数字 1~9。
③ 在 B2 单元格输入公式"＝A2＊B1"。
④ 为了将 B2 中公式复制到其他单元格中也能得到正确结果，请修改公式中的单元格引用方式。
⑤ 将 B2 单元格公式复制到 B2:J10 区域的其他单元格中。
⑥ 设置图中所示边框。

（2）在工作表"连串运算"中编辑完成如图 3-57 所示的内容。

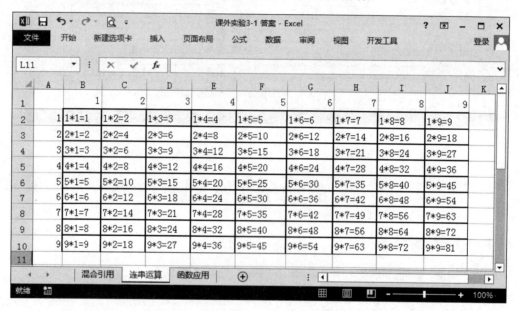

图 3-57　连串运算

要求：
① 将工作表"混合引用"中的全部内容复制到工作表"连串运算"中。
② 修改 B2 中公式：用连接运算符号将 A2 和 B1 中的数字连接到公式中。
③ 将 B2 单元格中修改好的公式复制到 B2:J10 区域的其他单元格中。

（3）在工作表"函数应用"中编辑完成如图 3-58 所示的内容。

要求：
① 将工作表"连串运算"中的全部内容复制到工作表"函数应用"中。
② 在 B2 单元格的公式中使用 IF 条件函数，将上三角阵清空。
③ 将 B2 单元格中修改好的公式复制到 B2:J10 区域的其他单元格中。

3.6.2　产品筛选

打开工作簿"课外实验 3-2.xlsx"，按下列要求完成上机实验。

（1）在 Sheet1 工作表中，筛选出北京或上海地区的销量未达到 10 套产品的销售记录。
（2）在 Sheet2 工作表中，筛选出销售员姓名中包含"玉"字的记录。

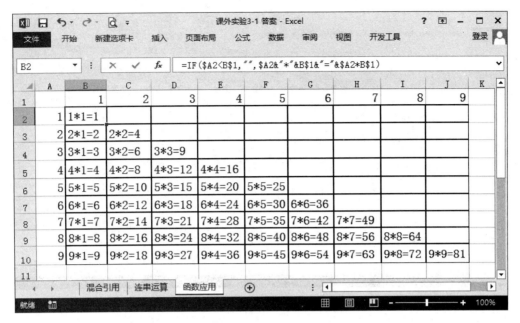

图 3-58 函数应用

（3）在 Sheet3 工作表中，筛选出五月份销售额超过一万元的记录。

（4）在 Sheet4 工作表中，筛选出销售员为"张佩新"或者销售地区为"上海"的记录。

（5）在 Sheet5 工作表中，筛选出单价 300 以上且销售金额超过 1 万的记录或单价 200 以下且销售金额超过 5000 的记录，最终效果如图 3-59 所示。

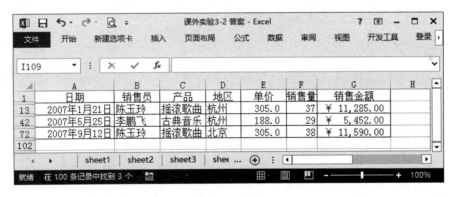

图 3-59 筛选

3.6.3 职工工资表的数据处理

打开工作簿"课外实验 3-3.xlsx"，按下列要求完成上机实验。

要求：

（1）计算出每个职工的实发工资。

（2）表格需要打印出来，并且要求：每页要放 40 个记录（行），并对每页数据进行合计，在最后的一页上作出总合计，最终效果如图 3-60 所示。

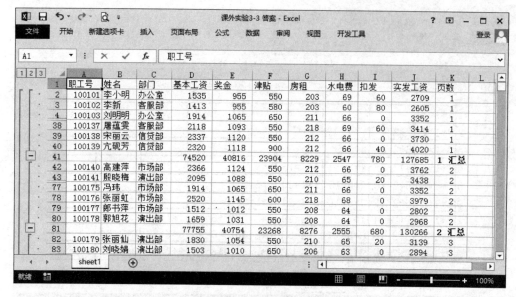

图 3-60　员工实发工资

第 4 章　Excel 图表应用

引言

在 Excel 2013 中,可以很轻松地创建具有专业外观的图表,只需选择图表类型、图表布局和图表样式等。另外可以通过 Excel 数据透视表和数据透视图来分析复杂数据。数据透视表可以准确计算和分析数据,而数据透视图则可以可视化地展示数据和数据之间的关系。

本章学习目标

- ❖ 图表的生成
- ❖ 图表的修改
- ❖ 数据透视表

4.1　图表的生成

根据企业利税与捐赠表(表 4-1)生成图表。

表 4-1　企业利税与捐赠

企业名称	利税合计	公益捐赠
大旗	100	90
唐都	70	68
奇遇	80	85
伊莱	64	51
宝矿	89	76
红光	40	50
古乐	60	63
清水	56	70

4.1.1　图表的插入

选择需要生成图表的数据,执行"插入"→"图表"命令,根据要求选择需要的图表类型。下面以插入二维簇状柱形图为例:执行"插入"→"图表"→"柱形图"→"二维簇状柱形图"命令,当鼠标指针指向所选择的图标时,出现生成图表的预览图,如图 4-1 所示,单击生成图表。

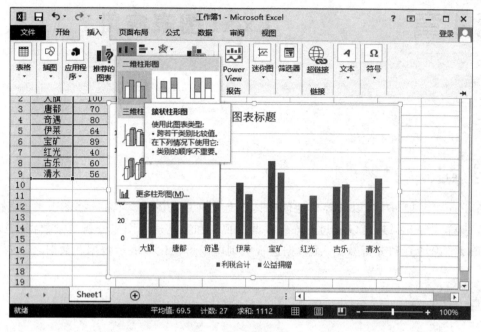

图 4-1 生成图表

单击生成的图表,在功能区就会弹出图片工具的"设计"和"格式"选项卡,同时单击图表时在图表右侧出现"图表元素"、"图表样式"和"图表筛选器"功能的图标,均可对图表数据或格式进行设置,如图 4-2 所示。

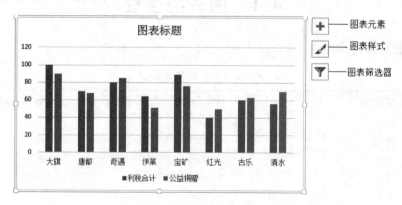

图 4-2 图表元素、样式、筛选器

4.1.2 图表的快速布局

生成的图表,利用快速布局,可实现图表的一些选项,如图 4-3 所示。

4.1.3 图表的样式选择

利用图表样式,可对图表进行快速样式设计,如图 4-4 所示。

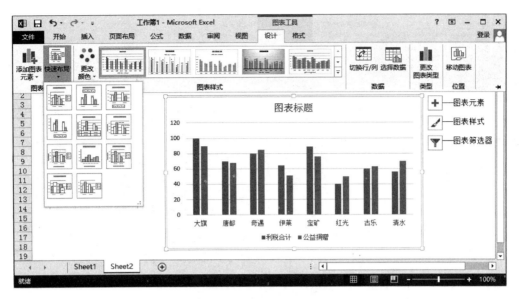

图 4-3 图表的快速布局

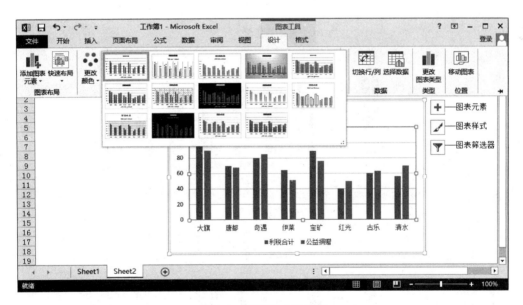

图 4-4 图表样式的选择

4.1.4 数据标签

单击生成的图表,出现图表工具选项卡,执行"布局"→"添加图表元素"→"数据标签"命令,如图 4-5 所示,最终效果如图 4-6 所示。

4.1.5 切换图表行列

切换图表行列,即是将图例项变为 X 轴标签,将 X 轴标签数据变为图例项,单击功能区"设计"→"数据"→"切换行列"选项,效果图如图 4-7 所示。

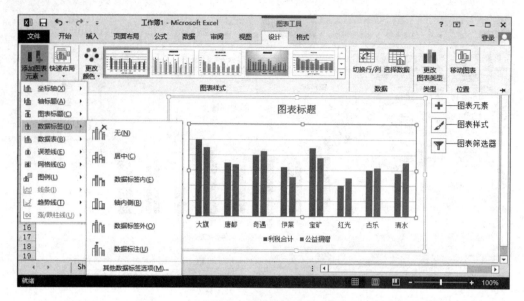

图 4-5　添加数据标签

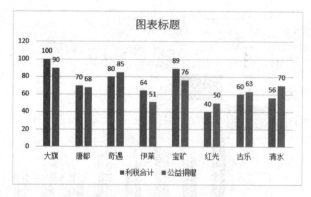

图 4-6　添加数据标签后的图表

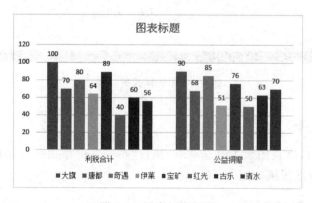

图 4-7　图表切换行列

4.1.6 更改图表类型

执行"设计"→"类型"→"更改图表类型"命令,在弹出的"更改图表类型"对话框中,可将图表类型更改为折线图、饼图、条形图、面积图等,如图 4-8 所示,若将图表类型更改为折线图得到效果如图 4-9 所示。

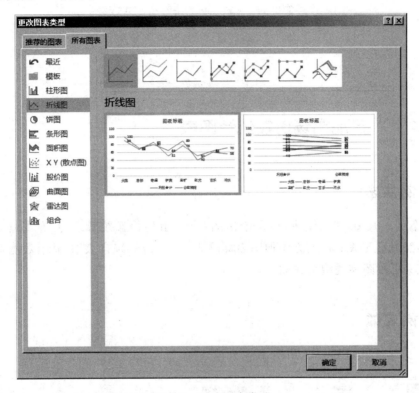

图 4-8　更改图表类型

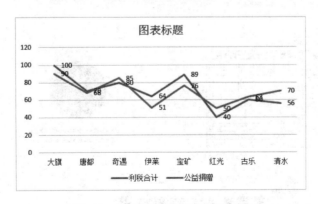

图 4-9　更改为折线图后的效果图

4.1.7 数据表

生成的图表如要显示数据表,执行"布局"→"添加图表元素"→"数据表"命令,可成功添加图表数据表,如图 4-10 所示。

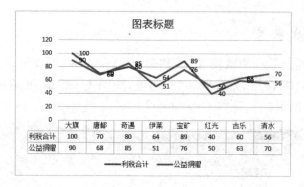

图 4-10 显示数据表

案例 4-1　产品市场份额统计图表

案例要求

打开"案例 4-1.xlsx"工作簿，根据给出的"产品市场份额统计表"中的数据，在 Sheet1 中插入二维簇状柱形图；在上方添加图表标题为"产品份额统计表"；显示数据标签；下方显示数据表；更改图表类型为饼图。

 案例实效

本案例实现效果如图 4-11 所示。

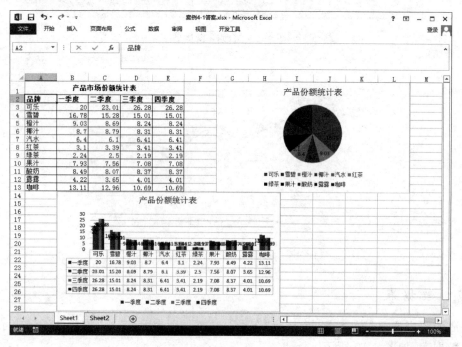

图 4-11　产品市场份额统计图表

案例实施

(1) 选中 A2～E13 单元格,插入二维簇状柱形图。
(2) 执行"图表工具"→"设计"→"添加图表元素"→"图表标题"→"图表上方"命令,输入图表标题"产品市场份额统计表"。
(3) 执行"图表工具"→"设计"→"添加图表元素"→"数据标签"→"数据标签内"命令。
(4) 执行"图表工具"→"设计"→"添加图表元素"→"数据表"→"显示图例项标示"命令。
(5) 执行"图表工具"→"设计"→"更改图表类型"命令,在打开的"更改图表类型"对话框中选择饼图。

4.2 图表的修改

消费者指数如表 4-2 所示。

表 4-2 消费者指数

日期	预期指数	满意指数	信心指数
2007.08	99.9	93.3	97.3
2007.09	99.6	92.9	96.9
2007.01	99.2	92.4	96.5
2007.11	98.7	92	96
2007.12	99.5	93.1	96.9
2008.01	98.6	91.2	95.6
2008.02	96.8	90.5	94.3
2008.03	97.1	90.7	94.5
2008.04	96.6	90.1	94
2008.05	97	90.2	94.3
2008.06	96.5	90.6	94.1
2008.07	96.9	90.8	94.5
2008.08	96	90.2	93.7
2008.09	95.6	90	93.4

根据消费者指数的"日期"和"预期指数"制作如图 4-12 所示的图表。

4.2.1 添加图表标题

单击生成的图表,出现图表工具选项卡,执行"布局"→"添加图表元素"→"图表标题"命令即可生成图表标题,如图 4-13 所示,最终效果如图 4-14 所示。

4.2.2 修改坐标轴标题

单击生成的图表,出现图表工具选项卡,执行"布局"→"添加图表元素"→"坐标轴标题"命令,如图 4-15 所示,添加 X 轴为时间,Y 轴为指数,最终效果如图 4-16 所示。

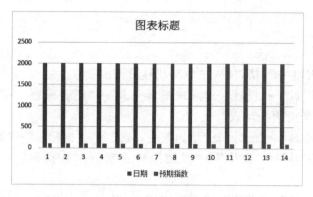

图 4-12　生成的图表

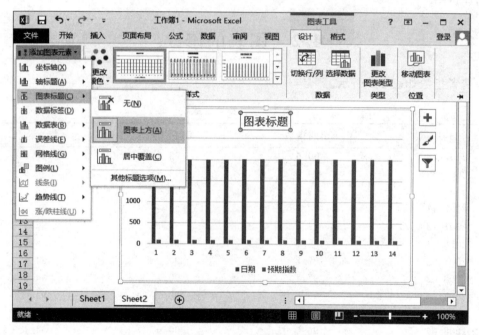

图 4-13　添加图表标题

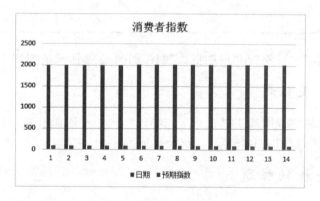

图 4-14　添加了标题的图表

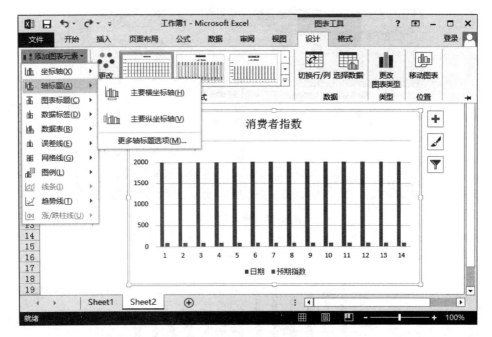

图 4-15 添加坐标轴标题

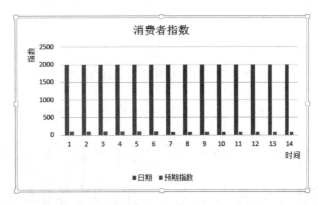

图 4-16 添加了坐标轴标题的图表

4.2.3 删除和增加图例项

Excel 生成的图表,图例项可以增加,也可以删除,删除图例操作步骤如下:

(1) 选定图表执行"设计"→"数据"→"选择数据"命令。

(2) 在弹出的"选择数据源"对话框左侧的"图例项"选项区中,选择要删除的图例,单击"删除"按钮,之后单击"确定"按钮即可,如图 4-17 所示。

(3) 删除"日期"图例项的效果如图 4-18 所示。

如果要添加图例项,在图中"选择数据源"对话框左侧的"图例项"选项区中,单击"添加"按钮,打开"编辑数据系列"对话框,可以把消费者的"满意指数"图例项添加进来,如图 4-19 所示。产生的效果图如图 4-20 所示。

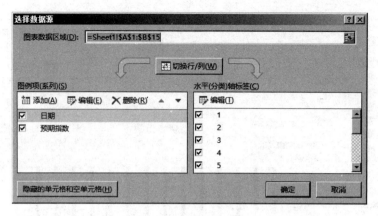

图 4-17　删除图例项

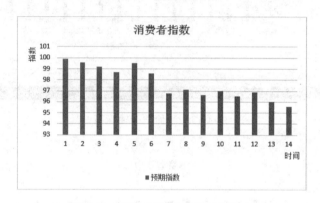

图 4-18　删除日期图例项后的图表

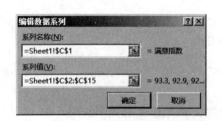

图 4-19　增加图例项

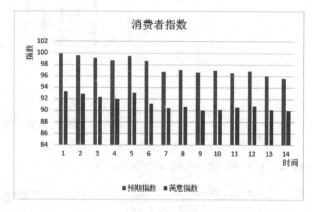

图 4-20　增加了图例的图表

如果要编辑图例项，则在"选择数据源"对话框左侧的"图例项"选项区中，选择要编辑的图例，单击"编辑"按钮，在打开的如图 4-19 所示的"编辑数据系列"对话框中进行修改。

4.2.4　更改 X 轴标签

(1) 单击生成的如图 4-20 所示图表，执行"设计"→"数据"→"选择数据"命令。

(2) 在弹出的"选择数据源"对话框右侧的"水平(分类)轴标签"列表框中，单击"编辑"

按钮,在弹出的"轴标签"对话框的"轴标签区域"中选择"日期"列数据,如图 4-21 所示。

(3) 更改 X 轴标签为"日期"后,效果如图 4-22 所示。

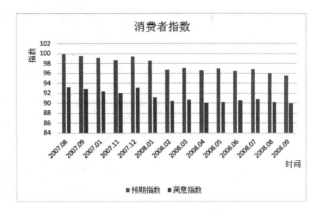

图 4-21　更改 X 轴标签　　　　　　图 4-22　更改 X 轴标签后的图表

4.2.5　修改水平轴(X 轴)的文字方向

(1) 右击 X 轴标签数据,在弹出的快捷菜单中选择"设置坐标轴格式"命令,如图 4-23 所示。

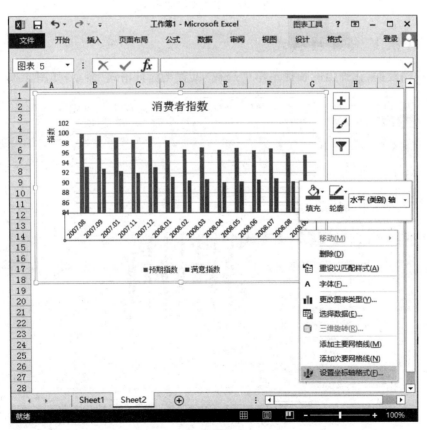

图 4-23　选择设置坐标轴格式

（2）在弹出的"设置坐标轴格式"任务窗格中，打开"文本选项"选项卡，在"文本框"选项组的"文字方向"下拉列表框中选择文字方向，如图4-24所示。

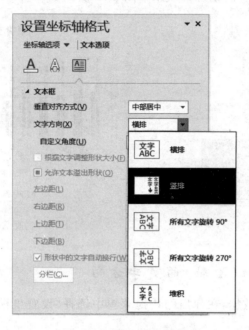

图 4-24　设置文字方向

4.2.6　修改 Y 轴数据格式

右击 Y 轴数据，在弹出的快捷菜单中选择"设置坐标轴格式"命令，如图 4-25 所示。

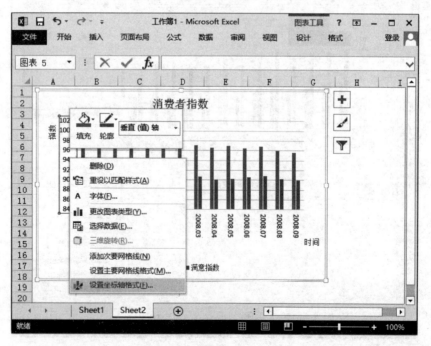

图 4-25　Y 坐标轴快捷菜单

（1）在弹出的"设置坐标轴格式"任务窗格中设置坐标轴主要刻度、次要刻度、最大值和最小值，如图 4-26 所示。

（2）设置坐标轴数字格式，如图 4-27 所示。

图 4-26　设置坐标轴选项

图 4-27　设置坐标轴数字格式

（3）设置坐标轴对齐方式和文字方向，打开"文本选项"选项卡，在"文本框"中进行设置，如图 4-28 所示。

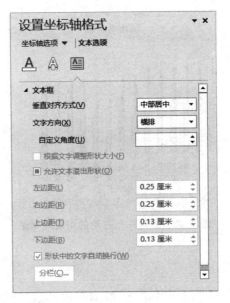

图 4-28　设置坐标轴对齐方式

4.2.7 更改图例位置

单击生成的图表,出现"图表工具"选项卡,执行"设计"→"图表布局"→"添加图表元素"→"图例"中的相应命令,如图 4-29 所示。将图例位置改至图表右侧,生成的图表如图 4-30 所示。

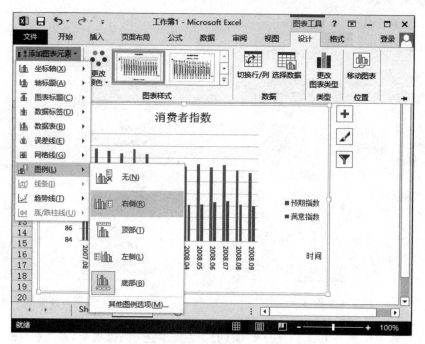

图 4-29 设置图例位置

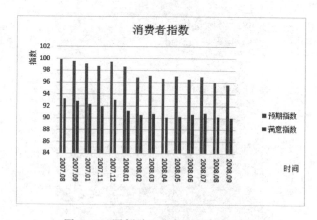

图 4-30 图例移至右侧的图表效果图

4.2.8 网格线

选定图表,执行"设计"→"图表布局"→"添加图表元素"→"网格线"中的相应命令,如图 4-31 所示。

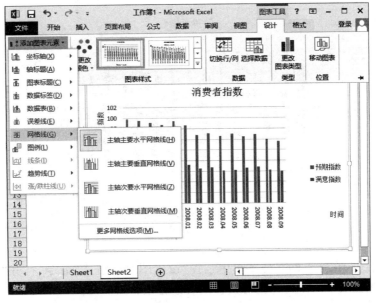

图 4-31　设置网格线

4.2.9　添加背景

（1）绘图区背景

在图 4-30 绘图区右击，在弹出的快捷菜单中选择"设置绘图区格式"命令，打开"设置绘图区格式"任务窗格。在此可设置绘图区的背景填充，如图 4-32 所示，生成的效果图如图 4-33 所示。

图 4-32　填充绘图区背景

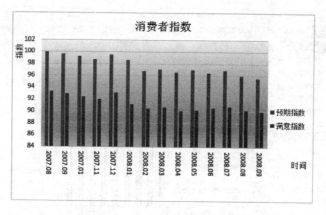

图 4-33　填充了背景颜色的图表

（2）图表区背景

在图表区右击，在弹出的快捷菜单中选择"设置图表区格式"命令，打开"设置图表区格式"任务窗格，如图 4-34 所示，在此可设置图表区背景格式。

图 4-34　设置图表区背景

　价格增长率图表

案例要求

打开"案例 4-2.xlsx"工作簿，进行如下操作。

（1）在"价格增长率"工作表中，求出城市价格增长率和农村价格增长率，数据保留小数位数为 1 位,最终效果如表 4-3 所示。

表 4-3 增长率

商品分类	城市	城市价格增长率	农村	农村价格增长率
食品	106.6	6.6%	106.8	6.8%
饮料、烟酒	101.6	1.6%	101.3	1.3%
服装、鞋帽	98.3	−1.7%	99.0	−1.0%
纺织品	99.3	−0.7%	100.2	0.2%
家用电器及音像器材	94.4	−5.6%	96.7	−3.3%
文化办公用品	96.5	−3.5%	98.8	−1.2%
日用品	99.5	−0.5%	100.2	0.2%

(2) 在"2012 年 2 月商品零售价格分类指数(基数是 100)"工作表中,插入二维簇状柱形图。

(3) 将横坐标轴 X 轴数据文字方向设为竖排显示。

(4) 将纵坐标轴 Y 轴数据主要刻度单位设为 20,最小值为 0,最大值为 120。

(5) 添加图表标题,名称为"价格增长率"。

案例实效

本案例实现效果如图 4-35 所示。

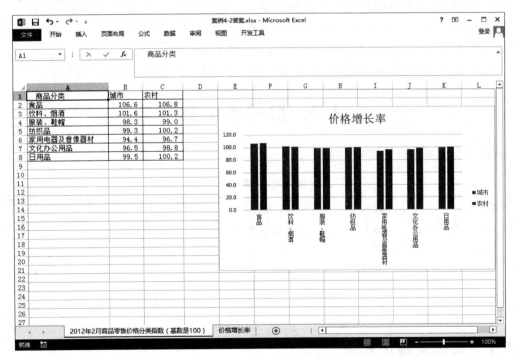

图 4-35 价格增长率图表

案例实施

(1) 打开"案例 4-2.xlsx"工作簿中的"价格增长率"工作表,在 C2 单元格填写"=(B2-100)/100",在 E2 单元格填写"=(D2-100)/100",得出结果之后右击单元格,在弹出的快捷菜单中选择"设置单元格格式"命令,在"设置单元格格式"对话框中选择"数字"选项卡下的百分比,小数位数设置为 1。将鼠标移至 C2、E2 单元格右下角,光标变成实心十字时双击,完成单元格自动填充。

(2) 在"2012 年 2 月商品零售价格分类指数(基数是 100)"工作表中,选中 B2:C8 单元格,执行"插入"→"图表"→"推荐的图表"命令,打开"插入图表"对话框,选择第二个簇状柱形图,单击"确定"按钮,插入图表。

(3) 右击图表区,在弹出的快捷菜单中选择"选择数据"命令,在"选择数据源"对话框中,修改图例与水平轴标签,方法为单击"图例项"区的"编辑"按钮,在"编辑数据系列"对话框中,设置系列名称和系列值,在"轴标签"区,单击"编辑"按钮,在打开的"轴标签"对话框中,选择商品名称所在 A2 至 A8 单元格,修改轴标签。

(4) 在水平轴处右击,在弹出的快捷菜单中选择"设置坐标轴格式"命令,在窗口右侧打开"设置坐标轴格式"任务窗格的"坐标轴选项"选项卡中,选择上方 4 个图标中的第三个"大小属性"图标,文字方向选择"竖排"。

(5) 在垂直轴处右击,在弹出的快捷菜单中选择"设置坐标轴格式"命令,在右侧出现的任务窗格中修改,边界中的最小值设置为 0,最大值设置为 120,主要单位自动变为 20。

(6) 在图例处右击,在弹出的快捷菜单中选择"设置坐标轴格式"命令,在右侧出现的"设置图例格式"任务窗格中修改图例位置,选择"靠右"选项。

(7) 双击图表标题,出现光标后修改为"价格增长率",并设置相应的字体格式。

4.3 数据透视表

某公司有人事信息如表 4-4 所示。

表 4-4 人事信息

职工号	姓名	部门	性别	工资/元
1005	马七	财务部	男	1600
1004	赵六	财务部	男	1300
1003	王五	财务部	女	1200
1002	李四	信息部	男	1500
1001	张三	信息部	女	1400

4.3.1 生成数据透视表

为了便于查看公司职工的具体情况,可借助数据透视表。数据透视表是对数据进行分析和计算的常用工具,制作数据透视表的步骤如下:

(1)选中数据区域,执行"插入"→"表格"→"数据透视表"命令,弹出"创建数据透视表"对话框,如图 4-36 所示,在此可选择是在新工作表还是在现有工作表创建数据透视表,生成如图 4-37 所示的工作表。

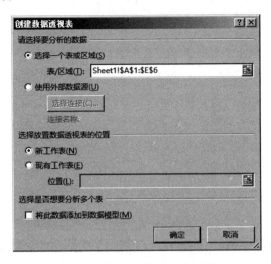

图 4-36　创建数据透视表区域

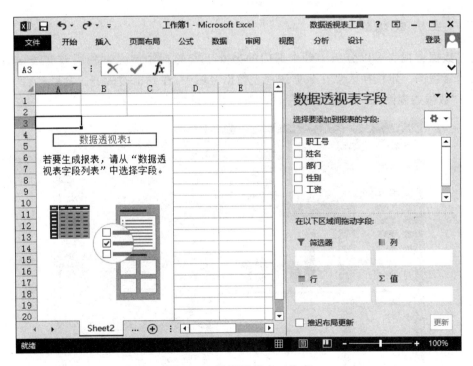

图 4-37　数据透视表工作表

(2)在图 4-37 所示窗口右侧的"数据透视表字段"任务窗格中选择数据透视表的各个字段。将"职工号"拖入"筛选器"中,以"性别"为列拖到"图例"区,以"部门"为行拖到"轴(类别)"区,求工资之和,如图 4-38 所示。

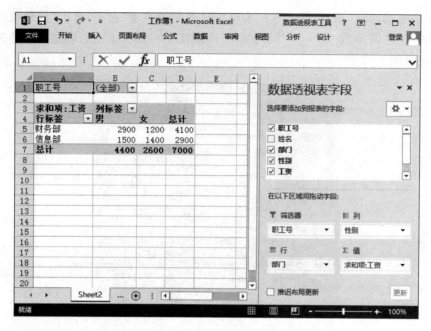

图 4-38　字段设置完成

4.3.2　生成数据透视图

根据数据透视表可以分析出各个部门的男女工资的具体情况。利用数据透视表，可以生成数据透视图。定位插入点在数据透视表数据区域中，在数据透视表工具中执行"分析"→"工具"→"数据透视图"命令，打开如图 4-39 所示的对话框，生成数据透视图如图 4-40 所示。

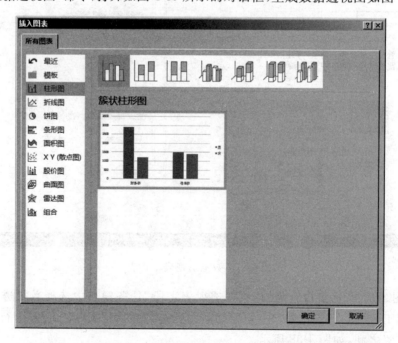

图 4-39　"插入图表"对话框

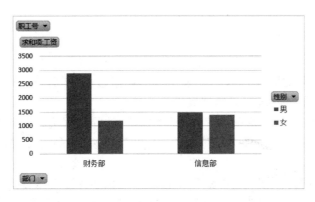

图 4-40　生成的数据透视图

 案例 4-3　数据透视表和图

案例要求

打开"案例 4-3.xlsx"工作簿，进行如下操作。

(1) 根据 Sheet1 工作表所给数据，在新工作表中插入数据透视表，并命名为"数据透视表"。

(2) 将"产品类别"作为报表筛选，"销售季别"作为列标签，"产品名称"作为行标签，对"销货金额"进行求和，并生成透视图。

案例实效

本案例实现效果如图 4-41 所示。

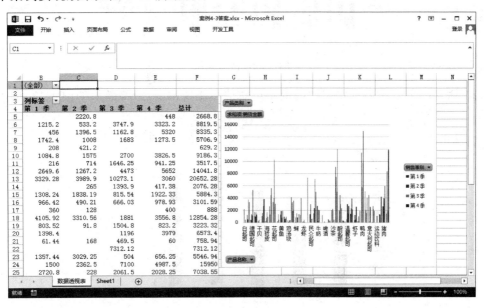

图 4-41　数据透视图

Excel 图表应用

案例实施

(1) 选中数据区域,执行"插入"→"表格"→"数据透视表"命令,弹出"创建数据透视表"对话框,选择在新工作表创建数据透视表。

(2) 在窗口右侧的"数据透视表字段"任务窗格,选择数据透视表的各个字段。将"产品类别"拖入"筛选器"区,将"销售季别"拖入"列标签"区,将"产品名称"拖入"行标签",对销售金额进行求和。

(3) 利用数据透视表,可以生成数据透视图。定位插入点在数据透视表数据区域中,在数据透视表工具中执行"分析"→"工具"→"数据透视图"命令,即可生成数据透视图。

4.4 本章课外实验

4.4.1 国民生产总值统计图

打开"课外实验4-1.xlsx"工作簿,完成下列图表操作。

(1) 生成图表,最终效果如图4-42所示。

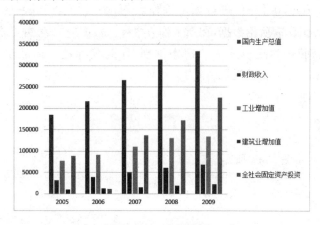

图4-42 图表效果

(2) 插入一个工作表,命名为"国内生产总值",生成图表,最终效果如图4-43所示。

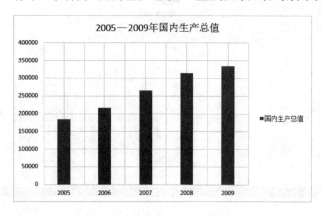

图4-43 国内生产总值图表效果

（3）插入一个工作表，命名为"财政收入"，生成图表，最终效果如图4-44所示。

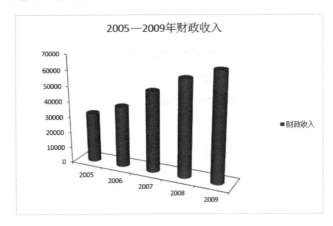

图4-44　财政收入图表效果

（4）插入一个工作表，命名为"工业增加值"，生成图表，最终效果如图4-45所示。

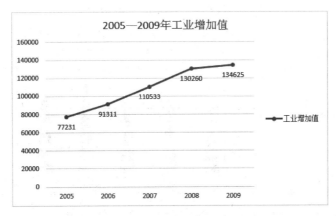

图4-45　工业增加值图表效果

（5）插入一个工作表，命名为"建筑业增加值"，生成图表，最终效果如图4-46所示。

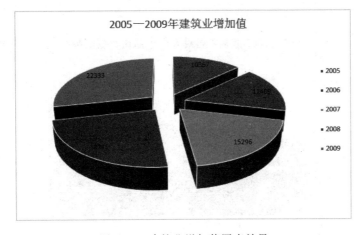

图4-46　建筑业增加值图表效果

(6) 插入一个工作表,命名为"全社会固定资产投资",生成图表,最终效果如图 4-47 所示。

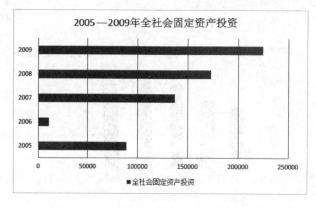

图 4-47　全社会固定资产投资图表效果

(7) 插入一个工作表,命名为"社会消费品零售总额",生成图表,最终效果如图 4-48 所示。

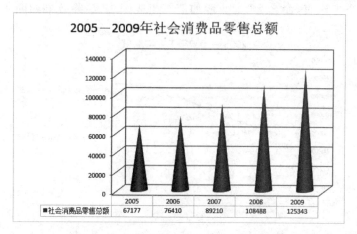

图 4-48　社会消费品零售总额图表效果

(8) 插入一个工作表,命名为"城乡居民人民币储蓄存款余额",生成图表,最终效果如图 4-49 所示。

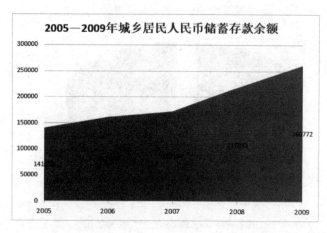

图 4-49　城乡居民人民币储蓄存款余额图表效果

4.4.2 企业工资计算与数据透视图

打开"课外实验 4-2.xlsx"工作簿，完成下面的操作。

(1) 将 Sheet1 工作表更名为"工资统计"。

(2) 通过公式计算每位员工的基本工资。

计算标准为：

- "高级工程师"，8000；
- "工程师"，5000；
- "助理工程师"，3000。

计算每位员工的工资项：

- 应发合计＝基本工资＋绩效工资＋生活补贴；
- 代扣社会保险＝基本工资×8％；
- 代扣住房公积金＝基本工资×6％；
- 代扣其他为：每旷工 1 天扣 20；
- 实发合计＝应发合计－房租－水电费－代扣社会保险－代扣住房公积金－代扣其他；
- 其中应发合计与实发合计保留 2 位小数，最终效果如图 4-50 所示。

图 4-50 "课外实验 4-2"工资统计工作表完成效果

(3) 将"工资统计"工作表复制，并更名为"分类汇总"，按部门对实发合计汇总求和。

(4) 根据"工资统计"工作表所给数据，在新工作表中插入数据透视表，将"部门"作为报表筛选，"性别"作为列标签，"职称"作为行标签，对"实发合计"进行求和；将该工作表重命名为"数据透视表"，最终效果如图 4-51 所示。

(5) 根据数据透视表生成数据透视图，最终效果如图 4-52 所示。

图 4-51 "课外实验 4-2" 数据透视表

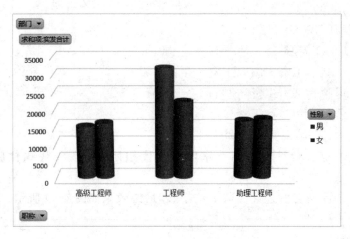

图 4-52 "课外实验 4-2" 数据透视图

第 5 章　Excel 在数据统计与分析中的应用

引言

Excel 中的公式不仅能对单值进行运算,还可以对一维或二维数组进行运算。公式中的函数是预先定义的,可以完成数据分析处理任务的程序段。函数作为 Excel 处理数据的一个重要手段,分类多,功能强大,在日常生活和工作实践中可以有诸多应用。本章首先介绍数组公式,然后以常用数学和统计函数为主,学习其语法、功能,并辅以实例说明其在数据统计与分析中的应用。

本章学习目标

- 了解数组及数组公式
- 掌握常用数学和统计函数的基本用法
- 学会在实际事务中灵活使用数学和统计函数

5.1　数组公式及数据处理应用

Excel 的数组公式很有用,尤其在需要一次性获得多个运算结果时,数组公式就显得特别重要,了解 Excel 数组及数组公式可以为实际数据处理问题提供更多的解决方案。

5.1.1　认识数组和数组公式

Excel 数组是以常量数据为元素的集合,其元素的数据类型可以是数值、文本和逻辑型。数组有一维和二维之分,一维数组可以是连续的一行数据,也可以是连续的一列数据,二维数组是既有行又有列的一片连续的矩形数据区域。特别地,数组中也可以仅有一个元素,即为我们之前熟悉的单值常量。

引入数组概念后,Excel 中输入的公式当以 Ctrl+Shift+Enter 组合键确认时即为数组公式,其中参与运算的数组可以是常量数组或区域数组。数组公式对一组或多组值执行多重计算,返回一个或一个以上的结果。

进行数组公式运算时,要先选择用来存放结果的单元格区域(可以是一个单元格),然后输入数组公式,按 Ctrl+Shift+Enter 组合键结束,Excel 将在公式两边自动加上花括号"{}"。在多个连续单元格输入的数组公式,具有整体性,不要试图修改某一单元格的数据。

修改数组公式时,可以在编辑栏中操作,若取消修改,按 Esc 键或取消键,若确认修改,按 Ctrl+Shift+Enter 组合键。删除数组公式时,选择结果所在的所有单元格区域后,按 Delete 键。

为了帮助理解公式的运算流程,可以选择公式中的部分内容,按下功能键 F9 跟踪其值,查阅后,再按下 Esc 键或取消键撤销操作。

5.1.2 数组的常见形式

1. 常量数组

用一对花括号"{ }"把构成数组的常量数据括起来,就是常量数组。同行数据之间用逗号","分隔,同列数据之间用分号";"分隔。例如:{1,2,3},表示一行数据;{1;2;3},表示一列数据;{1,2,3;1,2,3},表示两行三列数据。

选中 A2:C2,输入={1,2,3},按下 Ctrl+Shift+Enter 组合键;选中 B4:B6,输入={1;2;3},按下 Ctrl+Shift+Enter 组合键;选中 A9:C10,输入={1,2,3;1,2,3},按下 Ctrl+Shift+Enter 组合键,结果如图 5-1 所示。

图 5-1 输入后的数组常量

2. 区域数组

区域数组就是通过对一组连续的单元格形成的矩形区域进行引用而得到的数组。例如要引用图 5-1 中 B4、B5、B6 单元格的数据,可以先选中和要引用区域一样形状的空白区域后,输入= B4:B6,按下 Ctrl+Shift+Enter 组合键即可。

3. 内存数组

内存数组是指在数组公式计算过程中生成的中间结果值。

5.1.3 数组间的运算

1. 二维数组间的运算

其结果由对各数组相同位置的元素进行相同的运算而获得,若参与运算的数组的行列数不匹配,结果数组的大小应该和最大的行列数匹配,但有效数据区域和最小的行列数匹配。例如一个三行两列的数组和一个两行三列的数组进行加法运算,其结果如图 5-2 所示。

图 5-2 形状不一样的二维数组间的运算

2. 二维数组与一维数组的运算

若一维数组是行数组,其运算结果相当于原值扩展其行与二维数组行相同后,再与二维数组进行的运算;若一维数组是列数组,其运算结果相当于原值扩展其列与二维数组列相同后,再与二维数组进行的运算,实质归结为二维数组间的运算。以行数组为例,等效加法运算结果如图 5-3 和图 5-4 所示。

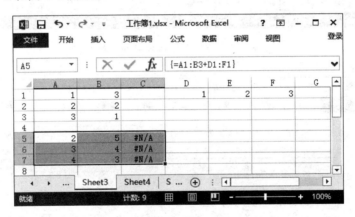

图 5-3 二维数组和行数组的运算

图 5-4 二维数组和原值行扩展后的数组的运算

3. 一维数组间的运算

若同是行数组或同是列数组运算时,其运算规则同二维数组间的运算。

若是行数组和列数组运算时,其运算结果相当于原值扩展行数组的行与列数组的行相同,同时原值扩展列数组的列与行数组的列相同后,再进行的二维数组间的运算。例如一个三列的行数组和一个两行的列数组进行加法运算,其等效运算结果如图 5-5 和图 5-6 所示。

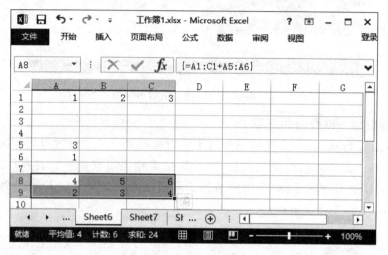

图 5-5　行数组与列数组的运算

图 5-6　行数组与列数组都原值扩展后的数组间的运算

4. 数组与单一数据的运算

其运算结果相当于原值扩展单一数据为与其运算的数组的行列数一样的数组后,再进行的运算。以一维数组为例,等效加法运算结果如图 5-7 和图 5-8 所示。

以上数组运算全部以加法示例,其他如减法、乘法及比较等运算雷同。

图 5-7 列数组与单一数据的运算

图 5-8 列数组与原值扩展单一数据后的数组的运算

案例 5-1　统计销售额

案例要求

打开"案例 5-1.xlsx"工作簿,"销售表"中记录了各产品的销售数量和销售单价。根据已提供数据,分别用非数组公式和数组公式两种方法,计算每种产品的销售金额以及所有产品的销售总额。

本案例实现效果如图 5-9 所示。

非数组公式计算如表 5-1 所示。

图 5-9 销售金额和销售总额计算结果

表 5-1 统计销售额

单元格	公式
D2	＝B2＊C2,向下复制填充到 D7
D8	＝SUM(D2:D7)

数组公式计算：

(1) 选中 E2:E7 单元格区域,输入公式：＝B2:B7＊C2:C7,按 Ctrl＋Shift＋Enter 组合键。

(2) 选中 D9 单元格,输入公式：＝SUM(B2:B7＊C2:C7),按 Ctrl＋Shift＋Enter 组合键。

其中销售金额 2 和销售总额 2 的数据由数组公式计算得到。

5.2 常用数学统计函数及数据处理应用

在 Excel 环境下,对数据进行基本处理和分析时,诸如求和、求平均值、求最大最小值、计数等是最常见的要求,可以由 Excel 提供的常用数学和统计函数实现。

5.2.1 企业产品总量统计

常用实现求和函数如下。

1. SUM

格式：SUM(number1,[number2],…)

功能：计算参数列表中数值的和。

说明：单元格引用区域中的空值、文本值和逻辑值都被按数值 0 处理。

2. SUMIF

格式：SUMIF(range,criteria,[sum_range])

功能：计算区域中满足单一条件的单元格数值的和。

说明：range 必需。根据条件进行计算的单元格区域。

criteria 必需。对 range 指定区域的限定条件,其形式可以为数值、表达式、单元格引用、文本或函数,任何文本条件或任何含有逻辑或数学符号的条件都必须使用双引号""""括起来。如果条件为数值,则无须使用双引号。例如,可以使用 32、">32"、B4 或"苹果"等。可以在 criteria 参数中使用通配符(包括问号"?"和星号" * ")。问号匹配任意单个字符;星号匹配任意一串字符。

sum_range 可选。要求和的单元格区域,空值和文本值将被忽略。如果缺省,Excel 会对在 range 参数中指定的单元格(即满足条件的单元格)求和。

例如:= SUMIF(B2:B25,">5")对 B2:B25 单元格区域内满足条件小于 5 的数值求和;=SUMIF(B2:B5,"John",C2:C5)对区域 C2:C5 中与单元格区域 B2:B5 中等于"John"的单元格所对应的单元格中的值求和。

3. SUMIFS

格式:SUMIFS(sum_range,criteria_range1,criteria1,[criteria_range2,criteria2],…)

功能:计算区域中满足多个条件的单元格数值的和。

说明:sum_range 必需。要求和的单元格区域。

criteria_range1 必需。应用 criteria1 条件测试的区域。

criteria1 必需。测试条件。

criteria_range1 和 criteria1 设置用于搜索某个区域是否符合特定条件的搜索对。一旦在该区域中找到了满足条件的项,将计算 sum_range 中相应值的和。

criteria_range2,criteria2,…可选。附加的区域及其关联条件,最多可以输入 127 个区域/条件对。全部缺省时,功能同 SUMIF。

仅在与 sum_range 参数中的单元格同一位置的各条件区域的值满足各自相应的指定条件时,才将该单元格数值计入总和中。

例如:= SUMIFS(A1:A20,B1:B20,">0",C1:C20,"<10")对区域 A1:A20 中符合以下条件的单元格数值求和,即 B1:B20 中相应单元格的数值大于 0,同时 C1:C20 中相应单元格的数值小于 10。

4. SUMPRODUCT

格式:SUMPRODUCT(array1,[array2],[array3],…)

功能:在给定的几组数组中,先进行数组间的乘法运算,最后把乘积结果集的元素相加。这是 SUMPRODUCT 函数的基本用法。SUMPRODUCT 函数功能结合 5.1.3 节的内容更易于理解。

说明:array1 必需。

array2,array3,…可选。2 到 255 个数组参数。全部缺省时,SUMPRODUCT 函数的使用同 SUM 函数。

数组参量间的分隔符为逗号","时,函数 SUMPRODUCT 将文本、逻辑型的数组元素作为 0 处理,并且要求各个数组参数的行列数必须匹配,否则,函数 SUMPRODUCT 将返回♯VALUE!。

如果希望处理行列数不匹配的数组参数的运算,需要把数组间的分隔符由逗号","换为星号" * "。数组间的乘法运算规则同 5.1.3 节的讲解,若乘积运算的结果集中有错误值♯N/A 时,SUMPRODUCT 将返回♯N/A。参与运算的数据区域若有文本数据,会按 0 处理;若有逻辑数据时,FALSE 按 0 处理,TRUE 按 1 处理。

理解了 SUMPRODUCT 函数的基本功能后,案例 5-1 的销售总额也可以这样计算:=SUMPRODUCT(B2:B7,C2:C7);或者输入公式:=SUMPRODUCT(D2:D7)。

SUMPRODUCT 函数还有两种扩展用法,介绍如下:

(1) 格式:SUMPRODUCT((criteria_array1) * [(criteria_array2)] * [(criteria_array3)] * …)

功能:实现多条件计数。

说明:criteria_array1 必需。是条件,其实质是数组的比较运算,结果值是以 TRUE 或 FALSE 为元素的数组。

(criteria_array2),(criteria_array3),… 可选。需要满足的更多条件。若全部缺省,SUMPRODUCT 函数的结果值为 0。

当每一个条件都得到一个以逻辑值为元素的数组后,问题就回到了 SUMPRODUCT 函数的基本用法,即对数组先进行乘法运算,再求和。这里只需要记住,逻辑值在进行乘法运算时 TRUE 被按 1 处理,而 FALSE 被按 0 处理。那么对于只有 1 和 0 参与的数组乘法,只有对应位置的数据都为 1 时结果值为 1,其余情况都为 0,最后把所有 1 相加,完成计数。对大小一样的数组来讲,只要比较运算符前的各数组相同位置上的元素同时满足各自对应的条件就被计数一次。运算中若有数组行列数不匹配的问题,运算规则与前面讲过的算术运算一样。

以下看一个 SUMPRODUCT 函数完成条件计数的例子,公式及结果如图 5-10 所示。

图 5-10 条件计数运算结果

分别选中图 5-10 编辑栏公式部分的(A1:A3>2)和(C1:D3>1),按下 F9 键后,中间结果值如图 5-11 所示。

继续将各数组中的逻辑值进行转换,公式就演变为:=SUMPRODUCT({0;1;1} * {1,1;1,1;0,1}),最终结果 1+1+1=3。

在案例 5-1 中,可以统计销售数量大于 1,并且销售单价大于 100 的产品种类,公式为:=SUMPRODUCT((B2:B7>1) * (C2:C7>100))。

(2) 格式:SUMPRODUCT((criteria_array1) * [(criteria_array2)] * [(criteria_array3)] * … * sum_array)

功能:实现条件求和。

说明:sum_array 必需,是求和区域。

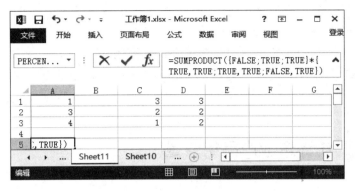

图 5-11　条件计数的中间结果值

运算流程和条件计数雷同，只是增加了求和区域。最后的求和结果相当于把求和区域中满足这样条件的数计入总和，即比较运算符前的各数组中与该数相同位置上的元素同时满足各自对应的条件。运算中若有数组行列数不匹配的问题，运算规则与前面讲过的算术运算一样。

以下看一个 SUMPRODUCT 函数完成条件求和的例子，公式及结果如图 5-12 所示。

图 5-12　条件求和运算结果

分别选中图 5-12 编辑栏公式部分的（A1：A3＞2）和（C1：D3），按下 F9 键后，中间结果值如图 5-13 所示。

图 5-13　条件求和的中间结果值

继续将各数组中的逻辑值进行转换,公式就演变为:=SUMPRODUCT({0;1;1}*{3,3;2,2;1,2}),相当于2+2+1+2相加后的结果,即为7。

在案例 5-1 中,可以统计销售数量等于 1 的产品的销售总额,公式为:=SUMPRODUCT((B2:B7=1)*(D2:D7)),还可以统计销售金额在 200 以上的产品种类,公式为:=SUMPRODUCT((D2:D7>200)*1),此时求和区域设置为常量1,其结果相当于单条件计数。

案例 5-2 统计企业产品组装量

打开"案例 5-2.xlsx"工作簿,Sheet1 表中按月记录了某企业组装车间员工一季度组装某产品的数量,如图 5-14 所示,根据已提供数据,完成以下操作:

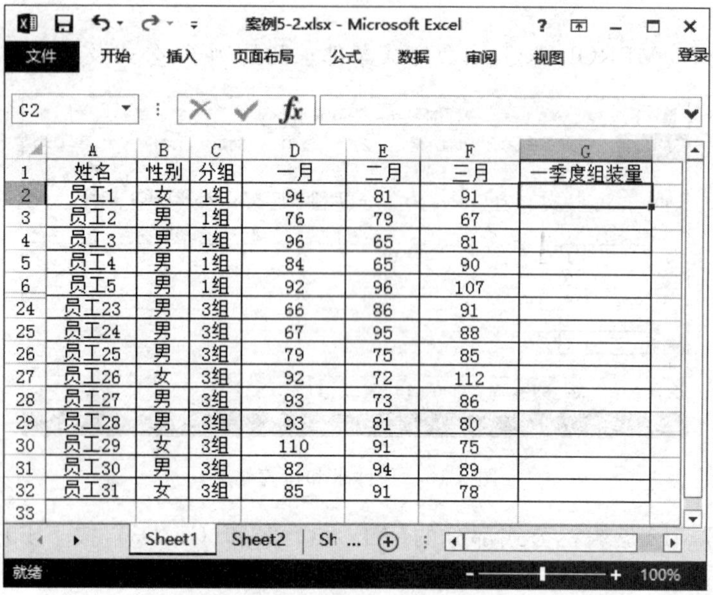

图 5-14 员工按月组装量记录

(1) Sheet1 表中统计每位员工的一季度组装量。
(2) Sheet2 表中按组统计每月和一季度组装总量。
(3) 分别在 Sheet3 表、Sheet4 表和 Sheet5 表中用不同的公式按组统计男女员工的一季度组装总量。

本案例实现主要效果图如图 5-15 和图 5-16 所示。

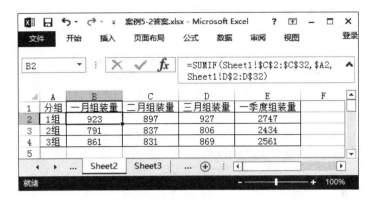

图 5-15 按组统计每月和一季度组装量结果

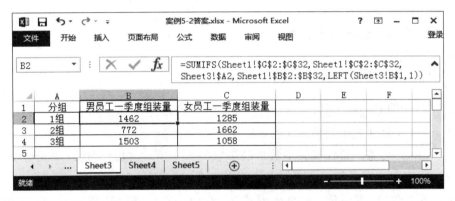

图 5-16 按组统计男女员工一季度组装量结果

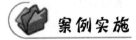

（1）Sheet1 表中定义公式如表 5-2 所示，将公式向下复制填充。

表 5-2 统计一季度每位员工的组装量

单元格	公　　式
G2	=SUM(D2:F2)
	=SUMPRODUCT(D2:F2)

（2）Sheet2 表中定义公式如表 5-3 所示，将公式向右向下复制到所有单元格区域。

表 5-3 按组统计组装量

单元格	公　　式
B2	=SUMIF(Sheet1!$C$2:$C$32,$A2,Sheet1!D$2:D$32)
	=SUMIFS(Sheet1!D$2:D$32,Sheet1!$C$2:$C$32,$A2)
	=SUMPRODUCT((Sheet1!$C$2:$C$32=$A2)*Sheet1!D$2:D$32)

（3）Sheet3、Sheet4 和 Sheet5 表中定义公式如表 5-4 所示，将公式向下向右复制到所有单元格区域。

表 5-4 按组统计一季度男女员工的组装总量

单元格	公　　式
B2	＝SUMIFS(Sheet1!＄G＄2：＄G＄32,Sheet1!＄C＄2：＄C＄32,Sheet3!＄A2,Sheet1!＄B＄2：＄B＄32,LEFT(Sheet3!B＄1,1))
	＝SUMPRODUCT((Sheet1!＄C＄2：＄C＄32＝Sheet4!＄A2)＊(Sheet1!＄B＄2：＄B＄32＝LEFT(Sheet4!B＄1,1))＊(Sheet1!＄G＄2：＄G＄32))
	＝SUMPRODUCT((Sheet1!＄C＄2：＄C＄32＝Sheet5!＄A2)＊(Sheet1!＄B＄2：＄B＄32＝LEFT(Sheet5!B＄1,1))＊(Sheet1!＄D＄2：＄F＄32))

5.2.2 企业人数分段统计

常用实现计数函数如下：

1. COUNT

格式：COUNT(value1,[value2],…)

功能：计算参数列表中数值的个数。

说明：value1 必需。要计算其中数值的个数的第一项，可以是常量或单元格引用。

value2,…可选。要计算其中数值的个数的其他项，最多可包含 255 个。

如果参数为数值、逻辑值、日期或者代表数字的文本（例如，用引号引起的数字，如"1"），则将被计算在内。错误值或不能转换为数值的文本，则不会被计算在内。如果参数是一个数组或引用，则只计算其中的数值，空白单元格、逻辑值、文本或错误值将不计算在内。

2. COUNTA

格式：COUNTA(value1,[value2],…)

功能：计算区域中非空单元格的个数。

说明：COUNTA 函数计算包含任何类型信息（包括错误值和空文本("")）的单元格。例如，如果参数区域中包含由公式计算返回的空字符串，COUNTA 函数计算该值。COUNTA 函数不会对空单元格进行计数。

3. COUNTIF

格式：COUNTIF(range,criteria)

功能：计算区域中满足指定条件的单元格的个数。

说明：range 必需。要进行计数的单元格区域，空值将被忽略。

criteria 必需。用于确定对哪些单元格计数的条件。

4. COUNTIFS

格式：COUNTIFS(criteria_range1,criteria1,[criteria_range2,criteria2],…)

功能：计算多个区域同一位置上同时满足各自条件的单元格的个数。

说明：criteria_range1，criteria1 必需。在其中计算关联条件的第一个区域和关联条件。

criteria_range2，criteria2，… 可选。附加的区域及其关联条件。若全部缺省，COUNTIFS 函数的使用同 COUNTIF 函数。每一个附加的区域都必须与参数 criteria_range1 具有相同的行数和列数，这些区域无须彼此相邻。

每个区域的条件一次应用于一个单元格。如果所有区域的第一个单元格都满足其关联条件，则计数增加 1。如果所有区域的第二个单元格都满足其关联条件，则计数再增加 1，以此类推，直到计算完所有单元格。

5．FREQUENCY

格式：FREQUENCY(data_array,bins_array)

功能：以一个垂直数组返回一组数据的频率分布。

说明：Data_array 必需。要计算频率的一组数值或对这组数值的引用。如果 data_array 中不包含任何数值，则 FREQUENCY 返回一个零数组。

bins_array 必需。对 data_array 进行频率计算的一组间隔值。

由于 FREQUENCY 返回一个数组，所以它必须以数组公式的形式输入。返回的数组中的元素比 bins_array 中的元素多一个。这个额外元素返回最大的间隔值以上的值的计数。例如，在对输入到三个单元格中的三个值范围（间隔）进行计数时，要选中四个单元格返回 FREQUENCY 函数的计算结果。额外的单元格将返回 data_array 中大于第三个间隔值的值的数量。函数 FREQUENCY 将忽略空白单元格和文本。

案例 5-3　分段统计员工人数

案例要求

打开"案例 5-3.xlsx"工作簿，Sheet1 表中按月记录了某企业组装车间员工一季度组装某产品的数量，根据已提供数据，完成以下操作：

（1）统计组装量分别在 0～49、50～59、60～69、70～79、80～89、90～99、100 及以上段的员工人数。

（2）分别统计各月完成和未完成任务的员工人数，若组装量小于 60，属于未完成，否则为完成。

本案例实现效果如图 5-17 所示。

（1）定义公式如表 5-5 所示，将公式向右复制填充。

Excel 在经济管理中的应用

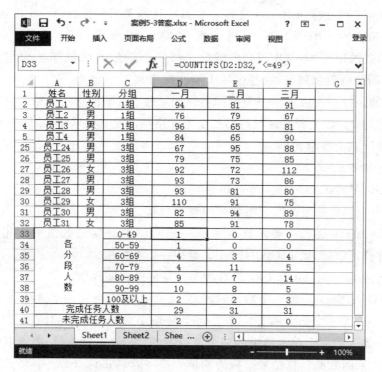

图 5-17　按要求统计员工人数后的结果

表 5-5　统计各种情况下的员工人数方法一

单元格	公　式
D33	=COUNTIF(D2:D32,"<=49")
	=COUNTIFS(D2:D32,"<=49")
D34	=COUNTIFS(D2:D32,">=50",D2:D32,"<=59")
D35	=COUNTIFS(D2:D32,">=60",D2:D32,"<=69")
D36	=COUNTIFS(D2:D32,">=70",D2:D32,"<=79")
D37	=COUNTIFS(D2:D32,">=80",D2:D32,"<=89")
D38	=COUNTIFS(D2:D32,">=90",D2:D32,"<=99")
D39	=COUNTIFS(D2:D32,">=100")
D40	=SUM(D35:D39)
D41	=SUM(D33:D34)

（2）定义公式如表 5-6 所示，将公式向右复制填充。

表 5-6　统计各种情况下的员工人数方法二

单元格	公　式
D33	=SUMPRODUCT((D2:D32<=49)*1)
D34	=SUMPRODUCT((D2:D32>=50)*(D2:D32<=59))
D35	=SUMPRODUCT((D2:D32>=60)*(D2:D32<=69))
D36	=SUMPRODUCT((D2:D32>=70)*(D2:D32<=79))
D37	=SUMPRODUCT((D2:D32>=80)*(D2:D32<=89))

续表

单元格	公　式
D38	=SUMPRODUCT((D2:D32>=90)*(D2:D32<=99))
D39	=SUMPRODUCT((D2:D32>=100)*1)
D40	=SUMPRODUCT((D2:D32>=60)*1)
D41	=SUM(D33:D39)−D40

(3) 统计各分段人数,可以输入间隔值如图 5-18 所示,定义数组公式如表 5-7 所示。

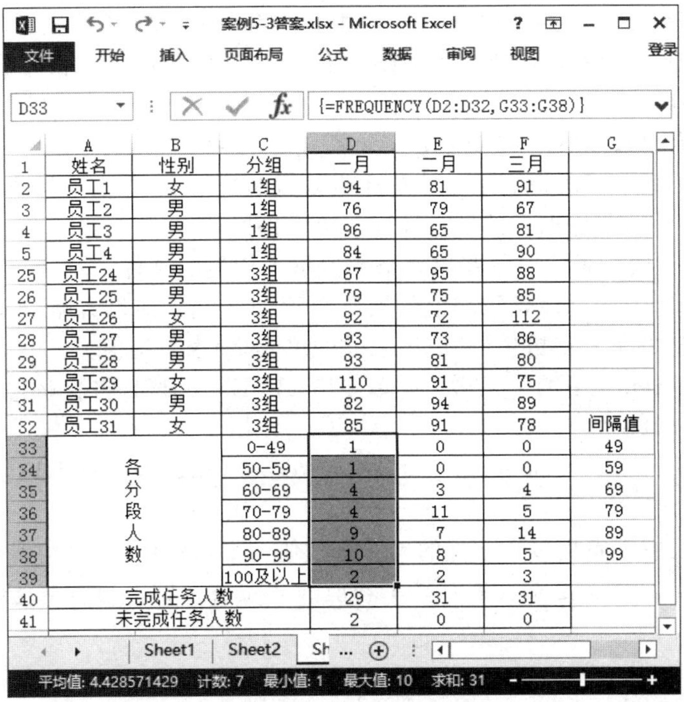

图 5-18　用 FREQUENCY 函数统计员工人数的结果

表 5-7　按组装量分段统计员工人数方法三

单元格区域	数　组　公　式
D33:D39	=FREQUENCY(D2:D32,G33:G38)
E33:E39	=FREQUENCY(E2:E32,G33:G38)
F33:F39	=FREQUENCY(F2:F32,G33:G38)

后面两个单元格的公式定义如表 5-8 所示,将公式向右复制填充。

表 5-8　统计完成与未完成任务的员工人数方法三

单元格	公　式
D40	=COUNTIF(D2:D32,">=60")
D41	=COUNTIF(D2:D32,"<60")

5.2.3 企业人均产量统计

常用实现求平均值的函数如下。

1. AVERAGE

格式：AVERAGE(number1,[number2],…)

功能：计算参数列表中数值的平均值(算术平均值)。

说明：number1 必需。number2,…可选。

逻辑值(TRUE 转为 1,FALSE 转为 0)和直接输入到参数列表中代表数字的文本被计算在内,而错误值或不能转换为数值的文本,将会导致错误。如果区域或单元格引用参数包含文本、逻辑值或空单元格,则这些值将被忽略;但包含零值的单元格将被计算在内。

2. AVERAGEIF

格式：AVERAGEIF(range,criteria,[average_range])

功能：计算区域中满足指定条件的单元格数值的平均值(算术平均值)。

说明：range 必需。根据条件进行计算的单元格区域。

criteria 必需。用于确定对哪些单元格数值求平均值的条件。

average_range 可选。计算平均值的实际单元格区域。如果省略,Excel 会对 range 参数中符合指定条件的单元格数值(即应用条件的单元格)求平均值。

如果 average_range 中的单元格为空单元格,AVERAGEIF 将忽略它。

3. AVERAGEIFS

格式：AVERAGEIFS(average_range,criteria_range1,criteria1,[criteria_range2,criteria2],…)

功能：计算区域中满足多个条件的单元格数值的平均值(算术平均值)。

说明：average_range 必需。要计算平均值的单元格区域。当有空值时,函数会把它去掉,不参与计算。

4. ROUND

格式：ROUND(number,num_digits)

功能：将数值四舍五入到指定的位数。

说明：number 必需。要四舍五入的数值。

num_digits 必需。进行四舍五入运算时采用的位数。

如果 num_digits 大于 0(零),则将数值四舍五入到指定的小数位数。如果 num_digits 等于 0,则将数值四舍五入到最接近的整数。如果 num_digits 小于 0,则将数值四舍五入到小数点左边的相应位数。

例如：＝ROUND(125.5356,0),结果为 126；＝ROUND(125.5356,2),结果为 125.54；＝ROUND(125.5356,－1),结果为 130。

案例 5-4　统计平均组装量

案例要求

打开"案例 5-4.xlsx"工作簿,Sheet1 表中按月记录了某企业组装车间员工一季度组装

某产品的数量,根据已提供数据,完成以下操作:

(1) Sheet1 表中统计每位员工一季度的组装量和月平均组装量。
(2) Sheet2 表中按组统计每月人均组装量和一季度人均组装量。
(3) Sheet3 表中按组统计男女员工一季度人均组装量。
(4) 所有结果为整数。

本案例实现效果如图 5-19～图 5-21 所示。

图 5-19 员工的一季度组装量和月平均组装量结果

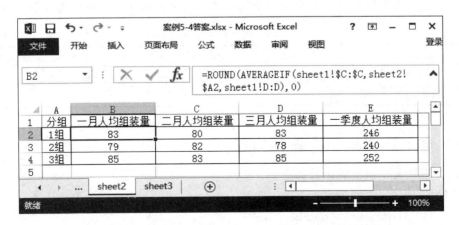

图 5-20 按组统计月人均组装量和一季度人均组装量结果

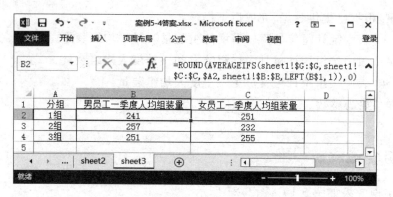

图 5-21 按组分性别统计一季度人均组装量结果

(1) Sheet1 表中定义公式如表 5-9 所示,将公式向下复制填充。

表 5-9 统计员工一季度组装量和月平均组装量

单元格	公 式
G2	=SUM(D2:F2)
H2	=ROUND(G2/3,0)
	=ROUND(AVERAGE(D2:F2),0)

(2) Sheet2 表中定义公式如表 5-10 所示,将公式向下向右复制填充所有单元格。

表 5-10 按组统计每月人均组装量和一季度人均组装量

单元格	公 式
B2	=ROUND(AVERAGEIF(sheet1!$C:$C,sheet2!$A2,sheet1!D:D),0)

(3) Sheet3 表中定义公式如表 5-11 所示,将公式向下向右复制填充所有单元格。

表 5-11 按组统计男女员工一季度人均组装量

单元格	公 式
B2	=ROUND(AVERAGEIFS(sheet1!$G:$G,sheet1!$C:$C,$A2,sheet1!$B:$B,LEFT(B$1,1)),0)

5.2.4 企业产量最值及排位统计

常用实现求大小位次的函数如下。

1. MAX

格式:MAX(number1,[number2],…)

功能:返回参数列表中的最大值。

说明:number1 必需,number2,…可选。

逻辑值和直接键入到参数列表中代表数字的文本被计算在内。如果参数是一个数组或引用，则只计算其中的数值，空白单元格、逻辑值或文本将被忽略。如果参数不包含任何数值，则 MAX 函数返回 0。

2. MIN

格式：MIN(number1,[number2],…)

功能：返回参数列表中的最小值。

3. RANK

格式：RANK(number,ref,[order])

功能：返回某数值在一个数据集中的大小排名。如果多个值具有相同的排位，则返回该组值的最高排位。

说明：Number 必需。要找到其排位的数值。

ref 必需。要在其中查找排名的数据集。ref 中的非数字值会被忽略。

order 可选。一个指定数值排位方式的数字。如果 order 为 0 或省略，按照降序返回排名结果；如果 order 为 1，按照升序返回排名结果。

该函数与 Excel 早期版本兼容，在未来版本中可能不再使用，替代函数为以下两个函数。

4. RANK. EQ

格式：RANK. EQ(number,ref,[order])

功能：同上。

5. RANK. AVG

格式：RANK. AVG(number,ref,[order])

功能：返回某数值在一个数据集中的大小排名。如果多个值具有相同的排位，则将返回平均排位。

例如，给定一列数值，判断其每一位数值在列表中的降序排名，用 RANK、RANK. EQ 及 RANK. AVG 实现的效果如图 5-22 所示。

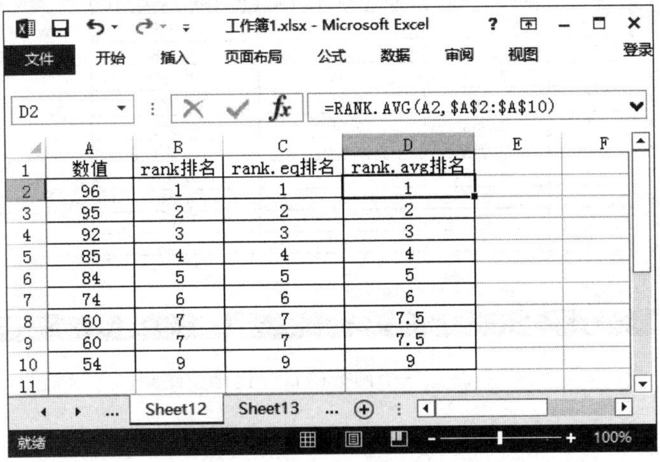

	A	B	C	D
1	数值	rank排名	rank. eq排名	rank. avg排名
2	96	1	1	1
3	95	2	2	2
4	92	3	3	3
5	85	4	4	4
6	84	5	5	5
7	74	6	6	6
8	60	7	7	7.5
9	60	7	7	7.5
10	54	9	9	9

图 5-22 三个函数的降序排名结果

两个数值 60 的 RANK 和 RANK. EQ 排名均为 7，而它们的 RANK. AVG 排名则为 (7+8)/2=7.5。

6. PERCENTRANK

格式：PERCENTRANK(array,x,[significance])

功能：返回某个数值在一个数据集中的百分比排位，此处的百分比值范围为 0 到 1（包含 0 和 1）。

说明：array 必需。定义相对位置的数值数据区域。

x 必需。需要得到排位的数值。

significance 可选。指定返回的百分比值的有效位数。如果省略，则保留 3 位小数。

如果数组里没有与 x 相匹配的值，函数 PERCENTRANK 将进行插值以返回正确的百分比排位。函数返回值在 0 到 1(包含 0 和 1)之间变化，最大的数排位是 1，最小的数排位是 0。

该函数与 Excel 早期版本兼容，在未来版本中可能不再使用，替代函数为以下两个函数。

7. PERCENTRANK.INC

格式：PERCENTRANK.INC(array,x,[significance])

功能：同上。

8. PERCENTRANK.EXC

格式：PERCENTRANK.EXC(array,x,[significance])

功能：返回某个数值在一个数据集中的百分比排位，此处的百分比值范围为 0 到 1（不包含 0 和 1）。

说明：函数返回值在 0 到 1(不包含 0 和 1)之间变化。

例如，给定一列数值，判断其每一位数值在列表中的百分比排位，用 PERCENTRANK、PERCENTRANK.INC 及 PERCENTRANK.EXC 实现的效果如图 5-23 所示。

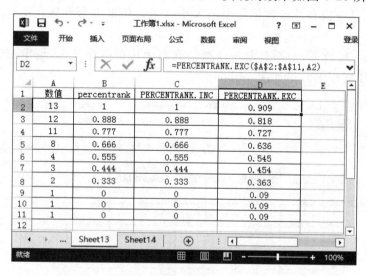

图 5-23 三个函数的百分比排位结果

9. LARGE

格式：LARGE(array,k)

功能：返回数据集中第 k 个最大值。

说明：array 必需。需要确定第 k 个最大值的数据区域。

k 必需。返回值在数据区域中的排位(从大到小排)。

例如：在有 N 个数的数据集中，LARGE(array，1)返回最大值，LARGE(array，N)返回最小值。

10. SMALL

格式：SMALL(array，k)

功能：返回数据集中第 k 个最小值。

说明：array 必需。需要确定第 k 个最小值的数据区域。

k 必需。返回值在数据区域中的排位(从小到大)。

例如：在有 N 个数的数据集中，SMALL (array，1)返回最小值，SMALL (array，N)返回最大值。

案例 5-5 统计组装量最值和排位

案例要求

打开“案例 5-5. xlsx”工作簿，Sheet1 表中按月记录了某企业组装车间员工一季度组装某产品的数量，根据已提供数据，在其中完成以下操作：

(1) 统计每位员工的一季度组装量、一季度组装量降序排名和一季度组装量百分比排名，百分比排名结果按百分比样式显示。

(2) 统计每月和一季度的最高最低组装量。

在 Sheet2 表中完成排名前五位的一季度组装量和末五位的一季度组装量的统计。

案例实效

本案例实现效果如图 5-24 和图 5-25 所示。

	A	B	C	D	E	F	G	H	I
1	姓名	性别	分组	一月	二月	三月	一季度组装量	一季度组装量排名	一季度组装量百分比排名
2	员工1	女	1组	94	81	91	266	2	97%
3	员工2	男	1组	76	79	67	222	27	10%
4	员工3	男	1组	95	65	81	241	19	38%
5	员工4	男	1组	83	65	90	238	21	31%
25	员工24	男	1组	67	95	88	250	13	59%
26	员工25	男	1组	79	75	85	239	20	34%
27	员工26	女	1组	92	72	85	249	14	55%
28	员工27	男	1组	93	73	86	252	11	66%
29	员工28	男	1组	93	81	80	254	9	72%
30	员工29	女	1组	94	91	75	260	6	83%
31	员工30	男	1组	82	94	89	265	3	93%
32	最高组装量			96	100	93	279		
33	最低组装量			45	65	25	162		
34									

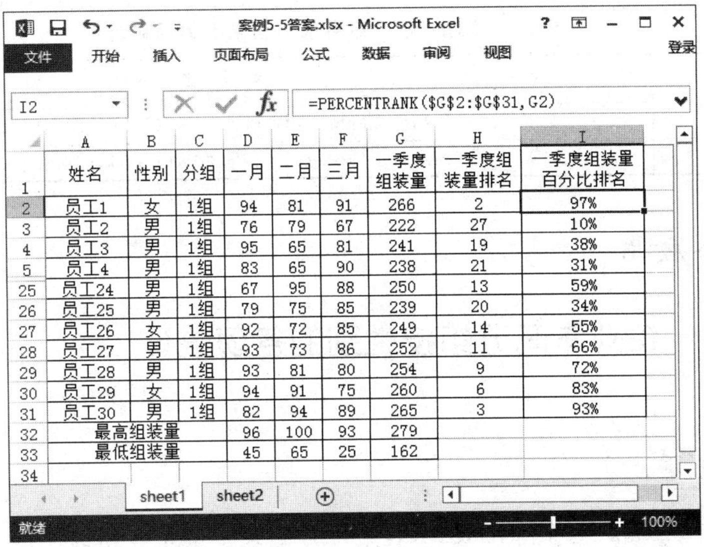

图 5-24 最值及排名结果

Excel 在经济管理中的应用

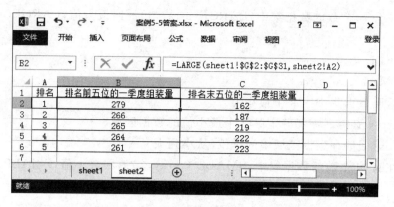

图 5-25　最高和最低的五个组装量结果

Sheet1 表中定义公式如表 5-12 所示,排名用 RANK 和 PERCENTRANK 示例。

表 5-12　统计组装量最值、排名

单元格	公　　式
G2	=SUM(D2:F2),向下复制填充到 G31
H2	=RANK(G2,$G$2:$G$31),向下复制填充到 H31
	=SUMPRODUCT(((G2<($G$2:$G$31))*1)+1,向下复制填充到 H31
I2	=PERCENTRANK($G$2:$G$31,G2),向下复制填充到 I31
D32	=MAX(D2:D31),向右复制填充到 G32
D33	=MIN(D2:D31),向右复制填充到 G33

Sheet2 表中定义公式如表 5-13 所示,并将公示向下复制填充。

表 5-13　统计一季度排名前五和末五的组装量

单元格	公　　式
B2	=LARGE(sheet1!$G$2:$G$31,sheet2!A2)
C2	=SMALL(sheet1!$G$2:$G$31,sheet2!A2)

5.2.5　综合应用

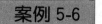

案例 5-6　企业车间分组按性别的各项统计

打开"案例 5-6.xlsx"工作簿,Sheet1 表中按月记录了某企业组装车间员工一季度组装某产品的数量,根据已提供数据,在 Sheet2 表中完成以下操作:

（1）按组分性别统计一季度组装量。
（2）按组分性别统计人数。
（3）按组分性别统计一季度人均组装量。
（4）所有结果为整数。

案例实效

本案例实现效果如图 5-26 所示。

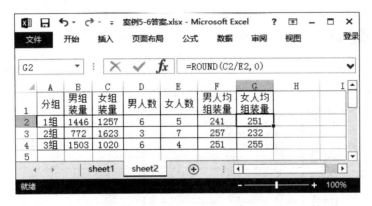

图 5-26　按组分性别统计各项的结果

案例实施

Sheet2 表中定义公式如表 5-14 所示。

表 5-14　按组分性别的各项统计

单元格	公　　式
B2	＝SUMPRODUCT((sheet1!＄C＄2：＄C＄32＝sheet2!＄A2)＊(sheet1!＄B＄2：＄B＄32＝LEFT(sheet2!B＄1,1))＊(sheet1!＄D＄2：＄F＄32))，向右向下复制填充到 C4
D2	＝COUNTIFS(sheet1!＄C＄2：＄C＄32,sheet2!＄A2,sheet1!＄B＄2：＄B＄32,LEFT(sheet2!D＄1,1))，向右向下复制填充到 E4
F2	＝ROUND(B2/D2,0)，向右向下复制填充到 G4

案例 5-7　由多表给出基础数据的统计

案例要求

打开"案例 5-7.xlsx"工作簿，Sheet1、Sheet2 和 Sheet3 表中分别记录了某企业组装车间员工一季度各月组装某产品的数量。根据已提供数据，在 Sheet4 表中统计每位员工的一

季度组装量、月平均组装量和一季度组装量降序排名;在 Sheet5 表中完成以下操作:
(1) 按组统计每月的组装量及一季度组装量。
(2) 按组统计月平均组装量。
(3) 所有结果为整数。

 案例实效

本案例实现效果如图 5-27 和图 5-28 所示。

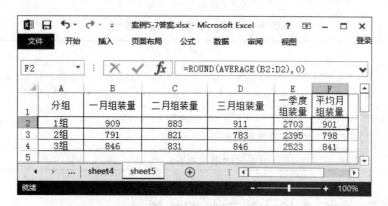

图 5-27 每位员工的一季度组装量、月平均组装量和排名结果

图 5-28 分组统计结果

 案例实施

Sheet4 表中定义公式如表 5-15 所示,并将公式向下复制填充。
Sheet5 表中定义公式如表 5-16 所示,并将公式向下复制填充。

表 5-15　统计一季度组装量、月平均组装量及排名

单元格	公　式
D2	=SUM(sheet1:sheet3!D2)
E2	=ROUND(AVERAGE(sheet1:sheet3!D2),0)
F2	=RANK(E2,$E$2:$E$32)

表 5-16　分组统计组装量情况

单元格	公　式
B2	=SUMIF(sheet1!$C:$C,A2,sheet1!$D:$D)
C2	=SUMIF(sheet2!$C:$C,A2,sheet2!$D:$D)
D2	=SUMIF(sheet3!$C:$C,A2,sheet3!$D:$D)
E2	=SUM(B2:D2)
F2	=ROUND(AVERAGE(B2:D2),0)

5.3　本章课外实验

5.3.1　企业车间组装量分析

打开"课外实验 5-1.xlsx"工作簿,Sheet1 表中按月记录了某企业组装车间员工一季度组装某产品的数量。根据已提供数据,在 Sheet2 中完成以下操作:

(1) 统计组装量分别在 0～39、40～49、50～59、60～69、70～79、80～89、90～99、100 及以上分段的员工人数。

(2) 统计达标和不达标人数,组装量小于 60 为不达标,否则达标。

(3) 统计各月最高、最低量和人均组装量,平均值保留两位小数。

(4) 统计达标率,用百分比形式显示。

最终效果如图 5-29 所示。

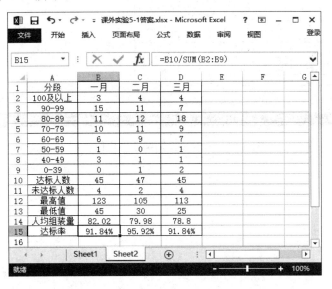

图 5-29　组装量分析结果

5.3.2 企业车间组装量汇总

打开"课外实验 5-2.xlsx"工作簿,Sheet1 表中按月记录了某企业组装车间员工一季度组装某产品的数量。根据已提供数据,在 Sheet2 表中完成以下操作:

(1) 按组分性别统计每月的组装量。
(2) 按组统计一季度组装量。

在 Sheet3 表中按组分性别统计每月的人均组装量,保留两位小数。

最终效果如图 5-30 和图 5-31 所示。

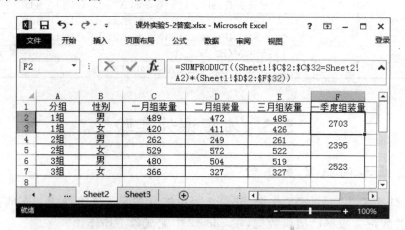

图 5-30 分组按性别统计总量结果

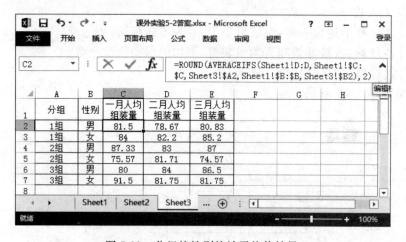

图 5-31 分组按性别统计平均值结果

第 6 章　Excel 在企业生产和经营管理中的应用

企业生产和经营管理是对企业的生产经营活动进行组织、计划、指挥、监督和调节等一系列职能的总称。

在企业的经营与管理中,Excel 广泛深入的应用,可以切实帮助企业实现办公无纸化和自动化,主要表现为对数据的收集、汇总分析和发布,有时也可直接参与生产,提高生产效率,减少人员的投入同时降低对操作人员的要求。

本章结合生产管理的实际应用,讲解了生产管理中常用表格设计和建立的方法,日期时间、IF、OFFSET 等函数在企业生产和经营管理中的应用。

本章学习目标

- ❖ 掌握企业生产管理中常用表格的建立方法
- ❖ 掌握日期时间函数的基本用法,能够解决生产周期、工时数的计算问题
- ❖ 熟练使用 IF 函数解决企业生产与经营过程中的常见问题
- ❖ 掌握 OFFSET 函数的用法,能够核算生产成本

6.1　设计企业生产管理常用表格

企业生产和经营管理中会用到大量表格,表格的制作水平直接关系到企业的生产和管理效率。本节将介绍使用 Excel 如何设计和制作出符合企业生产经营管理规律的表格。

6.1.1　生产部门业务能力分析表

对于生产部门来说,业务能力的强弱是非常重要的,所以对生产部门业务能力的分析也是非常必要和必需的。通过对业务能力的分析,帮助决策者尽快做出调整,最大限度地保障企业生产效率。

案例 6-1　生产部门业务能力分析表

　案例要求

某企业将设计一款生产部门业务能力分析表，用于对生产部门业务开展情况进行打分，从而起到激励或整改的目的。

　**案例实效**

本案例实现结果如图 6-1 所示。

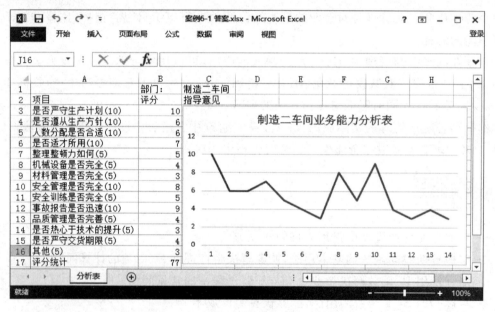

图 6-1　生产部门业务能力分析表效果

　案例实施

（1）打开"案例 6-1.xlsx"工作簿，将工作表命名为"分析表"，输入如图 6-1 所示的信息。

（2）选择 C1 单元格，单击"数据"选项卡中"数据工具"组中的"数据验证"按钮，在弹出的菜单中选择"数据验证"命令。

（3）在弹出的"数据验证"对话框中，打开"设置"选项卡，设置"允许"为"序列"，在"来源"文本框中输入"制造一车间,制造二车间,制造三车间,制造四车间"。

（4）切换到"输入信息"选项卡，选择"选定单元格时显示输入信息"复选项，在"标题"文本框中输入"请输入部门"，在"输入信息"文本框中输入"可以在下拉列表中选择"，单击"确定"按钮。

(5) 在"评分"列依次输入所评的分数,在 B17 单元格中输入公式"＝SUM(B3:B16)",得到评分统计数。

(6) 选择 B3:B16 单元格区域,单击"插入"选项卡"图表"组中的"插入折线图"按钮,在弹出的图表类型中单击"二维折线图"中的"折线图"命令,插入如图 6-1 所示的图表。

6.1.2 设计产品成本核算系统

生产成本的分析和计划对于企业的经营决策起着极其重要的作用,本节主要讲解如何设计产品成本核算系统。设计过程中会用到 TODAY、YEAR、MONTH、DAY 和 CONCATENATE 函数,这 5 个函数的语法及用法介绍如下。

1. TODAY

格式:TODAY()

功能:TODAY()函数用于返回当前日期。

2. YEAR

格式:YEAR(serial_number)

功能:该函数用于取日期中的年。

说明:参数 serial_number 为日期。

3. MONTH

格式:MONTH(serial_number)

功能:该函数用于取日期中的月。

4. DAY

格式:DAY(serial_number)

功能:该函数用于取日期中的日。

5. CONCATENATE

格式:CONCATENATE(text1,[text2],…)

功能:把多个字符文本或数值连接在一起,实现合并的功能。

说明:参数 Text1、Text2 可以是文本或者数值,最多为 255 项,但是项与项之间必须用逗号隔开。

案例 6-2　设计产品成本核算系统

案例要求

某公司计划设计一个产品成本核算系统,用于分析生产成本,从而对企业经营进行决策。

案例实效

本案例实现效果如图 6-2 和图 6-3 所示。

Excel 在经济管理中的应用

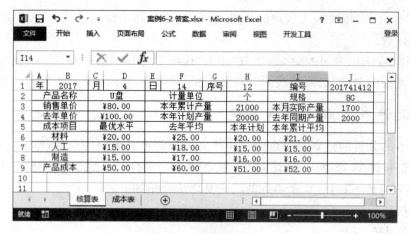

图 6-2 完善数据信息效果

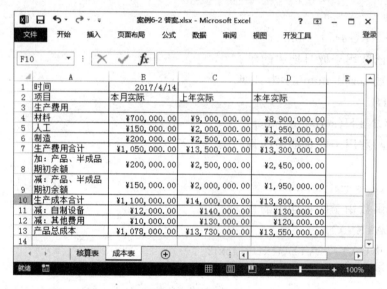

图 6-3 最终效果

（1）打开"案例 6-2.xlsx"工作簿。在"核算表"工作表中定义如表 6-1 所示的公式，得到相应的年、月、日，并自动生成由年、月、日、序号组成的编号。单击 H1 单元格，输入序号"12"。

表 6-1 年月日和编号计算公式

单元格	公　式
B1	=YEAR(TODAY())
D1	=MONTH(TODAY())
F1	=DAY(TODAY())
J1	=CONCATENATE(B1,D1,F1,H1)

(2) 完善数据信息,并为表格添加边框,将数字设置为货币格式,效果如图6-2所示。

(3) 切换到成本表,单击B1单元格,输入公式"=Today()",为表格加边框。

(4) 单击B7单元格输入公式"=SUM(B4:B6)",拖动填充柄到D7单元格,计算出生产费用合计。单击B10单元格输入公式"=B7+B8-B9",拖动填充柄到D10单元格,计算出生产成本合计。单击B13单元格输入公式"=B10-B11-B12",拖动填充柄到D13单元格,计算出产品成本。

(5) 设置数字为货币格式,最终效果如图6-3所示。

6.1.3 设计新产品开发测试情况登记表

要想使企业在市场上能够立于不败之地,就必须对产品经常进行更新换代。新产品开发系统一般包括两个表格:新产品开发测试情况登记表、新产品开发测试统计表。

本节先来学习新产品开发测试情况登记表的设计。

案例 6-3　设计新产品开发测试情况登记表

一般企业在新产品研究成功之前都要进行大量的测试,每一次的结果都是非常重要的,本节就来学习如何设计一张表格对开发测试情况进行记录。

某公司计划设计一张新产品开发测试情况登记表,用于记录新产品的制作部门、产品规格、选用材料等信息。

本案例实现效果如图6-4所示。

图6-4　新产品开发测试情况登记表

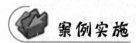 案例实施

（1）打开"案例 6-3.xlsx"工作簿，如图 6-5 所示。

图 6-5 "案例 6-3"工作簿效果

（2）新建 Sheet2 工作表，并改名为"登记表"。选中单元格区域 A1：H1，进行合并，输入"新产品开发测试情况登记表"。

（3）单击 G3 单元格，输入"部门"。单击"开发工具"选项卡"控件"组中的"插入"命令，在弹出的菜单中选择"组合框"选项。

（4）在 H3 单元格按住鼠标左键绘制组合框。右键单击"组合框"，在弹出的快捷菜单中选择"设置控件格式"命令，打开"设置控件格式"对话框，参数设置如图 6-6 所示。

图 6-6 "设置控件格式"对话框

(5) 在 A4 和 G4 单元格分别输入"产品名称"和"日期"。

(6) 单击"开发工具"选项卡"控件"组中的"插入"命令,在弹出的菜单中选择"分组框"选项。在 A4 单元格下面的空白区域,按住鼠标左键绘制分组框。将顶端的文本内容改为"产品规格"。

(7) 单击"开发工具"选项卡"控件"组中的"插入"命令,在弹出的菜单中选择"选项按钮"选项。在分组框中绘制三个选项按钮,并将选项按钮文本依次改为"大"、"中"、"小"。效果如图 6-4 所示。

(8) 单击"开发工具"选项卡"控件"组中的"插入"命令,在弹出的菜单中选择"分组框"选项。在产品规格右侧的空白区域,按住鼠标左键绘制分组框。将顶端的文本内容改为"选用材料"。

(9) 单击"开发工具"选项卡"控件"组中的"插入"命令,在弹出的菜单中选择"复选框"选项。在分组框中绘制 9 个复选框,并将复选框文本依次改为"金属材质 1"、"金属材质 2"、"金属材质 3"、"木料材质 1"、"木料材质 2"、"木料材质 3"、"石头材质 1"、"石头材质 2"、"石头材质 3"。

(10) 在 A14、A15、E14、E15 和 G14 单元格分别输入"产品规范及说明"、"参与研究人员"、"预算"、"批示"和"支出",效果如图 6-4 所示。

6.1.4 设计新产品开发测试统计表

上节介绍的开发测试情况登记表可以记录信息。本节将对如何快速高效地统计这些结果进行介绍。

案例 6-4　设计新产品开发测试统计表

案例要求

公司要求设计新产品开发测试统计表,对已经收集上来的记录进行统计。

案例实效

本案例实现效果如图 6-7 所示。

案例实施

(1) 打开"案例 6-4.xlsx"工作簿,包含三张工作表,选择"登记表"工作表,在"部门"右侧的组合框上右击,在弹出的快捷菜单中选择"设置控件格式"命令,打开"设置控件格式"对话框,打开"控制"选项卡,在"单元格链接"右侧文本框中输入"统计表!$B$3",如图 6-8 所示。此时在部门的选项与"统计表"的 B3 单元格之间建立了链接关系,在"部门"中选择"制造四车间","统计表"中 B3 单元格显示为"4"。

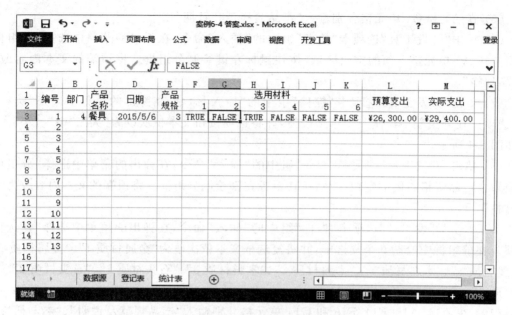

图 6-7　新产品开发测试统计表效果

图 6-8　"设置控件格式"对话框

（2）单击"统计表"的 C3 单元格，输入公式"＝登记表!B4"。将"登记表"的产品名称与"统计表"的 C3 单元格之间建立了链接关系。

（3）选择"登记表"工作表。在产品规格的单选按钮上单击右键，在弹出的快捷菜单中选择"设置控件格式"命令，打开"设置控件格式"对话框，打开"控制"选项卡，在"单元格链接"右侧文本框中输入"统计表!＄E＄3"。此时产品规格的选项与"统计表"的 E3 单元格建立了链接关系，若产品规格选择"小"，则"统计表"中 E3 单元格显示"3"。

（4）选择"登记表"工作表，在选用材料的复选按钮"金属材料1"上单击右键，在弹出的快捷菜单中选择"设置控件格式"命令，打开"设置控件格式"对话框，打开"控制"选项卡，在"单元格链接"右侧文本框中输入"统计表!$F$3"。选择"统计表"，此时在"金属材料1"选项与"统计表"的F3单元格之间建立了链接关系，因为"金属材料1"处于被选中状态，所以"统计表"中F3单元格显示"TRUE"。

（5）参照前面的方法将其他材料选项与"统计表"中相应的单元格建立链接，最终效果如图6-7所示。

6.2 日期时间函数的应用

日期时间函数是企业经营管理过程中经常使用的函数，正确使用日期时间函数才会使经济业务处理得更准确，通过对本节的学习可以掌握日期时间函数的用法，以及在企业生产和经营管理中的应用。

6.2.1 产品交货日期计算

在企业生产中，有时知道生产任务的开始日期和完成生产所需的工作日，需要了解完成任务的日期，可以用WORKDAY()函数实现，该函数的语法及用法介绍如下。

WORKDAY

格式：WORKDAY(start_date,days,holidays)

功能：WORKDAY函数用于返回某日期（起始日期）之前或之后相隔指定工作日的某一日期的日期值，工作日不包括周末和专门指定的假日，在计算发票到期日、预期交货时间或工作天数时，可以使用函数WORKDAY来扣除周末或假日。

说明：参数start_date表示开始日期，参数days表示在参数start_date之前或之后指定的工作日天数，参数holidays表示需要排除在外的节假日。

 产品交货日期计算

 案例要求

某企业接到若干订单，从接到订单开始，要求若干个工作日后必须交货，现需要根据开始日期和完成任务所需工作日，计算出完成任务的日期。

 案例实效

本案例实现效果如图6-9所示。

案例实施

打开"案例6-5.xlsx"工作簿，在"项目终止日期"工作表定义如表6-2所示的公式并向下复制填充。

Excel 在经济管理中的应用

图 6-9　产品交货日期计算结果

表 6-2　生产任务完成日期计算公式

单元格	公　　式
D5	=WORKDAY(B5,C5)
E5	=WORKDAY(B5,C5,法定假日!B2:C12)

6.2.2　生产任务工作日计算

在企业生产中,有时知道生产任务的开始日期和计划完成日期,需要对生产任务的工作日进行管理。可以用 NETWORKDAYS()、TODAY() 和 WORKDAY() 函数编写"开始日期"、"结束日期"和"工作日"及"当前日期"的函数关系式。下面简单介绍 NETWORKDAYS() 和 TODAY() 函数的语法及用法。

NETWORKDAYS

格式:NETWORKDAYS(start_date,end_date,holidays)

功能:NETWORKDAYS 函数用于返回参数 start_date 和 end_date 之间完整的工作日数值,工作日不包括周末和专门指定的假期,可以使用函数 NETWORKDAYS,根据某一特定时期内雇员的工作天数,计算其应计的报酬。

说明:参数 start_date 表示开始日期,参数 end_date 表示结束日期,参数 holidays 为在工作日中排除的特定日期。

案例 6-6　生产任务工作日计算

案例要求

某企业接到若干订单,从接到订单开始,要求若干个工作日后必须交货,现已知开始日期和完成日期,需要计算出完成任务所需工作日。

本案例实现效果如图 6-10 所示。

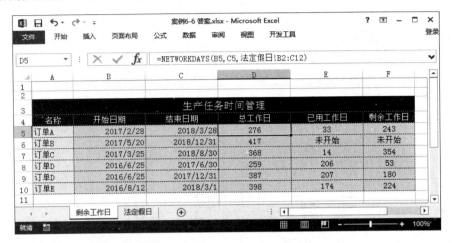

图 6-10 生产任务工作日计算结果

打开"案例 6-6.xlsx"工作簿,在"剩余工作日"工作表定义如表 6-3 所示的公式并向下复制填充。

表 6-3 生产任务工作日计算公式

单元格	公　　式
D5	＝NETWORKDAYS(B5,C5,法定假日!B2:C12)
E5	＝IF(B5＞TODAY(),"未开始",NETWORKDAYS(B5,TODAY(),法定假日!B2:C12))
F5	＝IF(B5＜TODAY(),D5－E5,"未开始")

6.2.3　工时数计算

在企业生产中,经常会根据工作开始和结束的时间来计算工作时数,但如果上夜班,工作结束时间会小于开始时间,简单的加减运算往往不能得到正确结果。本节将介绍如何解决此类问题。

案例 6-7　工时数计算

某企业每天要统计员工的工作开始时间和结束时间,并计算出每天的工时数。

本案例实现效果如图 6-11 所示。

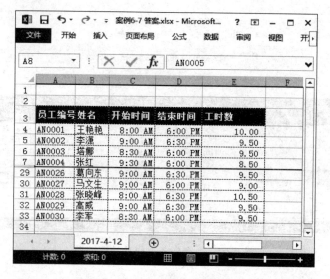

图 6-11 工时数计算结果

打开"案例 6-7.xlsx"工作簿，单击 E4 单元格，输入公式"＝IF(D4＞C4,24＊(D4－C4),24＋24＊(D4－C4))"，计算出工时数，并拖动单元格填充柄到 E33 单元格。

6.3 企业经营管理

除了前面介绍的日期时间函数外，还有很多 Excel 函数经常应用到企业的生产和经营管理中，本节将通过案例对几个常用函数进行介绍。

6.3.1 药品研发阶段成本计算

在企业的经营管理中，经常会根据产品的月成本、产品开发周期，计算产品在不同开发阶段的总成本，从而进行调控。要解决此类问题，需要用到 OFFSET 函数，该函数的语法及用法如下。

格式：OFFSET(reference,rows,cols,height,width)

功能：OFFSET 函数以指定的引用为参照系，通过给定偏移量得到新的引用。返回的引用可以为一个单元格或单元格区域。

说明：参数 Reference 作为偏移量参照系的引用区域，可以是单元格或区域。参数 Rows 表示相对于偏移量参照系的左上角单元格，进行上下偏移的行数，参数 cols 则表示左(右)偏移的列数。参数 height 表示所要返回的引用区域的行数，参数 width 表示所要返回的列数。

 案例 6-8 药品研发阶段成本计算

 案例要求

某公司研发的每种药品经过三个研发阶段。已有每种药品按月列出的成本表，已知每个研发阶段的时长，计算每种药品在每个研发阶段的总成本。

案例实效

本案例实现效果如图 6-12 所示。

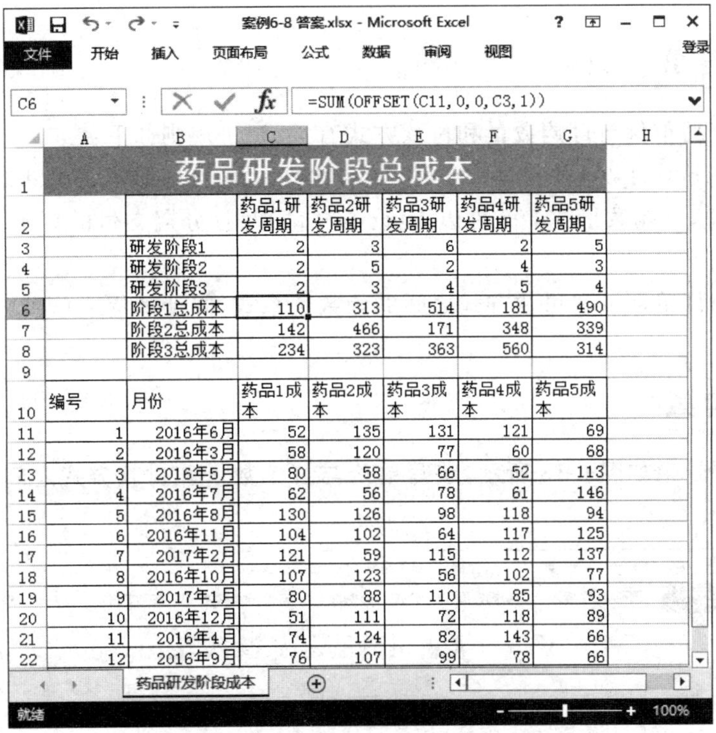

图 6-12 药品研发阶段成本计算结果

 案例实施

（1）打开"案例 6-8.xlsx"工作簿，在工作表中已给出了开发 5 种药品的月成本，以及对于每种药品，每个阶段需要的月数。

（2）在"药品研发阶段成本"工作表定义如表 6-4 所示的公式并向右复制填充，计算出每种药品在三个研发阶段的总成本。

表 6-4　药品研发阶段成本计算公式

单元格	公　式
C6	=SUM(OFFSET(C11,0,0,C3,1))
C7	=SUM(OFFSET(C11,C3,0,C4,1))
C8	=SUM(OFFSET(C11,C3+C4,0,C5,1))

6.3.2　产品订单数量与单价的管理

在企业的生产与经营管理中，经常会按照产品订单的数量制定单价，本节将介绍此类问题的解决办法。

案例 6-9　产品订单数量与单价的管理

某公司的产品单价与订购数量和付款方式有关，定价规则如下：

订购数量在 500 件以上（不含 500 件）或一次性付款的订单单价为 15 元，否则单价为 20 元。换句话说，订购数量在 500 件以下（含 500 件）并且分期支付的订单单价为 20 元，否则单价为 15 元。

编写单价与订单数量和付款方式之间的函数关系式，并计算货款总额。

本案例实现效果如图 6-13 所示，编写单价与订单数量和付款方式之间的函数关系式，并计算货款总额。

图 6-13　产品订单数量与单价结果

**案例实施**

打开"案例6-9.xlsx"工作簿,输入公式如表6-5所示,并向下复制填充。

表6-5　单价和货款计算公式

单元格	公　　式
D8	＝IF(OR(B8＞＄B＄3,C8＝一次),＄C＄4,＄C＄3)
E8	＝B8＊D8

6.3.3　连锁店与各类产品销售情况汇总表

在企业的经营管理中,经常会在各类情况表中搜索需要的信息进行汇总。Excel中的LOOKUP、VLOOKUP、HLOOKUP函数可以解决此类问题,本节将重点讲述这三个函数在企业经营管理中的应用。

案例6-10　连锁店与各类产品销售情况汇总表

案例要求

某公司有10家连锁商店,已知连锁商店的各类产品的销售总额。打开案例6-10.xlsx工作簿,如图6-14所示,有"销售总额"、"商店销售总额"和"产品销售总额"工作表,查询各商店的销售总额,查询各类产品的销售总额。

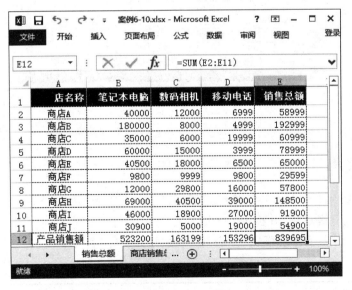

图6-14　连锁商店的各类产品的销售总额

Excel 在经济管理中的应用

本案例实现效果如图 6-15 和图 6-16 所示。

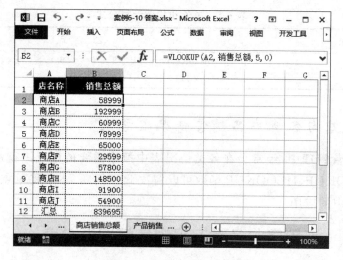

图 6-15 商店销售总额效果

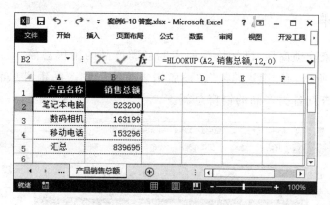

图 6-16 产品销售总额效果

（1）打开案例 6-10.xlsx 工作簿，在"销售总额"工作表，选定 A1:E11 单元格区域，在"名称框"中输入"销售总额"并按 Enter 键。

（2）切换到"商店销售总额"工作表，输入公式如表 6-6 所示。

表 6-6 商店销售总额计算公式

单元格	公　式
B2	=VLOOKUP(A2,销售总额,5,0)，向下复制填充到 B11
B12	=SUM(B2:B11)

（3）切换到"产品销售总额"工作表，输入公式如表6-7所示。

表6-7 产品销售总额计算公式

单元格	公　式
B2	=HLOOKUP(A2,销售总额,12,0)，向下复制填充到B4
B5	=SUM(B2:B4)

6.4 本章课外实验

6.4.1 企业生产车间男女员工生产件数统计

打开"课外实验6-1.xlsx"工作簿，此工作簿统计了某玩具厂2013年4个车间的员工在各个月份的生产件数，根据此工作簿完成下列操作，效果如图6-17所示。

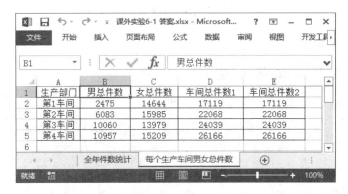

图6-17 企业生产车间男女员工生产件数统计效果

（1）在名为"每个生产车间男女总件数"的工作表中，分别统计出每个生产车间男女总生产件数。

（2）计算出每个车间的"车间总件数1"（车间总件数1=男总件数+女总件数）。

（3）通过相应的函数计算出每个车间的"车间总件数2"。

6.4.2 企业工作量分段人数统计

打开"课外实验6-2.xlsx"工作簿，此工作簿统计了某玩具厂2013年4个车间的员工在各个月份的生产件数，根据此工作簿完成下列操作，效果如图6-18所示。

（1）在名为"工作量人数统计"的工作表中，统计出各月份生产量分别在40件以下、40～59件、60～69件、70～79件、80～89件、90件以上的职工人数。

（2）计算出各个月份人均生产件数。

（3）计算出各个月份最高生产件数。

（4）计算出各个月份最低生产件数。

（5）若月生产件数低于70件则被认为未完成计划，统计出各个月未完成计划的人数和总人数。

Excel 在经济管理中的应用

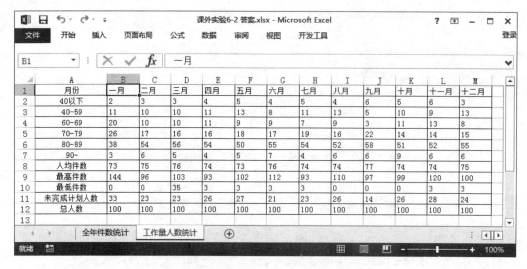

图 6-18　企业工作量分段人数统计效果

（6）所有的计算结果没有小数位。

6.4.3　企业员工的工作天数

打开"课外实验 6-3.xlsx"工作簿，在"工作日计算"工作表中已给定每种产品的生产日期和完工日期，已知 2013 年的节假日是 4 月 4 日，5 月 1 日和 6 月 12 日，根据此工作簿完成下列操作，效果如图 6-19 所示。

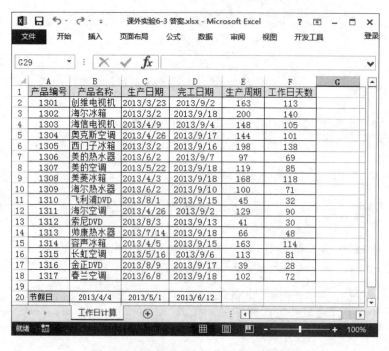

图 6-19　企业员工的工作天数计算效果

（1）根据每种产品的生产日期和完工日期，计算每种产品的生产周期。

（2）用函数计算出员工生产这些产品的工作天数。

6.4.4 商品保修期计算

打开"课外实验 6-4.xlsx"工作簿，在"保修期"工作表中给出每种产品的购买日期和保修期，根据此工作簿完成下列操作，效果如图 6-20 所示。

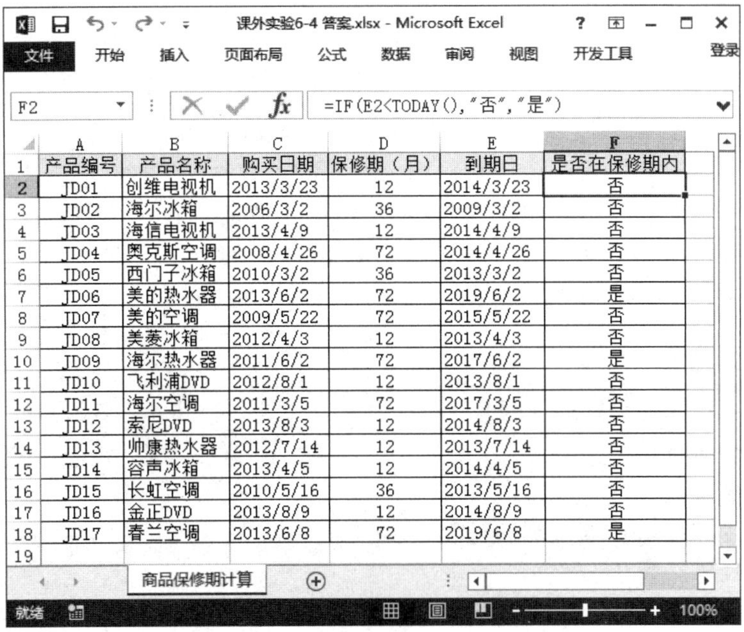

产品编号	产品名称	购买日期	保修期（月）	到期日	是否在保修期内
JD01	创维电视机	2013/3/23	12	2014/3/23	否
JD02	海尔冰箱	2006/3/2	36	2009/3/2	否
JD03	海信电视机	2013/4/9	12	2014/4/9	否
JD04	奥克斯空调	2008/4/26	72	2014/4/26	否
JD05	西门子冰箱	2010/3/2	36	2013/3/2	否
JD06	美的热水器	2013/6/2	72	2019/6/2	是
JD07	美的空调	2009/5/22	72	2015/5/22	否
JD08	美菱冰箱	2012/4/3	12	2013/4/3	否
JD09	海尔热水器	2011/6/2	72	2017/6/2	是
JD10	飞利浦DVD	2012/8/1	12	2013/8/1	否
JD11	海尔空调	2011/3/5	72	2017/3/5	否
JD12	索尼DVD	2013/8/3	12	2014/8/3	否
JD13	帅康热水器	2012/7/14	12	2013/7/14	否
JD14	容声冰箱	2013/4/5	12	2014/4/5	否
JD15	长虹空调	2010/5/16	36	2013/5/16	否
JD16	金正DVD	2013/8/9	12	2014/8/9	否
JD17	春兰空调	2013/6/8	72	2019/6/8	是

图 6-20　商品保修期计算效果

（1）计算出每种产品的到期日。

（2）假设今天是 2016 年 5 月 1 日，并根据购买日期、保修期和今天的日期判断每种产品是否已经过期。

第 7 章　Excel 在市场销售管理中的应用

引言

对于任何一个企业来说,产品的销售都是至关重要的。Excel 提供的函数特别是查找函数可以方便地查找到需要的数据,然后对数据进行处理。通过本章的学习可以掌握 Excel 函数在市场销售和业绩管理方面的应用。

本章学习目标

- ❖ 员工销售量查询
- ❖ 库存产品查询
- ❖ 产品批发零售销售额及利润计算
- ❖ 销售金额等级评价与奖金
- ❖ 员工业绩考核管理
- ❖ 编制进货单

7.1　员工销售量查询

员工销售量查询会用到 MATCH、ADDRESS 和 INDIRECT 函数,这三个函数的语法及用法介绍如下。

1. MATCH

格式:MATCH(lookup_value,lookup_array,[match_type])

功能:在单元格区域中搜索指定项,然后返回该项在单元格区域中的相对位置。

说明:参数 lookup_value 是在数组中要查找匹配的值,参数 lookup_array 是含有要查找值的连续单元格区域、一个数组或对某数组的引用;参数 match_type 为匹配类型,可选,有三种选择,如表 7-1 所示。

表 7-1　参数 match_type 的选项

match_type	含义
1 或者省略	MATCH 查找小于或等于 lookup_value 的最大值。lookup_array 参数中的值必须以升序排序
0	MATCH 查找完全等于 lookup_value 的第一个值
−1	MATCH 查找大于或等于 lookup_value 的最小值。lookup_array 参数中的值必须按降序排列

2. ADDRESS

格式：ADDRESS（row_num，column_num，[abs_num]，[a1]，[sheet_text]）

功能：根据指定行号和列号获得工作表中的某个单元格的地址。

说明：参数 row_num 和 column_num 指定要在单元格引用中使用的行号和列标；参数 abs_num 是一个可选的数值，指定要返回的引用类型，如表 7-2 所示。

表 7-2 参数 abs_num 的选项

abs_num	含 义
1 或者省略	绝对单元格地址
2	绝对行号，相对列标
3	相对行号，绝对列标
4	相对单元格引用

参数 a1 是一个可选的逻辑值，指定 A1 或 R1C1 引用样式。如果参数 A1 为 TRUE 或被省略，则 ADDRESS 函数返回 A1 样式引用；如果为 FALSE，则 ADDRESS 函数返回 R1C1 样式引用。

参数 sheet_text 可选。一个文本值，指定要用作外部引用的工作表的名称。如果忽略参数 sheet_text，则不使用任何工作表名称，并且该函数所返回的地址引用当前工作表上的单元格。

3. INDIRECT

格式：INDIRECT(ref_text，[a1])

功能：返回由文本字符串指定的引用，该函数立即对引用进行计算，并显示其内容。

说明：参数 ref_text 必需，是对单元格的引用。

如果 ref_text 不是合法的单元格引用，则 INDIRECT 返回错误值；如果 ref_text 是对另一个工作簿的引用（外部引用），则该工作簿必须被打开。如果源工作簿没有打开，则 INDIRECT 返回错误值。

参数 a1 可选，是一个可选的逻辑值，指定 A1 或 R1C1 引用样式，用法和 ADDRESS 函数中的该参数相同。

该函数的用法举例如下。

输入数据如图 7-1 所示。

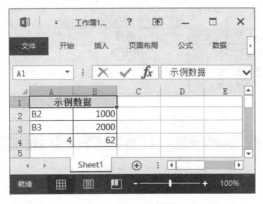

图 7-1 示例数据

定义如表 7-3 所示的公式,进行计算,结果如表 7-3 所示。

表 7-3　INDIRECT 函数的用法举例

公　　式	说　　明	结果
=INDIRECT(A2)	单元格 A2 中的引用值。引用的是单元格 B2,所以公式计算的结果为 1000	1000
=INDIRECT(A3)	单元格 A3 中的引用值。引用的是单元格 B3,所以公式计算的结果为 2000	2000
=INDIRECT("B"&A4)	将 B 和 A4 中的值合并在一起。这将反过来引用单元格 B4,故公式的结果为 62	62

案例 7-1　员工销售量查询

案例要求

打开案例 7-1.xlsx 工作簿,进行如下操作:

(1) 在"员工销售量"工作表中,有 10 位员工的产品销售数据,根据该数据在"员工销售量查询"工作表中,利用数据验证设置"月份"与"姓名"的下拉选择列表,从而可以选择员工的姓名及月份。

(2) 在"员工销售量查询"工作表中,选定员工的姓名及销售月份后,通过 ADDRESS 和 MATCH 函数找到所要查询信息在工作簿中单元格的位置;根据查询信息所在位置的单元格,通过 INDIRECT 函数查询出本月销售量。

案例实效

本案例最终效果如图 7-2 所示。

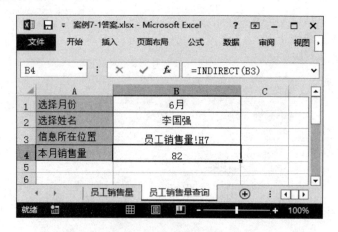

图 7-2　员工销售量查询结果

案例实施

(1) 在"员工销售量查询"工作表中,选定 B1 单元格,打开"数据"→"数据工具"→"数据验证"命令,从弹出的下拉列表中选择"数据验证"命令,打开"数据验证"对话框,验证条件允许选择"序列",来源选取"员工销售量"工作表中的 C1:N1 单元格,如图 7-3 所示。

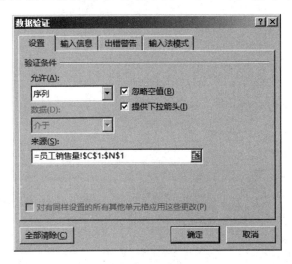

图 7-3 "月份"数据验证对话框

(2) 在"员工销售量查询"工作表中,选定 B2 单元格,打开"数据验证"对话框,验证条件允许选择"序列",来源选取"员工销售量"工作表中 A2:A11 单元格,如图 7-4 所示。

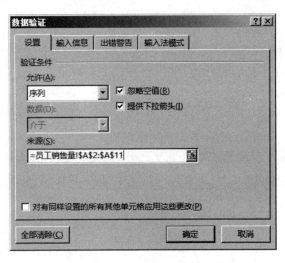

图 7-4 "姓名"数据验证对话框

(3) 定义区域"员工销售量!＄A＄1:＄A＄11"的名称为"姓名";区域"员工销售量!＄A＄1:＄N＄1"的名称为"月份"。

(4) 在"员工销售量查询"工作表中,定义如表 7-4 所示的公式。

表 7-4　信息所在位置计算和销售量查找公式

单元格	公　式
B3	＝ADDRESS(MATCH(B2,姓名,0),MATCH(B1,月份,0),4,TRUE,"员工销售量")
B4	＝INDIRECT(B3)

7.2　库存产品查询

对库存产品进行查询需要用到一些函数，如 ADDRESS、MATCH、ROW、COLUMN、INDIRECT 和 INDEX 函数等，其中 ROW、COLUMN、INDIRECT 和 INDEX 函数的语法和用法如下。

1. ROW

格式：ROW([reference])

功能：返回引用的行号。

说明：参数 reference 可选，是需要得到其行号的单元格或单元格区域；如果省略 reference，则是对函数 ROW 所在单元格的引用；reference 不能引用多个区域。

2. COLUMN

格式：COLUMN([reference])

功能：返回引用的列标。

说明：参数 reference 可选，是需要得到其列标的单元格或单元格区域；如果省略 reference，则是对函数 COLUMN 所在单元格的引用；reference 不能引用多个区域。

3. INDEX

格式：INDEX(reference,row_num,[column_num],[area_num])

功能：返回指定的行与列交叉处的单元格引用。如果引用由不连续的选定区域组成，可以选择某一选定区域。

说明：参数 reference 必需，是对一个或多个单元格区域的引用。

该函数的用法举例：

定义公式"＝INDEX(A2:C6,4,3)"，功能是返回区域 A2:C6 中第四行和第三列的交叉处，即单元格 C5 的内容；如果定义公式"＝INDEX((A1:C6,A8:C11),3,3,2)"，则返回第二个区域 A8:C11 中第三行和第三列的交叉处，即单元格 C10 的内容。

案例 7-2　库存产品查询

案例要求

打开案例 7-2.xlsx 工作簿，进行如下操作：

（1）在"库存表"工作表中给出了产品信息，根据该信息在"产品库存查询"工作表中输入抽查编号，通过 ADDRESS 和 MATCH 函数找到所要抽查的编号在工作簿中单元格的位置。

(2) 根据 B2 单元格中查询出的结果,通过 ROW 和 COLUMN 函数显示所查询出的单元格所在的行和列。

(3) 通过 INDEX 函数找到与抽查编号所对应的产品名称和库存量。

案例实效

本案例最终效果如图 7-5 所示。

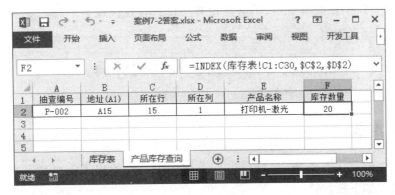

图 7-5 产品库存查询结果

案例实施

(1) 在"产品库存查询"工作表中 A2 单元格输入要抽查的产品编号。

(2) 定义如表 7-5 所示公式。

表 7-5 按编号位置查找产品名称和库存的公式

单元格	公 式
B2	=ADDRESS(MATCH(A2,库存表!$A$1:$A$30,0),1,4,TRUE)
C2	=ROW(INDIRECT(B2))
D2	=COLUMN(INDIRECT(B2))
E2	=INDEX(库存表!B1:B30,$C$2,$D$2),复制公式到 F2

7.3 产品批发零售销售额及利润计算

统计产品的销售额和销售利润,会用到两个查找函数:VLOOKUP(按列查找)和 HLOOKUP(按行查找)。这两个函数的语法如下。

格式:VLOOKUP(lookup_value,table_array,col_index_num,[range_lookup])

HLOOKUP(lookup_value,table_array,row_index_num,[range_lookup])

参数 lookup_value 是指定要查找的值,该值必须在查找区域的第一行(HLOOKUP)或第一列(VLOOKUP)能找到精确或近似匹配值。

参数 table_array 是查找区域。

参数 col_index_num 或 row_index_num 指定查找值对应的返回值在查找区域中所处的列或行的序号。

参数 Range_lookup 是一个可选的逻辑值,表示查找方式,如果为 FALSE,将查找精确匹配值,若找不到精确匹配值,则返回错误值♯N/A;如果为 TRUE 或被省略,则返回精确匹配值或近似匹配值,如果找不到精确匹配值,则返回小于 lookup_value 的最大值;如果 range_lookup 为 TRUE 或被省略,则必须按升序排列查找区域第一行或第一列中的值;否则可能无法返回正确的值。

案例 7-3　产品批发零售销售额及利润计算

案例要求

打开案例 7-3.xlsx 工作簿,在"价格表"工作表中已经给出了家电产品的进货、批发和零售价格。进行如下操作:

(1) 在"销售额统计"工作表中,完成批发价格、零售价格、批发金额、零售金额和进货金额的计算。

(2) 在"销售利润"工作表中,完成进货金额、批发金额、零售金额和利润的计算。

案例实效

本案例最终效果如图 7-6 和图 7-7 所示。

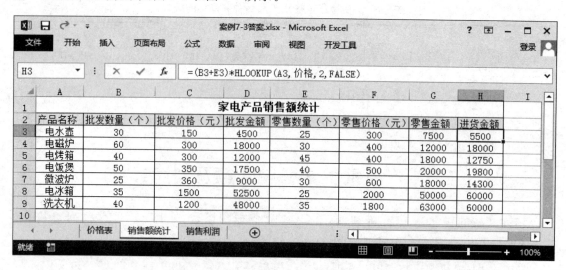

图 7-6　销售额统计结果

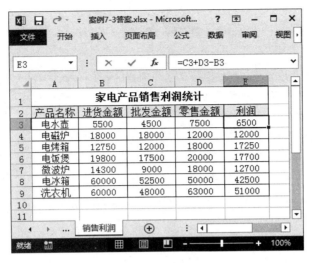

图 7-7 销售利润计算结果

 案例实施

（1）在"价格表"工作表中定义数据区域名称"价格"，引用位置为"＝价格表!＄B＄2：＄H＄5"。

（2）在"销售额统计"工作表定义如表 7-6 所示的公式并向下复制填充。

表 7-6 销售额统计公式

单元格	公　　式
C3	＝HLOOKUP(A3,价格,3,FALSE)
D3	＝B3＊C3
F3	＝HLOOKUP(A3,价格,4,FALSE)
G3	＝E3＊F3
H3	＝(B3＋E3)＊HLOOKUP(A3,价格,2,FALSE)

（3）在"销售额统计"工作表中定义名称"销售"，引用位置为"＝销售额统计!＄A＄3：＄H＄9"。

（4）在"销售利润"工作表中定义如表 7-7 所示的公式并向下复制填充。

表 7-7 销售利润计算公式

单元格	公　　式
B3	＝VLOOKUP(＄A3,销售,8,FALSE)
C3	＝VLOOKUP(＄A3,销售,4,FALSE)
D3	＝VLOOKUP(＄A3,销售,7,FALSE)
E3	＝C3＋D3－B3

7.4 销售金额等级评价与奖金

对销售金额等级进行评价和奖金管理,需要用到查找函数 VLOOKUP 或 LOOKUP,选择函数 CHOOSE。下面简单介绍 LOOKUP 和 CHOOSE 函数如下。

1. LOOKUP

LOOKUP 函数从单行或单列区域(区域:工作表上的两个或多个单元格。区域中的单元格可以相邻或不相邻)或数组(数组:用于建立可生成多个结果或可对在行和列中排列的一组参数进行运算的单个公式。数组区域共用一个公式;数组常量是用作参数的一组常量)返回值。它有两种语法形式:向量形式和数组形式。

(1) 向量形式

格式:LOOKUP(lookup_value,lookup_vector,[result_vector])

说明:在单行区域或单列区域(称为"向量")中查找值,然后返回第二个单行区域或单列区域中相同位置的值。当要查询的值列表较大或者值可能会随时间而改变时,使用该形式。

注意:result_vector 参数必须与 lookup_vector 参数大小相同。

(2) 数组形式

格式:LOOKUP(lookup_value, array)

说明:在区域(称为"数组")的第一行或第一列中查找指定的值,然后返回区域的最后一行或最后一列中相同位置的值;当要查询的值列表较小或者值在一段时间内保持不变时,使用该形式。

一般情况下,LOOKUP 的数组形式是为了与其他电子表格程序兼容而提供的,最好使用 HLOOKUP 或 VLOOKUP 函数。

需要注意的是,无论向量形式还是数组形式,LOOKUP 函数的使用都要求查找区域(向量形式)或查找区域的第一行或第一列(数组形式)是升序排列的;如果 LOOKUP 函数找不到 lookup_value,则该函数会与小于 lookup_value 的最大值进行匹配。

2. CHOOSE

格式:CHOOSE(index_num, value1,[value2],…)

功能:根据给定的索引值,从参数串中选出相应值或操作。

说明:参数 index_num 是必需的,必须是介于 1 到 254 之间的数字,或是包含 1 到 254 之间的数字的公式或单元格引用。

如果 index_num 为 1,则 CHOOSE 返回 value1;如果为 2,则 CHOOSE 返回 value2,以此类推;如果 index_num 小于 1 或大于列表中最后一个值的索引号,则 CHOOSE 返回错误值;如果 index_num 为小数,则截尾取整。

参数 value1,value2,…:value1 是必需的,后续值是可选的。参数可以是数字、单元格引用、定义的名称、公式、函数或文本。

该案例在"销售金额评价与奖金"工作表中计算销售金额,选择 VLOOKUP 函数合适,因为作为查找区域("月销售金额统计"工作表中 A:E)的"员工编号"列无序,如果选择 LOOKUP,则该列需要升序排列;计算"评分",选择 LOOKUP 和 VLOOKUP 都可以;计算"等级"和"奖金"则选择 CHOOSE 函数。

案例 7-4 销售金额等级评价与奖金

案例要求

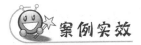

打开案例 7-4. xlsx 工作簿，进行如下操作：

(1) 在“月销售金额统计”工作表中，计算出销售金额。

(2) 在“评价等级”工作表中，给出了不同销售金额范围的评分和等级标准，计算“销售金额评价与奖金”工作表中的评分、等级和奖金；其中评分用 LOOKUP 函数来计算；等级和奖金的计算用 CHOOSE 函数来完成。奖金的发放标准为：优＋5000 元、优 3000 元、良 1000 元、中 500 元、差 0 元。

(3) 根据“月销售金额统计”工作表中的销售金额数据，填充“销售金额评价与奖金”工作表中的销售金额。

案例实效

本案例数据素材及完成后的三个工作表如图 7-8～图 7-10 所示。

	A	B	C	D	E
1	销售金额		评分	等级	
2	下限	上限			
3	0	5000	1	差	
4	5001	10000	2	中	
5	10001	20000	3	良	
6	20001	30000	4	优	
7	30001		5	优+	
8					
9					

图 7-8 “评价等级”表数据

	A	B	C	D	E	F	G
1	员工编号	姓名	销售量	销售价格	销售金额		
2	10NM100	陈 秀	22	120	2640		
3	16NM101	窦 海	102	120	12240		
25	11NM123	张培培	120	120	14400		
26	13NM124	张小霞	48	120	5760		
27	15NM125	朱小芳	70	120	8400		
28	11NM126	朱 玉	66	120	7920		
29	10NM127	李明辉	85	120	10200		
30	16NM128	马晶晶	95	120	11400		
31	12NM129	王凯丽	102	120	12240		
32	16NM130	阿 荣	97	120	11640		
33							

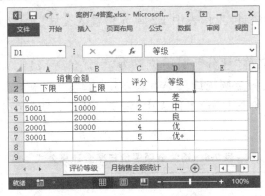

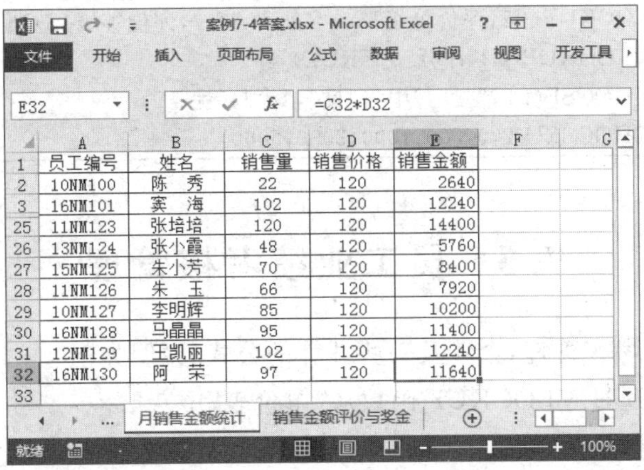

图 7-9 月销售金额统计结果

Excel 在经济管理中的应用

图 7-10　销售金额评价与奖金计算结果

 案例实施

（1）在"月销售金额统计"工作表中 E2 单元格输入公式"＝C2＊D2"，并向下复制公式完成销售金额的计算。

（2）定义数据区域名称"评分"，引用位置为"＝评价等级!＄A＄3：＄C＄7"；"销售金额"，引用位置为"＝月销售金额统计!＄A＄2：＄E＄32"。

（3）在"销售金额评价与奖金"工作表中，定义如表 7-8 所示的公式，之后向下复制公式填充数据。

表 7-8　销售金额评价与奖金计算公式

单元格	公　式
C2	＝VLOOKUP(A2,销售金额,5,FALSE)
D2	＝LOOKUP(C2,评分)　或者
	＝LOOKUP(C2,评价等级!＄A＄3：＄A＄7,评价等级!＄C＄3：＄C＄7)　或者
	＝VLOOKUP(C2,评分,3,TRUE)
E2	＝CHOOSE(D2,"差","中","良","优","优＋")
F2	＝CHOOSE(D2,0,500,1000,3000,5000)

7.5　员工业绩考核管理

对员工业绩进行考核管理，会涉及一些计算的公式，说明如下：

（1）单价列数据通过 VLOOKUP 函数从"单价表"中获取。

（2）销售金额＝数量×单价。

（3）总销售额列的数据用 SUMIF 函数按销售员在"月销售明细表"中汇总。

（4）提成比例列数据通过 HLOOKUP 函数从“提成标准”表中获取。

（5）奖金＝提成比例×总销售额。

案例 7-5　员工业绩考核管理

案例要求

打开案例 7-5. xlsx 工作簿，进行如下操作：

（1）在“月销售明细表”工作表中计算单价和销售金额。

（2）在“月销售业绩奖励表”工作表中计算总销售额、提成比例和奖金。

案例实施

本案例素材数据及最终效果如图 7-11～图 7-13 所示。

电脑显示器销售提成标准

销售额	下限	0	10000.01	20000.01	30000.01	50000.01
	上限	10000	20000	30000	50000	
提成比例		3%	5%	7%	10%	12%

图 7-11　“提成标准”数据

电脑显示器月销售明细表

上报日期：2017年3月28日

产品编号	单价	数量（台）	销售金额	销售员
SX19	600	13	7800	李晓飞
SX22	849	10	8490	王子航
SX24	960	9	8640	孙倩宇
D224	900	10	9000	白志明
M195	799	8	6392	王子航
SX24	960	10	9600	张建宇
SX27	2100	6	12600	白志明
B274	2600	5	13000	李晓飞
D194	800	11	8800	胡志敏
D244	1800	14	25200	白志明
D274	2000	13	26000	赵亚楠

单价表

编号	单价
D194	800
D244	1800
D274	2000
D224	900

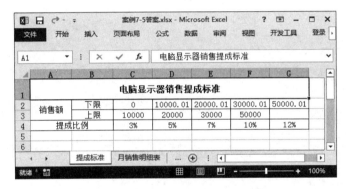

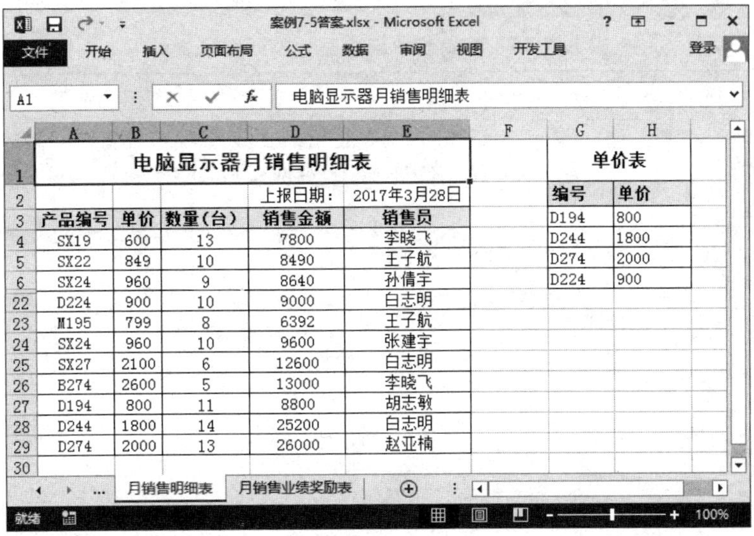

图 7-12　“月销售明细表”结果

Excel 在经济管理中的应用

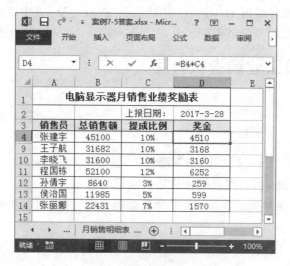

图 7-13 "月销售业绩奖励表"结果

案例实施

（1）在"月销售明细表"工作表中定义如表 7-9 所示的公式并在列上向下复制公式。

表 7-9 单价和销售金额计算公式

单元格	公　　式
B4	＝VLOOKUP(A4,＄G＄3:＄H＄20,2,FALSE)
D4	＝B4＊C4

（2）在"月销售业绩奖励表"工作表中定义如表 7-10 所示的公式并向下复制填充，其中"标准"是定义的名称，引用位置为"＝提成标准!＄C＄2:＄G＄4"。

表 7-10 月销售业绩奖励金额计算公式

单元格	公　　式
B4	＝SUMIF(月销售明细表!E:E,A4,月销售明细表!D:D)
C4	＝HLOOKUP(B4,标准,3,TRUE)
D4	＝B4＊C4

案例 7-6　员工业绩评星考核

案例要求

打开案例 7-6.xlsx 工作簿，进行如下操作：

（1）在"评星考核"工作表中，分别用 LOOKUP 和 VLOOKUP 计算员工的星级标准。

（2）思考：两个函数在使用上有什么区别？

本案例素材数据及最终效果如图 7-14 和图 7-15 所示。

图 7-14 评星标准

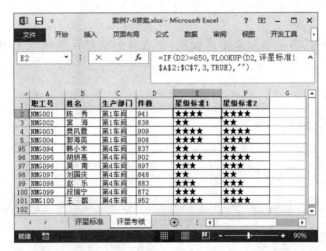

图 7-15 "评星考核"最终结果

在"评星考核"工作表中定义如表 7-11 所示的公式并在列上向下复制公式。

表 7-11 评星考核计算公式

单元格	公 式
E4	＝IF(D2＞＝650,VLOOKUP(D2,评星标准!＄A＄2:＄C＄7,3,TRUE),"")
F4	＝IF(D2＞＝650,LOOKUP(D2,评星标准!＄A＄2:＄C＄7),"")

7.6 编制进货单

编制进货单是一个比较综合的案例,是对前面很多知识的一个融合。

案例 7-7　编制进货单

打开"案例 7-7.xlsx"工作簿，在"电脑配件分类表"工作表中给出了各类配件的信息，要求完成进货单未完成部分的设计和计算。其中：

（1）单价、合计金额、订金及余款设定为"会计专用"显示格式。

（2）利用数据验证定义下拉列表，输入商品编号。

（3）利用 IF 和 VLOOKUP 函数设置依据商品的编号自动显示单价数据。

（4）利用 IF 和 OR 函数设置自动计算合计金额。

（5）利用"自动求和"工具，计算所有商品的总金额。

（6）总价金额设定为大写数字显示方式。

（7）预订交货日期设定为日期格式显示。

（8）付款方式通过数据验证定义下拉列表选择输入，付款方式有现金、本票、支票和信用卡 4 种。

（9）报表编号格式通过自定义方式设定，制表日期通过日期函数 TODAY() 实现。

本案例最终效果如图 7-16 所示。

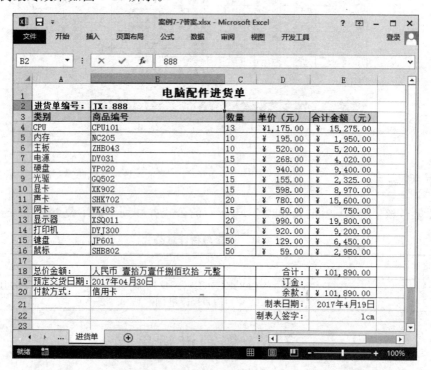

图 7-16　进货单

案例实施

本案例中关于制表和格式设置的知识,前面章节都有详细描述。因此这里只给出计算的公式。在"进货单"工作表中定义如表 7-12 所示的公式并在需要的时候复制公式。

表 7-12 进货单计算公式

单元格	公　　式
D4	=IF(B4="","　",VLOOKUP(B4,配件分类表!＄B＄2：＄C＄65534,2,FALSE))
E4	=IF(OR(B4="",C4=""),"",C4*D4)
E18	=SUM(E4:E16)
E20	=E18-E19
E21	=TODAY()

7.7 本章课外实验

7.7.1 进货信息查询

打开"课外实验 7-1.xlsx"工作簿,进行如下操作:
(1) 在"采购信息查询"工作表中,完成查询设计。
(2) 要求查询用 LOOKUP 函数实现。
(3) 思考:查询可以用 VLOOKUP 和 HLOOKUP 函数代替吗?
本案例素材和最终效果如图 7-17 和图 7-18 所示。

图 7-17 "采购表"数据

7.7.2 企业库存量计算

打开"课外实验 7-2.xlsx"工作簿,进行如下操作:

图 7-18　采购信息查询结果

（1）在"2月库存"工作表中，通过查找函数和"1月库存"工作表中的数据计算"上月末库存量"一列数据。

（2）在"2月库存"工作表中，通过查找函数和"2月销售"工作表中的数据计算"本月销售量"一列数据。

（3）在"2月库存"工作表中，计算本月末库存量，最终效果如图 7-17 所示。

（4）在"3月库存"工作表中，通过查找函数和"2月库存"工作表中的数据计算"上月末库存量"一列数据。

（5）在"3月库存"工作表中，通过查找函数和"3月销售"工作表中的数据计算"本月销售量"一列数据。

（6）在"3月库存"工作表中，计算本月末库存量。

本案例最终效果如图 7-19 和图 7-20 所示。

图 7-19　2月库存统计结果

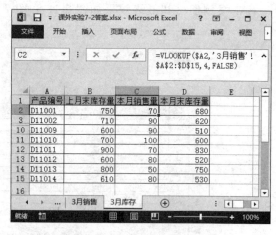

图 7-20　3月库存统计结果

7.7.3　员工月销售提成计算

打开"课外实验 7-3.xlsx"工作簿，进行如下操作：

（1）在"提成标准"工作表中，按工龄给出了不同销售额范围的提成标准。

（2）在"月销售额提成"工作表中完成提成比例和提成金额的计算。

本案例最终效果如图 7-21 和图 7-22 所示。

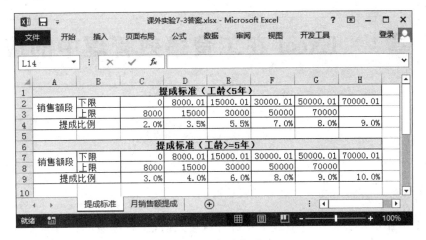

图 7-21 提成标准

图 7-22 月销售额提成计算结果

第 8 章　Excel 在工资绩效管理中的应用

目前,企事业单位大多执行绩效工资分配制度,因此工资绩效的计算核算就变得非常重要。本章以某个单位为例,根据工资绩效中的相关情况,运用 Excel 数据处理方法对工资绩效的计算、汇总等进行管理,并进行相应的统计分析等。

通过本章的学习,理解并掌握使用 Excel 处理工资绩效管理中的相关工作。

本章学习目标

- ❖ 工资表的建立
- ❖ 基本工资的计算
- ❖ 绩效工资的计算
- ❖ 工资报表的编制
- ❖ 工资的统计分析
- ❖ 年度工资绩效计算分析

8.1　工资表的建立

进行工资绩效管理时,首先要根据单位的实际工资绩效制度进行需求分析,建立实体-联系图,确定工资表,确定各个工资表的工资项目。

下面以某单位(单位名称:ABC)的工资绩效管理为例进行。

8.1.1　建立实体-关系图

实体-联系图(Entity Relationship Diagram)简称 E-R 图,是用来描述现实实体的方法。根据实际问题,首先要抽象提取出可能的实体,确定实体的类型和属性。其次,分析定义各实体间的联系。完整的 E-R 图能够准确地反映出现实问题,是现实问题的一种概念模型。

案例 8-1　ABC 单位的工资绩效方案

案例要求

根据 ABC 单位的具体业务情况，结合工资改革的主要精神，按照国家有关政策，核算制定该单位的工资绩效方案。

案例实效

ABC 单位的基本工资执行有关国家和地区的工资标准，绩效工资根据单位业绩核算分配，体现多劳多得、优劳优得的精神，充分发挥绩效工资的激励作用。

ABC 单位全年用于绩效工资的总额为 400 万元，全单位业务工作总量为 4.5 万个，行政工作量为 0.5 万个。

工作量绩效＝400 万元÷(4.5 万个＋0.5 万个)＝80 元/个。

本案例实现效果如图 8-1 和图 8-2 所示。

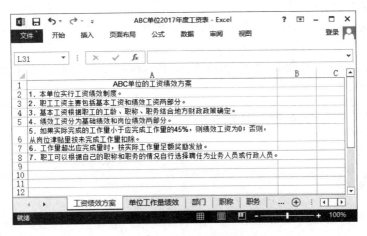

图 8-1　ABC 单位工资绩效制度

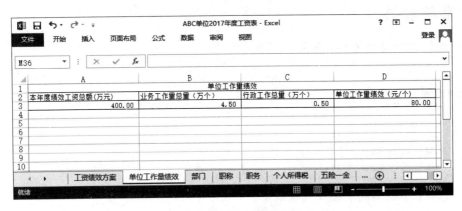

图 8-2　单位工作量绩效

案例实施

在桌面上建立名为"ABC单位工资绩效管理"的文件夹,打开该文件夹,在其中单击右键,在弹出的快捷菜单中选择"新建"下的"Microsoft Excel 工作表"命令,建立名为"ABC单位 2017 年度工资表"的工作簿。

打开所建立的工作簿,将 Sheet1 工作表改名为"工资绩效方案",输入如下工资方案内容:
ABC 单位的工资绩效方案

1. 本单位实行工资绩效制度。
2. 职工工资主要包括基本工资和绩效工资两部分。
3. 基本工资根据职工的工龄、职称、职务结合国家和地方财政政策确定。
4. 绩效工资分为基础绩效和岗位绩效两部分。
……

将 Sheet2 工作表改名为"单位工作量绩效"。

在其中输入本年度绩效工资总额:400万元,业务工作量总量:4.5万个,行政工作总量:0.5万个。

计算工作量绩效:

工作量绩效=400万元\(4.5万个+0.5万个)=80元/个。

最终结果如图 8-1 和图 8-2 所示。

根据 ABC 单位的工资绩效制度,建立实体-联系图。不同的 E-R 图意味着不同的工资计算方法和过程。

案例 8-2　建立实体-联系图

 案例要求

根据 ABC 单位的工资绩效分配制度,分析建立对应的工资实体-联系图。

 案例实效

本案例实现效果如图 8-3 所示。

 案例实施

1. 确定 ABC 单位的实体。

(1) 部门:描述 ABC 单位的各个部门实体。
(2) 职工:描述职工信息的实体,主要是工作信息。
(3) 职称:描述不同职称及其绩效工资。

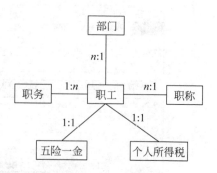

图 8-3　实体-联系图

(4) 职务：描述不同职务及其绩效工资。

(5) 个人所得税：描述税收税率。

(6) 五险一金：描述应缴纳五险一金标准。

2. 确定各实体的属性及类型

(1) 部门：部门代码(字符)，部门名称。

(2) 职工：部门代码(字符)，职工号(字符)，入职时间，职称，职务，实际聘岗。

(3) 职称：职称代码，职称名称，基础绩效，岗位业绩津贴，业务工作量，岗位工资，薪级工资，交通补贴。

(4) 职务：职务代码，职务名称，基础绩效，岗位业绩津贴，岗位工作量，岗位工资，薪级工资，交通补贴。

(5) 个人所得税：纳税基数，纳税比例。

(6) 五险一金：项目名称，单位缴纳比例，个人缴纳比例。

3. 确定实体间的联系

部门 $n:1$ 职工；职工 $n:1$ 职称；职工 $n:1$ 职务；职工 $1:1$ 纳税；职工 $1:1$ 五险一金。

8.1.2 工资表的建立

根据所建立的实体-联系图，在 Excel 中建立各个表格，一般每个实体对应一个基本的表格。

案例 8-3　ABC 单位的工资表的建立

案例要求

在"ABC 单位工资表"工作簿中，建立各个工资表。

案例实效

本案例实现效果如图 8-4～图 8-9 所示。

图 8-4　部门信息

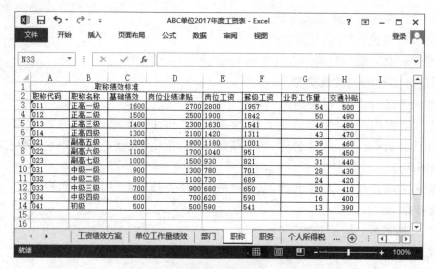

图 8-5 职称信息

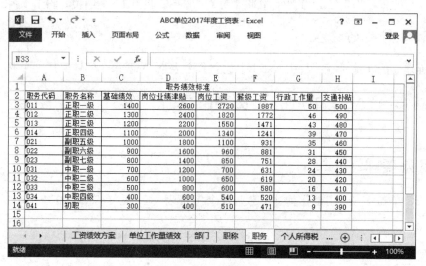

图 8-6 职务信息

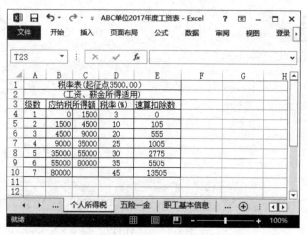

图 8-7 个人所得税数据

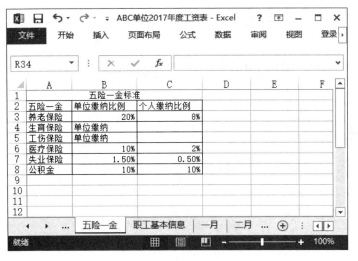

图 8-8 五险一金数据

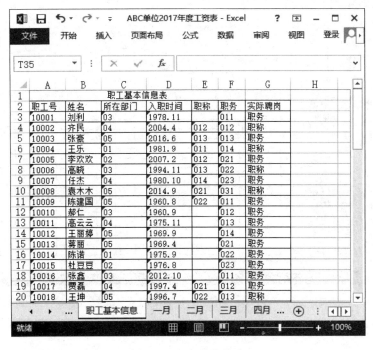

图 8-9 职工基本信息

打开"ABC 单位 2017 年度工资表"工作簿,依次添加名为"部门"、"职称"、"职务"、"个人所得税"、"公积金"、"职工基本信息"的工作表,逐个输入工作表内容。

8.2 基本工资的计算

 ABC 单位的各月份工资表的编制

 案例要求

根据绩效工资信息，按照月份编制 ABC 单位的工资表。

案例实效

本案例实现效果如图 8-10 所示。

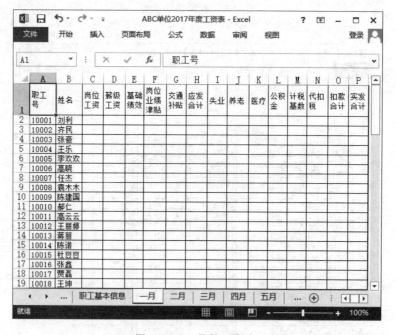

图 8-10 一月份工资表

 案例实施

(1) 打开"ABC 单位 2017 年度工资表"工作簿，依次添加名为"一月"、"二月"、"三月"、……、"十二月"的工作表。

在"一月"工作表中输入下列列名：职工号，姓名，岗位工资，薪级工资，基础绩效，岗位业绩津贴，交通补，应发合计，失业，养老，医疗，公积金，计税基数，代扣税，扣款合计，实发合计。

(2) 计算"一月"工作表的职工号、姓名，计算公式如表 8-1 所示，将公式向下复制填充。

表 8-1 职工号、姓名的公式

单元格	公　　式
A2	=职工基本信息!A3
B2	=职工基本信息!B3

案例 8-5 ABC 单位基本工资的计算

计算各职工的基本工资部分。基本工资包括两项：岗位工资和薪级工资。

本案例实现效果如图 8-11 所示。

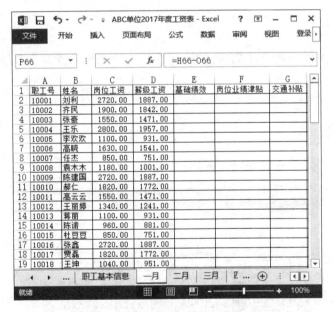

图 8-11 岗位工资和薪级工资的计算

（1）打开"ABC 单位 2017 年度工资表"工作簿，选择"一月"工作表，计算岗位工资、薪级工资的值。

（2）分析。

岗位工资、薪级工资根据职工所聘任的岗位以及职级确定，若聘任为职称则来源于"职称"表，若聘任为职务则从"职务"表中计算。具体计算时，根据职工基本信息中职工的"实际聘岗"列值，使用 VLOOKUP 在"职称"表或"职务"表中查找对应的"岗位工作"、"薪级工资"列，公式如表 8-2 所示，将公式向下复制填充。

表 8-2　岗位工资和薪级工资的公式

单元格	公　　式
C2	=IF(VLOOKUP(A2,职工基本信息!A:G,7,FALSE)="职称",VLOOKUP(职工基本信息!E3,职称!A:H,5,FALSE),VLOOKUP(职工基本信息!F3,职务!A:H,5,FALSE))
D2	=IF(VLOOKUP(A2,职工基本信息!A:G,7,FALSE)="职称",VLOOKUP(职工基本信息!E3,职称!A:H,6,FALSE),VLOOKUP(职工基本信息!F3,职务!A:H,6,FALSE))

8.3　绩效工资的计算

案例 8-6　ABC 单位的绩效工资计算

根据职工每月工作量的具体完成情况，计算职工的绩效工资部分。绩效工资包括两项：基础绩效和岗位业绩津贴。

本案例实现效果如图 8-12 所示。

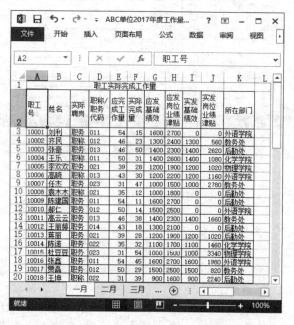

图 8-12　工资绩效的计算

案例实施

(1) 建立名为"ABC 单位 2017 年度工作量表"的工作簿。

(2) 打开该工作簿,将 Sheet1 工作表改名为"一月",在其中输入下列列名:职工号,姓名,实际聘岗,职称/职务代码,应完成工作量,实际完成量,应发基础绩效,应发岗位业绩津贴,实发基础绩效,实发岗位业绩津贴。

(3) 职工号、姓名、实际聘岗、职称/职务代码、应完成工作量、实际完成量列信息均来源于"ABC 单位 2017 年度工资表"工作簿,具体公式如表 8-3 所示。

(4) 实际完成量列信息根据职工一月份的工作情况逐条录入。

(5) 根据该单位有关工资绩效的规定:如果实际完成的工作量小于应完成工作量的 45%,则绩效工资为 0;否则,从岗位津贴里按未完成工作量扣除。工作量超出应完成量时,按实际工作量足额奖励发放。

表 8-3 岗位工资和薪级工资的公式

单元格	公 式
A3	=[ABC 单位 2017 年度工资表.xls]职工基本信息!A3
B3	=[ABC 单位 2017 年度工资表.xls]职工基本信息!B3
C3	=VLOOKUP(A3,[ABC 单位 2017 年度工资表.xls]职工基本信息!$A:$G,7,FALSE)
D3	=VLOOKUP(A3,[ABC 单位 2017 年度工资表.xls]职工基本信息!$A:$G,IF(C3="职称",5,6),FALSE)
E3	=IF(C3="职务",VLOOKUP(D3,[ABC 单位 2017 年度工资表.xls]职称!$A:$H,7,FALSE),VLOOKUP(D3,[ABC 单位 2017 年度工资表.xls]职务!$A:$H,7,FALSE))
G3	=IF(C3="职务",VLOOKUP(D3,[ABC 单位 2017 年度工资表.xls]职称!$A:$H,3,FALSE),VLOOKUP(D3,[ABC 单位 2017 年度工资表.xls]职务!$A:$H,3,FALSE))
H3	=IF(C3="职务",VLOOKUP(D3,[ABC 单位 2017 年度工资表.xls]职称!$A:$H,4,FALSE),VLOOKUP(D3,[ABC 单位 2017 年度工资表.xls]职务!$A:$H,4,FALSE))
I3	=IF(F3/E3<0.45,0,G3)
J3	=IF(F3/E3<0.45,0,H3−(E3−F3)*[ABC 单位 2017 年度工资表.xls]单位工作量绩效!$D$3)

8.4 工资报表的编制

案例 8-7 计算 ABC 单位的职工应发工资

案例要求

根据"ABC 单位 2017 年度工作量表"的计算结果,计算 ABC 单位的应发工资。

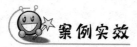

案例实效

本案例实现效果如图 8-13 所示。

	A	B	C	D	E	F	G	H
1	职工号	姓名	岗位工资	薪级工资	基础绩效	岗位业绩津贴	交通补贴	应发合计
2	10001	刘利	2720.00	1887.00	0.00	0.00	500.00	5107.00
3	10002	齐民	1900.00	1842.00	1300.00	560.00	490.00	6092.00
4	10003	张豪	1550.00	1471.00	1400.00	2620.00	480.00	7521.00
5	10004	王乐	2800.00	1957.00	1400.00	1080.00	500.00	7737.00
6	10005	李欢欢	1100.00	931.00	1200.00	1020.00	460.00	4711.00
7	10006	高晓	1630.00	1541.00	1200.00	1160.00	480.00	6011.00
8	10007	任杰	850.00	751.00	1000.00	2780.00	440.00	5821.00
9	10008	袁木木	1180.00	1001.00	0.00	0.00	460.00	2641.00
10	10009	陈建国	2720.00	1887.00	0.00	0.00	500.00	5107.00
11	10010	郝仁	1820.00	1772.00	0.00	0.00	490.00	4082.00
12	10011	高云云	1550.00	1471.00	1400.00	1660.00	480.00	6561.00
13	10012	王丽婷	1340.00	1241.00	0.00	0.00	470.00	3051.00
14	10013	蒋丽	1100.00	931.00	1200.00	1020.00	460.00	4711.00
15	10014	陈诺	960.00	881.00	1100.00	1460.00	450.00	4851.00
16	10015	杜豆豆	850.00	751.00	1000.00	3340.00	440.00	6381.00
17	10016	张鑫	2720.00	1887.00	1600.00	1980.00	500.00	8687.00
18	10017	贾磊	1820.00	1772.00	1500.00	820.00	490.00	6402.00
19	10018	王坤	1040.00	951.00	900.00	2240.00	450.00	5581.00

图 8-13 应发工资的计算

案例实施

(1) 打开"ABC 单位 2017 年度工资表"工作簿，选择"一月"工作表。

(2) 分析。

基础绩效为"ABC 单位 2017 年度工作量表"中的"一月"中的应发基础绩效，岗位业绩津贴为工作量表中的应发岗位业绩津贴。根据职工的职级分别查找出交通补的值。应发工资为：岗位工资、薪级工资、基础绩效、岗位业绩津贴和交通补的和。计算公式如表 8-4 所示。

表 8-4 岗位工资和薪级工资的公式

单元格	公 式
E2	=VLOOKUP(A2,[ABC 单位 2017 年度工作量表.xls]一月!A:J,9,FALSE)
F2	=VLOOKUP(A2,[ABC 单位 2017 年度工作量表.xls]一月!A:J,10,FALSE)
G2	=IF(VLOOKUP(A2,职工基本信息!A:G,7,FALSE)="职称",VLOOKUP(职工基本信息!E3,职称!A:H,8,FALSE),VLOOKUP(职工基本信息!F3,职务!A:H,8,FALSE))
H2	=SUM(C2:G2)

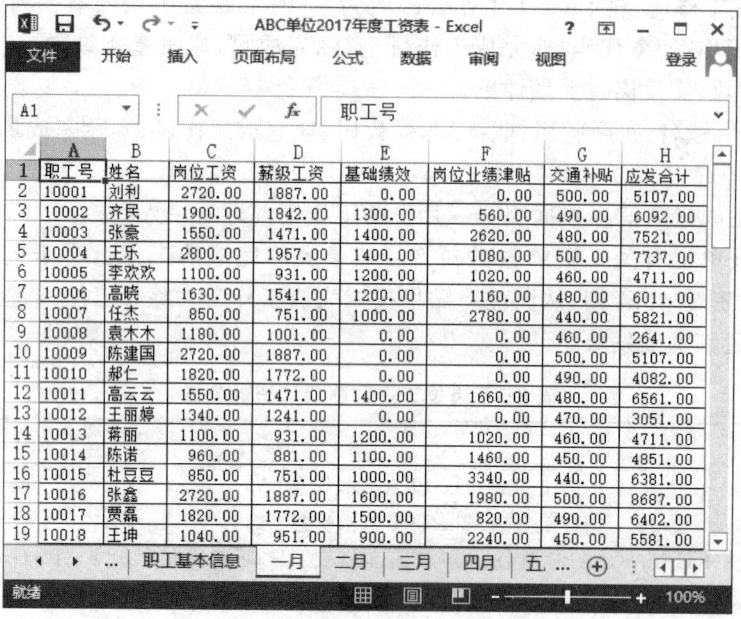

案例 8-8　ABC 单位的工资报表的编制

案例要求

按照税收、保险等有关政策规定，完成工资报表的全部数据计算，得到一月份的最终工资报表。

案例实效

本案例实现效果如图 8-14 所示。

职工号	姓名	岗位工资	薪级工资	基础绩效	岗位业绩津贴	交通补贴	应发合计	失业	养老	医疗	公积金	计税基数	代扣税	扣款合计	实发合计
10001	刘利	2720	1887	0	0	500	5107	23.04	368.56	92.14	460.70	4162.57	19.88	964.31	4142.69
10002	齐民	1900	1842	1300	560	490	6092	18.71	299.36	74.84	374.20	5324.89	77.49	844.60	5247.40
10003	张豪	1550	1471	1400	2620	480	7521	15.11	241.68	60.42	302.10	6901.70	235.17	854.47	6666.53
10004	王乐	2800	1957	1400	1080	500	7737	23.79	380.56	95.14	475.70	6761.82	221.18	1196.37	6540.63
10005	李欢欢	1100	931	1200	1020	460	4711	10.16	162.48	40.62	203.10	4294.65	23.84	440.19	4270.81
10006	高晓	1630	1541	1200	1160	480	6011	15.86	253.68	63.42	317.10	5360.95	81.09	731.15	5279.85
10007	任杰	850	751	1000	2780	440	5821	8.01	128.08	32.02	160.10	5492.80	94.28	422.48	5398.52
10008	袁木木	1180	1001	0	0	460	2641	10.91	174.48	43.62	218.10	2193.90	0.00	447.11	2193.90
10009	陈建国	2720	1887	0	0	500	5107	23.04	368.56	92.14	460.70	4162.57	19.88	964.31	4142.69
10010	郝仁	1820	1772	0	0	490	4082	17.96	287.36	71.84	359.20	3345.64	0.00	736.36	3345.64
10011	高云云	1550	1471	1400	1660	480	6561	15.11	241.68	60.42	302.10	5941.70	139.17	758.47	5802.53
10012	王丽婷	1340	1241	0	0	470	3051	12.91	206.48	51.62	258.10	2521.90	0.00	529.11	2521.90
10013	蒋丽	1100	931	1200	1020	460	4711	10.16	162.48	40.62	203.10	4294.65	23.84	440.19	4270.81
10014	陈诺	960	881	1100	1460	450	4851	9.21	147.28	36.82	184.10	4473.60	29.21	406.61	4444.39
10015	杜豆豆	850	751	1000	3340	440	6381	8.01	128.08	32.02	160.10	6052.80	150.28	478.48	5902.52
10016	张鑫	2720	1887	1600	1980	500	8687	23.04	368.56	92.14	460.70	7742.57	319.26	1263.69	7423.31
10017	贾磊	1820	1772	1500	820	490	6402	17.96	287.36	71.84	359.20	5665.64	111.56	847.92	5554.08
10018	王坤	1040	951	900	2240	450	5581	9.96	159.28	39.82	199.10	5172.85	62.28	470.44	5110.56

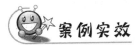

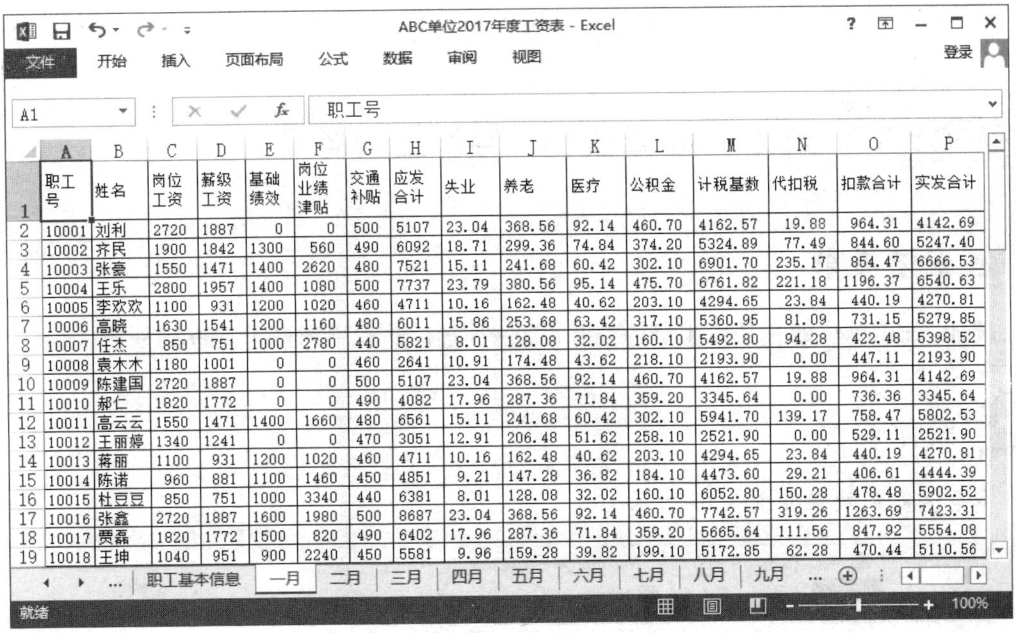

图 8-14　各项工资表数据

案例实施

(1) 打开“ABC 单位 2017 年度工资表”工作簿，选择“一月”工作表。

(2) 根据五险一金的有关规定，计算失业、养老、医疗、公积金的值。

(3) 根据税收政策，计算计税基数、代扣税。

(4) 扣款合计=失业、养老、医疗、公积金以及代扣税的和。

(5) 实发合计=应发合计-扣款合计。

具体计算公式如表 8-5 所示。

表 8-5　五险一金、代扣税等的公式

单元格	公　式
I2	=(C2+D2)*五险一金!$C$7
J2	=(C2+D2)*五险一金!$C$3
K2	=(C2+D2)*五险一金!$C$6
L2	=(C2+D2)*五险一金!$C$8
M2	=H2−SUM(I2:L2)
N2	=IF(M2−3500<=0,0,VLOOKUP(M2−3500,个人所得税!$B$4:$E$10,3,TRUE)/100*(M2−3500)−VLOOKUP(M2−3500,个人所得税!$B$4:$E$10,4))
O2	=SUM(I2:L2,N2)
P2	=H2−O2

8.5　工资的统计分析

案例 8-9　统计 ABC 单位的一月份工资情况

案例要求

统计 ABC 单位的一月份工资的总和以及平均值，并利用图形工具进行分析。

案例实效

本案例实现效果如图 8-15 所示。

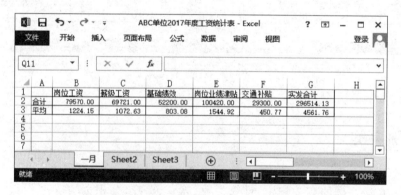

图 8-15　ABC 单位一月份工资统计

案例实施

(1) 建立"ABC 单位 2017 年度一月工资统计表"工作簿，建立"一月"工作表。

（2）输入岗位工资、薪级工资、基础绩效、岗位业绩津贴、交通补贴、实发合计列名。输入"合计"、"平均"。

（3）计算岗位工资、薪级工资、基础绩效、岗位业绩津贴、交通补贴、实发合计的总和。

（4）计算岗位工资、薪级工资、基础绩效、岗位业绩津贴、交通补贴、实发合计的平均值。

（5）利用"饼图"分析工资总计中各项所占的比例，效果如图8-16所示。

（6）利用"柱形图"分析平均工资的对比，效果如图8-17所示。

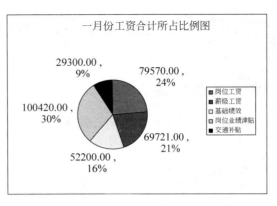

图8-16 一月份工资比例分析

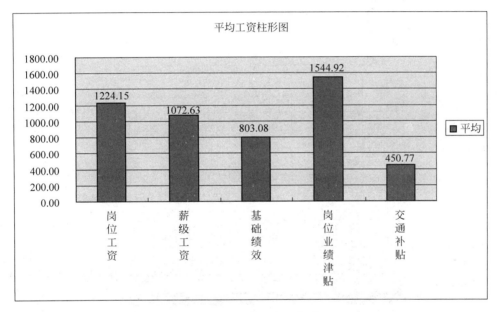

图8-17 一月份平均工资对比

表8-6 总和、平均值的公式

单元格	公　　式
B2	=SUM([ABC单位2017年度工资表.xls]一月!$C:$C)
C2	=SUM([ABC单位2017年度工资表.xls]一月!$D:$D)
D2	=SUM([ABC单位2017年度工资表.xls]一月!$E:$E)
E2	=SUM([ABC单位2017年度工资表.xls]一月!$F:$F)
F2	=SUM([ABC单位2017年度工资表.xls]一月!$G:$G)
G2	=SUM([ABC单位2017年度工资表.xls]一月!$P:$P)
B3	=AVERAGE([ABC单位2017年度工资表.xls]一月!$C2:$C66)
C3	=AVERAGE([ABC单位2017年度工资表.xls]一月!$D2:$D66)
D3	=AVERAGE([ABC单位2017年度工资表.xls]一月!$E2:$E66)
E3	=AVERAGE([ABC单位2017年度工资表.xls]一月!$F2:$F66)
F3	=AVERAGE([ABC单位2017年度工资表.xls]一月!$G2:$G66)
G3	=AVERAGE([ABC单位2017年度工资表.xls]一月!$P2:$P66)

案例 8-10　分析 ABC 单位的各部门一月份工资情况

按部门统计 ABC 单位的一月份的工作量及工资情况,并利用图形工具进行分析。

本案例实现效果如图 8-18 所示。

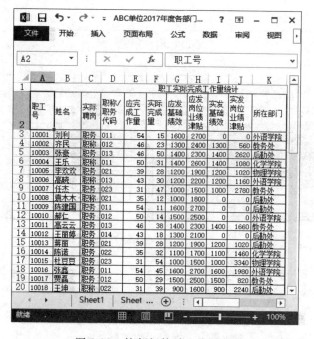

图 8-18　按部门统计工资情况

(1) 建立"ABC 单位 2017 年度各部门工资统计表"工作簿,建立"一月"工作表。

(2) 复制"ABC 单位 2017 年度工作量表"中的"一月"工作表中的全部数据到新建立的"ABC 单位 2017 年度各部门工资统计表"工作簿的"一月"表中。

(3) 在"ABC 单位 2017 年度各部门工资统计表"工作簿的"一月"工作表中插入"所在部门"列。

(4) 利用 VLOOKUP 求得每位职工所在部门的名称。公式为:= VLOOKUP(VLOOKUP(A3,[ABC 单位 2017 年度工资表.xls]职工基本信息!＄A:＄G,3,FALSE),[ABC 单位 2017 年度工资表.xls]部门!＄A:＄B,2,FALSE)。

（5）按部门进行分类汇总，求得各部门各项内容的合计以及平均值。
（6）利用图表进行分析。效果如图 8-19 和图 8-20 所示。

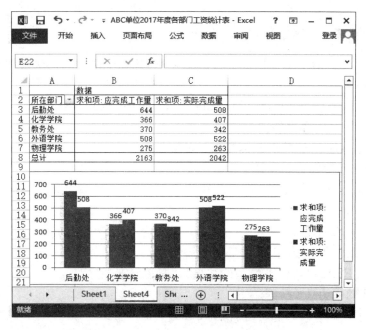

图 8-19　各部门完成工作量透视图

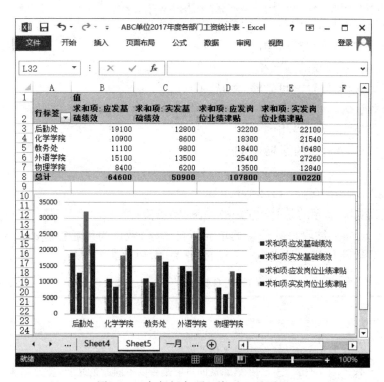

图 8-20　各部门各项工资对比透视图

8.6　年度工资绩效计算分析

8.6.1　编制二月份、三月份工资表

本节会用到 REPLACE、FIND 和 CELL 函数，这三个函数的语法及用法介绍如下。

1. REPLACE

格式：REPLACE(old_text,start_num,num_chars,new_text)

功能：返回用新内容替换原有内容后的值。

说明：old_text：欲被替换其部分内容的文本。

start_num：开始位置。

num_chars：字符个数。

new_text：欲替换的文本。

REPLACE 函数示例：

(1) 设 A2 的值为"同学们早上好"，则

＝REPLACE(A2,4,2,"下午")的结果为"同学们下午好"。

(2) 设 A2 的值为 2017，则

＝REPLACE(A2,3,2,"20")的值为 2020。

2. FIND

格式：FIND(find_text,within_text,start_num)

功能：返回一个内容在另一个内容中所在的位置。

说明：find_text：要查找的内容。

within_text：要查找的单元格。

start_num：起始位置。可省略，默认为 1。

FIND 函数示例：

设 A2 的值为"abcdefg"，则

＝FIND("d",A2,2)的结果为 4。

3. CELL

格式：CELL(info_type,[reference])

功能：返回指定单元的信息,包括格式、位置或值等。

说明：reference：欲取得其信息的单元。可省略，默认为最后被更改的单元格。

info_type：欲获得信息的类型，可为 12 种选项，如表 8-7 所示。

表 8-7　参数 info_type 的选项

选项	含义
address	单元格的名称
col	单元格的列标
color	单元格的负值是否以不同颜色显示，是为 1，否为 0
contents	单元格的值

续表

选项	含义
filename	当前工作表的名称全名
format	单元格的格式
parentheses	是否加括号,是为1,否为0
prefix	前缀
protect	是否锁定,是为1,否为0
row	单元格的行号
type	数据类型
width	单元格的列宽

CELL 函数示例:

(1) =CELL("address",A10:B15)的值为 $A$10。

(2) =CELL("row",A10:B15)的值为 10。

案例 8-11　编制计算 ABC 单位的二月份、三月份的工资表

案例要求

根据二月份、三月份职工具体完成的工作量情况(如图 8-21 和图 8-22 所示),编制二月份、三月份的工资表。

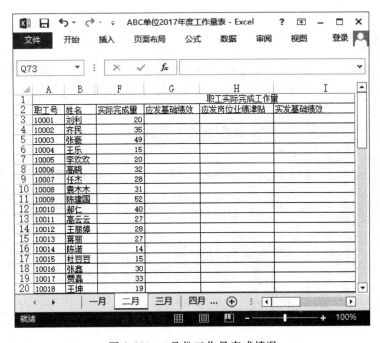

图 8-21　二月份工作量完成情况

Excel 在经济管理中的应用

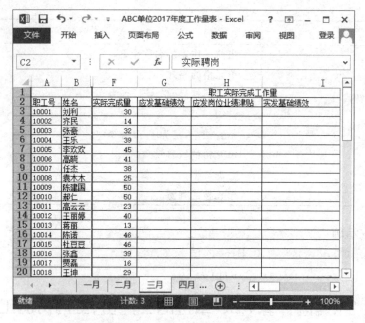

图 8-22　三月份工作量完成情况

本案例实现效果如图 8-23 和图 8-24 所示。

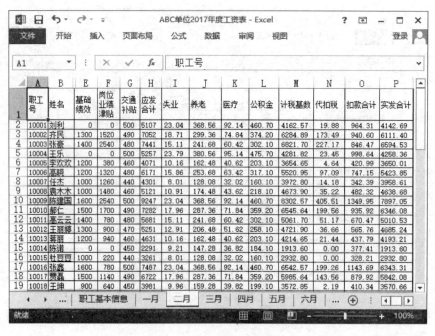

图 8-23　二月份工资表

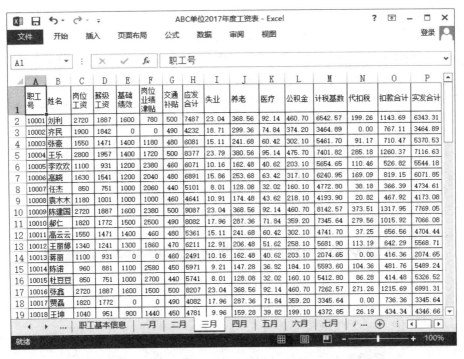

图 8-24 三月份工资表

案例实施

(1) 在"ABC单位2017年度工资表"工作簿、"ABC单位2017年度工作量表"插入名为"二月"、"三月"、…、"十二月"的工作表。

(2) 分别将两个工作簿中"一月"的数据复制到其他对应的各月工作表中即可。

8.6.2 一季度工作量、工资情况汇总分析

 ABC单位一季度工作量、工资情况汇总分析

案例要求

要求：根据一月份、二月份、三月份的工资表，统计分析一季度ABC单位及其各部门工作量完成以及工资分配情况。

本案例实现效果如图8-25～图8-28所示。

图 8-25　ABC 单位 2017 年度工资统计表

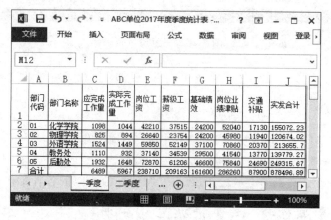

图 8-26　一季度统计图

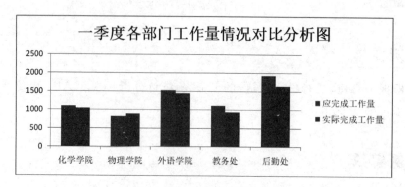

图 8-27　一季度工作量对比图

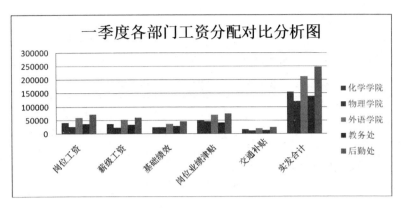

图 8-28 一季度各部门各项工资对比图

案例实施

(1) 建立名为"ABC 单位 2017 年度工资统计表"的工作簿,添加共 12 个月的工作表。
(2) "一月"工作表中各主要单元格的计算公式如表 8-8 所示。

表 8-8　ABC 单位 2017 年度工资统计表的主要公式

单元格	公　　式
C2	=SUMIF(INDIRECT("[ABC 单位 2017 年度工作量表.xls]" & REPLACE(CELL("filename",INDIRECT("A1")),1,FIND("]",CELL("filename")),"") & "!$K:$K"),B2,INDIRECT("[ABC 单位 2017 年度工作量表.xls]" & REPLACE(CELL("filename",INDIRECT("A1")),1,FIND("]",CELL("filename")),"") & "!E:E"))
D2	=SUMIF(INDIRECT("[ABC 单位 2017 年度工作量表.xls]" & REPLACE(CELL("filename",INDIRECT("A1")),1,FIND("]",CELL("filename")),"") & "!$K:$K"),$B2,INDIRECT("[ABC 单位 2017 年度工作量表.xls]" & REPLACE(CELL("filename",INDIRECT("A1")),1,FIND("]",CELL("filename")),"") & "!F:F"))
E2	=SUMIF(INDIRECT("[ABC 单位 2017 年度工资表.xls]" & REPLACE(CELL("filename",INDIRECT("A1")),1,FIND("]",CELL("filename")),"") & "!$Q:$Q"),$B2,INDIRECT("[ABC 单位 2017 年度工资表.xls]" & REPLACE(CELL("filename",INDIRECT("A1")),1,FIND("]",CELL("filename")),"") & "!C:C"))
K2	=AVERAGE(IF(INDIRECT("[ABC 单位 2017 年度工资表.xls]" & REPLACE(CELL("filename",INDIRECT("A1")),1,FIND("]",CELL("filename")),"") & "!$Q3:$Q66")=B2,INDIRECT("[ABC 单位 2017 年度工资表.xls]" & REPLACE(CELL("filename",INDIRECT("A1")),1,FIND("]",CELL("filename")),"") & "!$P3:$P66"))) 按 Ctrl+Shift+Enter 组合键
C8	=AVERAGE(INDIRECT("[ABC 单位 2017 年度工作量表.xls]" & REPLACE(CELL("filename",INDIRECT("A1")),1,FIND("]",CELL("filename")),"") & "!$E:$E"))
J8	=AVERAGE(INDIRECT("[ABC 单位 2017 年度工资表.xls]" & REPLACE(CELL("filename",INDIRECT("A1")),1,FIND("]",CELL("filename")),"") & "!$P:$P"))

(3) 将"一月"中的数据使用"同组填充"复制到其他各月的工作表中即可。
(4) 建立名为"ABC单位2017年度季度统计表"的工作簿,添加相应的工作表。
(5) "一季度"中的主要公式如表8-8所示。

表8-9 "一季度"中的主要公式

单元格	公 式
C2	=SUM([ABC单位2017年度工资统计表.xls]一月!C2,[ABC单位2017年度工资统计表.xls]二月!C2,[ABC单位2017年度工资统计表.xls]三月!C2)
D2	=SUM([ABC单位2017年度工资统计表.xls]一月!D2,[ABC单位2017年度工资统计表.xls]二月!D2,[ABC单位2017年度工资统计表.xls]三月!D2)

(6) 结论:从柱形图中可见,一季度工作量普遍未完成,绩效工资改革效果不理想,面临考验。

8.6.3 各季度工作量、工资情况变化趋势分析

案例8-13 ABC单位各季度工作量、工资情况变化趋势分析

案例要求

根据四月份至十二月份的工资表,统计汇总二、三、四季度的工作量、工资情况,分析四个季度的变化趋势。

案例实效

本案例实现效果如图8-29~图8-33所示。

图8-29 二季度汇总

图 8-30 三季度汇总

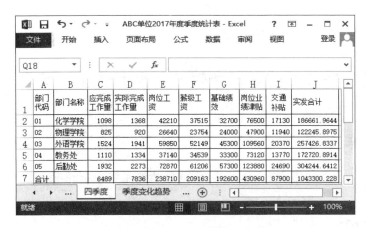

图 8-31 四季度汇总

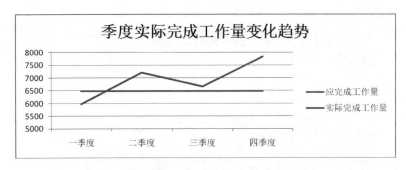

图 8-32 季度实际完成工作量变化趋势图

(1) 将"一季度"的数据复制到其他各季度中,将公式进行适当的调整。
(2) 分别利用"折线图"给出变化趋势分析图。
(3) 结论:四个季度的实际完成工作量总体呈现上升趋势,基础绩效、岗位业绩绩效也对应地显示出稳步增长的趋势,说明绩效工资改革的激励作用正在突显。

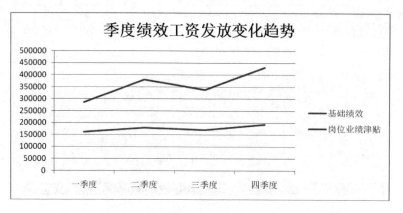

图 8-33　季度绩效工资发放变化趋势图

8.6.4　全年绩效工资改革情况分析

 ABC 单位全年绩效工资改革情况分析

根据全年共 12 个月的工资表，分析 ABC 单位绩效工资改革情况。

本案例实现效果如图 8-34～图 8-37 所示。

图 8-34　全年共 12 个月的工资汇总图

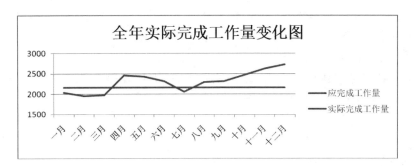

图 8-35 全年共 12 个月的工作量变化趋势图

图 8-36 全年合计图

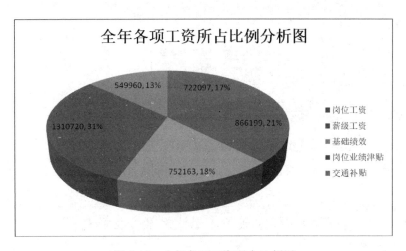

图 8-37 全年各项工资所占比例图

案例实施

（1）统计出 12 个月的各项工作量、各项工资数据。
（2）插入"折线图"。
（3）插入三维饼图。

(4) 结论：从趋势图可以看出，一月至三月员工对工资绩效改革仍然持观望态度，完成工作量普遍不足，四月至七月有所提升，但仍有波动，七月之后，员工信心十足，绩效工资的激励机制深入人心，业绩一路上升。

(5) 从全年各项工资比例饼图看，基础绩效、岗位业绩津贴占到了整个工资的49%，体现了多劳多得、优劳优得的工资分配原则。

8.6.5 各部门全年实际工作量、工资情况分析

 案例 8-15 ABC 单位全年各部门具体情况分析

根据全年的工资表，分析 ABC 单位的各部门的工资绩效情况。

本案例实现效果如图 8-38 和图 8-39 所示。

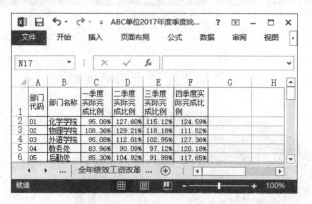

图 8-38　各部门各季度统计结果图

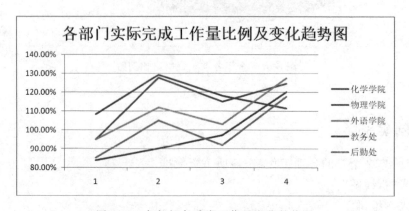

图 8-39　各部门各季度工作量变化趋势图

案例实施

（1）计算各部门各季度实际完成工作量的百分比，即实际完成工作量/应完成工作量。
（2）插入折线图。
（3）结论：从趋势图中可以看出，化学学院、物理学院、外语学院等教学单位都在100%基线以上，意味着全年基本都超额完成了工作量。教务处全年都呈现出稳定上升趋势，没有任何波动，效果非常好。后勤处波动较大。

8.7 本章课外实验

8.7.1 统计分析职工个人的工作量

打开"课外实验8-1.xlsx"工作簿，该工作簿记录"ABC单位2017年度工作量"，按下列要求完成统计计算分析，结果如图8-40和图8-41所示。

图8-40 未完成工作量职工

图8-41 未完成工作量人数

(1) 求出一季度中各月未完成工作量的职工。
(2) 按部门统计一季度未完成工作量人次。

8.7.2 统计分析职工个人的工资绩效

打开"课外实验 8-2.xlsx"工作簿,该工作簿为"ABC 单位 2017 年度工资表",分析职工号为"10005"的职工一季度绩效工资的变化趋势,结果如图 8-42 和图 8-43 所示。

图 8-42 "10005"的职工一季度绩效工资

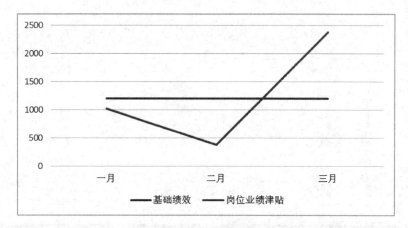

图 8-43 "10005"的职工一季度绩效工资变化趋势

表 8-10～表 8-12 是本章案例所用完整数据表。

表 8-10 职工基本信息表

职工号	姓名	所在部门	入职时间	职称	职务	实际聘岗
10001	刘利	03	1978.11		011	职务
10002	齐民	04	2004.4	012	012	职称
10003	张豪	05	2016.6	013	013	职务
10004	王乐	01	1981.9	011	014	职称
10005	李欢欢	02	2007.2	012	021	职务
10006	高晓	03	1994.11	013	022	职称
10007	任杰	04	1980.10	014	023	职务
10008	袁木木	05	2014.9	021	031	职称

续表

职工号	姓名	所在部门	入职时间	职称	职务	实际聘岗
10009	陈建国	05	1960.8	022	011	职务
10010	郝仁	03	1960.9		012	职务
10011	高云云	04	1975.11		013	职务
10012	王丽婷	05	1969.9		014	职务
10013	蒋丽	05	1969.4		021	职务
10014	陈诺	01	1975.9		022	职务
10015	杜豆豆	02	1976.8		023	职务
10016	张鑫	03	2012.10		011	职务
10017	贾磊	04	1997.4	021	012	职务
10018	王坤	05	1996.7	022	013	职称
10019	石丽敏	05	1966.6	023	014	职务
10020	崔霞	01	1990.9	031	021	职称
10021	刘黎明	02	1998.6	011	022	职务
10022	谢达	03	1977.1	012	023	职称
10023	周华	04	1968.10	013	031	职务
10024	吴楠楠	05	1997.12	014	032	职称
10025	李雨阳	05	2016.12	021	033	职务
10026	侯乐	01	1977.2	022	034	职称
10027	李斯	02	2005.12	023	041	职务
10028	王尚	03	1988.5	031	011	职称
10029	钱进	04	2005.3	032	012	职务
10030	吴琪琪	05	2007.6	011	013	职称
10031	张咪	05	2006.6	012	014	职务
10032	刘畅	01	2005.6	013	021	职称
10033	刘霞	01	1977.5	014	022	职务
10034	焦蓝空	02	1977.10	021	023	职称
10035	孙思敏	03	1968.7	022	031	职称
10036	宋乐乐	04	1961.8	023		职称
10037	苏福	05	2015.3	031		职称
10038	包涵	05	1981.1	032		职称
10039	高天	01	1978.1	033		职称
10040	张甜	02	2000.9	034		职称
10041	乔伊	03	2017.8	041		职称
10042	张富	05	1978.4	011		职称
10043	陈平	01	2001.2	012		职称
10044	宣武	02	2004.3	013		职称
10045	玉田	03	1991.1	014		职称
10046	牛建军	04	1967.3	021		职称
10047	于是	05	2012.12	022		职称
10048	于倩倩	05	1988.11	023		职称
10049	马本成	01	1989.10	031		职称
10050	卜奇奇	03	2014.6	032		职称

续表

职工号	姓名	所在部门	入职时间	职称	职务	实际聘岗
10051	丁锐	01	2006.5	033	014	职称
10052	韩文	03	1992.1	034	021	职务
10053	张海红	01	1994.6	041	022	职称
10054	刘曼	02	2010.12	012	023	职务
10055	韩亚乐	03	2007.7	013	031	职称
10056	许愿	01	2005.10	014	032	职务
10057	库伊特	02	1989.10	021	033	职称
10058	成果	03	1964.1	022	034	职务
10059	石大路	04	1999.1	023	041	职称
10060	伍鹏	05	1986.3	031	022	职务
10061	吴淞江	03	1964.10	032	023	职称
10062	罗春梅	04	1995.7	033	031	职务
10063	朱立军	05	2005.1	034	032	职称
10064	陈锋好	03	1990.6	041	033	职务
10065	荣子为	01	1997.4	034	034	职称

表 8-11 职工实际完成工作量（1—6 月）

职工号	姓名	一月	二月	三月	四月	五月	六月
10001	刘利	15	20	30	48	58	59
10002	齐民	23	35	14	40	47	24
10003	张豪	50	49	32	19	39	57
10004	王乐	31	15	39	31	37	29
10005	李欢欢	28	20	45	40	30	36
10006	高晓	30	32	41	28	34	56
10007	任杰	47	28	38	45	14	39
10008	袁木木	12	31	25	31	56	21
10009	陈建国	11	52	50	50	49	55
10010	郝仁	14	40	50	38	29	29
10011	高云云	38	27	23	39	23	31
10012	王丽婷	18	28	40	26	58	32
10013	蒋丽	28	27	13	34	28	50
10014	陈诺	32	14	46	33	14	35
10015	杜豆豆	54	15	46	19	52	59
10016	张鑫	45	30	39	48	57	50
10017	贾磊	29	33	16	16	40	21
10018	王坤	39	19	29	47	55	58
10019	石丽敏	54	18	45	52	21	39
10020	崔霞	40	19	18	48	48	50
10021	刘黎明	21	29	36	13	53	41
10022	谢达	22	19	47	42	40	27
10023	周华	48	28	29	42	41	29
10024	吴楠楠	9	26	29	57	16	18

续表

职工号	姓名	一月	二月	三月	四月	五月	六月
10025	李雨阳	28	22	13	13	58	57
10026	侯乐	27	28	32	17	60	29
10027	李斯	47	39	18	47	47	51
10028	王尚	42	45	42	51	57	28
10029	钱进	29	48	32	27	18	17
10030	吴琪琪	31	29	33	32	53	35
10031	张咪	36	29	9	44	34	29
10032	刘畅	37	13	43	48	27	40
10033	刘霞	15	35	10	21	34	18
10034	焦蓝空	26	30	48	47	54	51
10035	孙思敏	36	31	54	38	40	59
10036	宋乐乐	16	44	54	56	45	21
10037	苏福	35	27	44	55	17	48
10038	包涵	47	38	10	37	57	28
10039	高天	38	11	11	50	33	19
10040	张甜	50	32	9	38	22	46
10041	乔伊	50	14	11	59	13	21
10042	张富	31	39	34	31	32	37
10043	陈平	11	21	10	59	15	50
10044	宣武	26	50	38	45	39	51
10045	玉田	12	15	37	33	29	58
10046	牛建军	21	10	49	26	54	16
10047	于是	53	24	22	41	40	27
10048	于倩倩	11	27	40	17	58	17
10049	马本成	28	50	26	20	54	22
10050	卜奇奇	36	27	10	35	19	25
10051	丁锐	54	25	11	52	26	57
10052	韩文	28	36	43	24	17	26
10053	张海红	26	12	38	53	13	17
10054	刘曼	48	49	24	27	45	41
10055	韩亚乐	35	54	24	45	42	28
10056	许愿	19	21	49	51	45	41
10057	库伊特	37	16	13	24	34	14
10058	成果	10	16	49	58	27	20
10059	石大路	24	14	33	50	44	18
10060	伍鹏	36	53	11	30	24	45
10061	吴淞江	37	48	11	25	53	25
10062	罗春梅	31	50	21	38	22	57
10063	朱立军	39	22	41	36	14	13
10064	陈锋好	36	51	35	53	37	19
10065	荣子为	25	53	11	17	39	49

表 8-12　职工实际完成工作量（7—12 月）

职工号	姓名	七月	八月	九月	十月	十一月	十二月
10001	刘利	55	47	54	58	34	55
10002	齐民	43	44	43	57	36	58
10003	张豪	43	34	15	29	58	35
10004	王乐	27	56	16	28	40	27
10005	李欢欢	39	40	25	20	44	36
10006	高晓	22	48	16	46	35	40
10007	任杰	16	20	53	31	55	35
10008	袁木木	17	22	57	16	28	22
10009	陈建国	24	36	22	53	59	54
10010	郝仁	23	32	31	30	36	56
10011	高云云	28	44	17	43	37	46
10012	王丽婷	20	17	31	29	59	56
10013	蒋丽	26	53	43	54	29	57
10014	陈诺	46	49	30	16	56	35
10015	杜豆豆	24	24	51	18	25	15
10016	张鑫	57	36	38	29	51	42
10017	贾磊	13	60	40	28	55	33
10018	王坤	58	48	60	47	39	34
10019	石丽敏	41	16	34	53	28	52
10020	崔霞	48	15	44	58	21	56
10021	刘黎明	32	32	56	23	36	41
10022	谢达	24	21	27	39	32	23
10023	周华	48	34	33	55	45	38
10024	吴楠楠	31	47	21	60	52	48
10025	李雨阳	16	43	41	24	29	38
10026	侯乐	30	17	32	30	28	19
10027	李斯	43	26	31	22	41	15
10028	王尚	24	54	47	43	22	52
10029	钱进	45	34	54	37	49	50
10030	吴琪琪	18	39	22	25	51	50
10031	张咪	24	44	15	41	36	43
10032	刘畅	57	38	41	40	52	25
10033	刘霞	31	32	29	21	32	16
10034	焦蓝空	13	35	40	58	18	48
10035	孙思敏	18	40	48	42	32	43
10036	宋乐乐	37	16	32	22	46	56
10037	苏福	23	55	45	14	50	36
10038	包涵	27	41	24	58	46	49
10039	高天	30	20	45	43	36	42
10040	张甜	35	46	23	60	47	50
10041	乔伊	17	24	29	39	51	49
10042	张富	24	14	27	28	53	51

续表

职工号	姓名	七月	八月	九月	十月	十一月	十二月
10043	陈平	14	14	35	27	52	46
10044	宣武	37	54	54	18	39	57
10045	玉田	39	53	33	48	48	54
10046	牛建军	60	27	51	49	37	60
10047	于是	25	60	24	60	25	28
10048	于倩倩	32	26	21	51	52	56
10049	马本成	28	13	49	34	47	58
10050	卜奇奇	26	20	43	38	30	53
10051	丁锐	46	25	26	28	47	24
10052	韩文	30	55	31	25	51	60
10053	张海红	19	23	57	47	31	35
10054	刘曼	34	59	46	36	22	32
10055	韩亚乐	15	47	27	41	39	53
10056	许愿	22	13	35	17	36	19
10057	库伊特	44	16	16	40	42	17
10058	成果	54	52	19	21	57	59
10059	石大路	46	15	38	52	49	57
10060	伍鹏	29	30	49	60	20	35
10061	吴淞江	18	23	32	56	57	44
10062	罗春梅	16	50	21	55	28	35
10063	朱立军	39	29	55	50	21	42
10064	陈锋好	48	43	29	13	59	56
10065	荣子为	19	55	38	42	32	25

第 9 章　Excel 在税收管理中的应用

引言

税收是国家财政收入的主要来源,依法纳税是每个公民应尽的义务。本章从税收基础知识入手,介绍了 Excel 在税收各个环节中的应用,包括:纳税申报、税务筹划、税务征管、税收统计,主要使用到的工具有:数据验证、LOOKUP 系列函数、统计分析函数、数据分析库、图表等。

通过对本章的学习,读者可以加深对税收知识的理解,了解和掌握使用 Excel 处理税收事务的方法。

本章学习目标

- ❖ 税收基础
- ❖ 编制纳税申报模板
- ❖ 税务筹划
- ❖ 税收趋势预测
- ❖ 常用税收指标计算

9.1　税收基础知识

税收是以实现国家公共财政职能为目的,基于政治权力和法律规定,由政府专门机构向居民和非居民就其财产或特定行为实施强制、非罚与不直接偿还的金钱或实物课征,是国家最主要的一种财政收入形式。税收具有无偿性、强制性和固定性的形式特征。

现就我国的几个主要税种做一个简单的介绍。

9.1.1　增值税

增值税是对销售货物或者提供加工、修理修配劳务以及进口货物的单位和个人,就其实现的增值额征收的一个税种。依据纳税人的经营规模大小和年销售额的多少以及会计核算健全与否,增值税的纳税人分为小规模纳税人和一般纳税人。

1. 税率

对于一般纳税人,增值税分为基本税率、低税率、零税率三档[①]:

(1) 基本税率17%:适用于一般纳税人在境内销售货物、进口货物或者提供加工、修理修配劳务,但是法律规定适用低税率、零税率和征收率的除外。

(2) 低税率13%:适用于一般纳税人销售或者进口下列货物:①粮食、食用植物油;②自来水、暖气、冷气、热水、煤气、石油液化气、天然气、沼气、居民用煤炭制品;③图书、报纸、杂志;④饲料、化肥、农药、农机、农膜;⑤农产品;⑥音像制品;⑦电子出版物;⑧二甲醚;⑨食用盐。

(3) 零税率:纳税人出口货物,使用零税率,但国务院另有规定的除外。

对于小规模纳税人,增值税适用3%的增值税征收率。

2. 税额计算

(1) 一般纳税人增值税应纳税额的计算

应纳税额=当期销项税额-当期进项税额=当期销售额×税率-当期进项税额

(2) 小规模纳税人增值税应纳税额的计算

应纳税额=不含税销售额×征收率=含税销售额/(1+征收率)

(3) 进口货物增值税应纳税额的计算

应纳税额=组成计税价格×税率,组成计税价格=关税完税价格+关税+消费税

3. 营业税改征增值税

经国务院批准,自2016年5月1日起全面推开"营改增"试点,将建筑业、房地产业、金融业、生活服务业全部营业税纳税人纳入试点范围,由缴纳营业税改为缴纳增值税。依据纳税人的经营规模大小和年销售额的多少以及会计核算健全与否,纳税人分为小规模纳税人和一般纳税人。

对于一般纳税人,适用的税率有四档标准:

(1) 提供增值电信服务、金融服务、现代服务(除有形动产租赁服务和不动产租赁服务外)、生活服务、销售无形资产(除转让土地使用权外),税率为6%;

(2) 提供交通运输、邮政、基础电信、建筑、不动产租赁服务、销售不动产、转让土地使用权,税率为11%;

(3) 提供有形资产租赁服务,税率为17%;

(4) 境内单位或个人发生的跨境应税行为,税率为零。

对于小规模纳税人提供的应税劳务采取征收率,征收率为3%。

"营改增"应纳税额的计算方法与增值税的计算方法相同。

9.1.2 消费税

消费税是指对在特定的某些消费品或消费行为为课税对象所征收的一种间接税。消费税实行价内税,税款最终由消费者承担。

[①] 2017年4月19日召开的国务院常务会议指出,从2017年7月1日起,将农产品、天然气等增值税税率从13%降至11%,将增值税税率由四档减至17%、11%和6%三档,取消13%这一档税率。

1. 税率

消费税的税目和税率如表 9-1 所示。

表 9-1 消费税税目税率表

税 目	税 率
一、烟	
1. 卷烟	
(1) 甲类卷烟（调拨价 70 元/条（不含增值税）以上（含））	56％加 0.003 元/支（生产环节）
(2) 乙类卷烟（调拨价 70 元（不含增值税）/条以下）	36％加 0.003 元/支（生产环节）
(3) 商业批发	11％（批发环节）
2. 雪茄烟	36％（生产环节）
3. 烟丝	30％（生产环节）
二、酒及酒精	
1. 白酒	20％加 0.5 元/500 克（或者 500 毫升）
2. 黄酒	240 元/吨
3. 啤酒	
(1) 甲类啤酒	250 元/吨
(2) 乙类啤酒	220 元/吨
4. 其他酒	10％
5. 酒精	5％
三、化妆品	30％
四、贵重首饰及珠宝玉石	
1. 金银首饰、铂金首饰和钻石及钻石饰品	5％
2. 其他贵重首饰和珠宝玉石	10％
五、鞭炮、焰火	15％
六、成品油	
1. 汽油	
(1) 含铅汽油	1.52 元/升
(2) 无铅汽油	1.52 元/升
2. 柴油	1.20 元/升
3. 航空煤油	1.20 元/升
4. 石脑油	1.52 元/升
5. 溶剂油	1.52 元/升
6. 润滑油	1.52 元/升
7. 燃料油	1.20 元/升
七、摩托车	
1. 气缸容量（排气量）在 250 毫升（含）以下的	3％
2. 气缸容量在 250 毫升以上的	10％
八、小汽车	
1. 乘用车	
(1) 气缸容量在 1.0 升（含 1.0 升）以下的	1％
(2) 气缸容量在 1.0 升以上至 1.5 升（含 1.5 升）的	3％
(3) 气缸容量在 1.5 升以上至 2.0 升（含 2.0 升）的	5％
(4) 气缸容量在 2.0 升以上至 2.5 升（含 2.5 升）的	9％

续表

税　　目	税　　率
（5）气缸容量在 2.5 升以上至 3.0 升（含 3.0 升）的	12%
（6）气缸容量在 3.0 升以上至 4.0 升（含 4.0 升）的	25%
（7）气缸容量在 4.0 升以上的	40%
2．中轻型商用客车	5%
九、高尔夫球及球具	10%
十、高档手表	20%
十一、游艇	10%
十二、木制一次性筷子	5%
十三、实木地板	5%
十四、铅蓄电池	4%
无汞原电池、金属氢化物镍蓄电池、锂原电池、锂离子蓄电池、太阳能电池、燃料电池和全钒液流电池	免征
十五、涂料	4%
施工状态下挥发性有机物（VOC）含量低于 420 克/升（含）	免征

2．税额计算

根据应税消费品的不同，分别采用从价定率、从量定额或从价定率与从量定额相结合的复合计税方法。

（1）应税消费品实行从价定率征收的计算方法

应纳税额＝销售额（或组成计税价格）×比例税率

（2）应税消费品实行从量定额征收的计算方法

应纳税额＝销售数量×定额税率

（3）应税消费品实行复合计税的计算方法

应纳税额＝销售额（或组成计税价格）×比例税率＋销售数量×定额税率

9.1.3　企业所得税

企业所得税是指对中国境内的企业和其他取得收入的组织取得的生产经营所得和其他所得征收的一种所得税。企业分为居民企业和非居民企业。

1．税率

（1）基本税率 25%：适用于居民企业和在中国境内设立机构、场所且取得的所得与其所设机构、场所有实际联系的非居民企业。

（2）低税率 20%：适用于在中国境内未设立机构、场所的，或者虽设立机构、场所但取得的所得与其所设机构、场所没有实际联系的非居民企业。

（3）优惠税率：符合条件的小型微利企业，减按 20% 的税率征收企业所得税。国家需要重点扶持的高新技术企业，减按 15% 的税率征收企业所得税。

2．税额计算

计算公式为：应纳税额＝应纳税所得额×税率－减免和抵免税额。

9.1.4 个人所得税

个人所得税是国家对本国公民、居住在本国境内的个人的所得和境外个人来源于本国的所得征收的一种所得税。

下面以常见所得为例介绍个人所得税的征收办法,其他所得请参看有关规定。

1. 应纳税所得额的确定

(1) 工资、薪金所得,以每月扣除三险一金后的收入额减除个人所得税免征额的余额为应纳税所得额。2011年9月1日起,个人所得税免征额为3500元。

(2) 个体工商户的生产、经营所得,以每一纳税年度的收入总额,减除成本、费用以及损失后的余额,为应纳税所得额。

(3) 对企事业单位的承包经营、承租经营所得,以每一纳税年度的收入总额,减除必要费用后的余额,为应纳税所得额。

2. 个人所得税的税率

(1) 工资、薪金所得:适用7级超额累进税率,如表9-2所示。

表9-2 个人所得税税率表

(工资、薪金所得)

级数	含税级距	税率/%	速算扣除数
1	不超过1500元的	3	0
2	超过1500元至4500元的部分	10	105
3	超过4500元至9000元的部分	20	555
4	超过9000元至35000元的部分	25	1005
5	超过35000元至55000元的部分	30	2755
6	超过55000元至80000元的部分	35	5505
7	超过80000元的部分	45	13505

(2) 个体工商户的生产、经营所得和对企事业单位的承包经营承租经营所得:适用5级超额累进税率,如表9-3所示。

表9-3 个人所得税税率表

(个体工商户的生产、经营所得和对企事业单位的承包经营承租经营所得)

级数	含税级距	税率/%	速算扣除数
1	不超过15000元的	5	0
2	超过15000元至30000元的部分	10	750
3	超过30000元至60000元的部分	20	3750
4	超过60000元至100000元的部分	30	9750
5	超过100000元的部分	35	14750

3. 个人所得税的计算

应纳个人所得税税额=应纳税所得额×适用税率-速算扣除数

9.2 Excel 在纳税申报方面的应用

税收是国家财政收入的主要来源，是国家赖以存在和实现其各项职能的物质基础。没有了税收，国防、教育、卫生、公共服务机构的维持和基础设施建设就无以为继。税收取之于民，用之于民。国家有了收入，才能为公民提供更多、更好的服务。因此，公民在享受国家提供的各种服务的同时，必须自觉诚信纳税。

依法纳税是每个公民的义务，但由于税制本身的复杂性和纳税人经营情况的不确定性以及纳税人财税知识的参差不齐，税率和应纳税所得额的计算令很多纳税人困扰不堪。将 Excel 与财税知识相结合，定制出相应的模板，可以很好地帮助纳税人解决这一问题。本节以消费税税率查询、企业所得税申报和个人所得税计算为例，介绍 Excel 在这方面的应用。

案例 9-1 消费税税率查询

案例要求

打开“案例 9-1. xlsx”工作簿，在“税率表”中列出了消费税的征税项目和相应的税率标准，如图 9-1 所示。

	A	B	C	D
1	税目	1级子目	2级子目	税率
2	烟	卷烟	甲类卷烟（调拨价70元（不含增值税）/条以上（含70元））	56%加0.003元/支（生产环节）
3	烟	卷烟	乙类卷烟（调拨价70元（不含增值税）/条以下）	36%加0.003元/支（生产环节）
4	烟	卷烟	商业批发	11%（批发环节）
5	烟	雪茄烟		36%（生产环节）
6	烟	烟丝		30%（生产环节）
7	酒及酒精	白酒		20%加0.5元/500克（或者500毫升）
8	酒及酒精	黄酒		240元/吨
9	酒及酒精	啤酒	甲类啤酒	250元/吨
10	酒及酒精	啤酒	乙类啤酒	220元/吨
11	酒及酒精	其他酒		10%
12	酒及酒精	酒精		5%
42	涂料			4%
43	涂料	施工状态下挥发性有机物（VOC）含量低		0

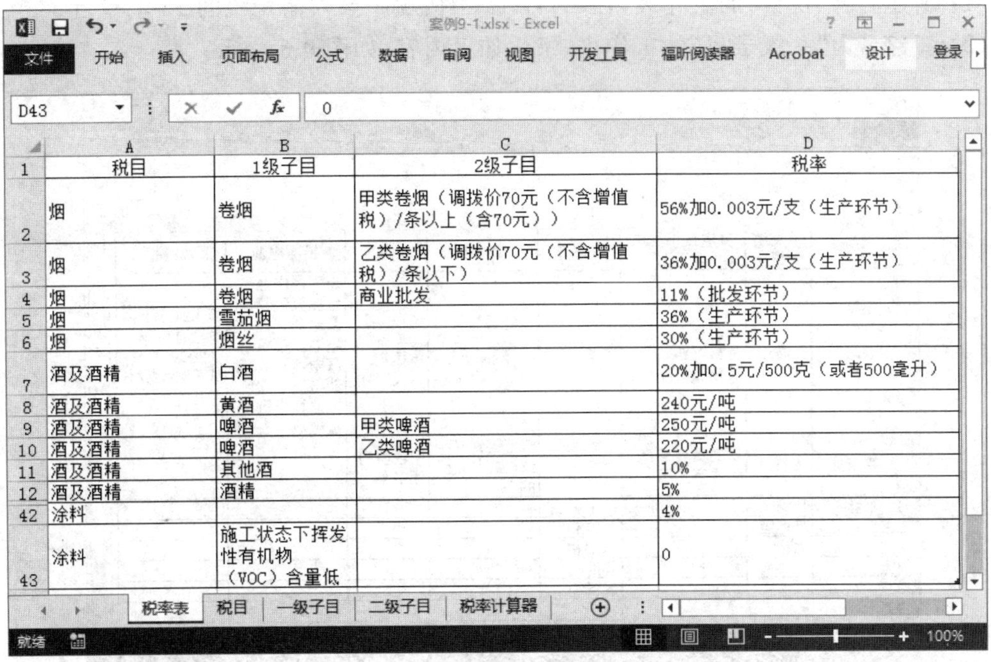

图 9-1 消费税税目税率表

请据此表，编制消费税税率查询器。要求：税目和各级子目的输入都采用下拉列表的形式输入，并且要实现联动，即选择某个税目后，在 1 级子目列表中只列出该税目下的 1 级子目内容，当选择某个 1 级子目后，在 2 级子目的列表中只列出该 1 级子目下的 2 级子目内容。

本案例实现效果如图 9-2 所示。

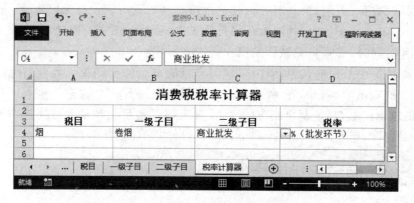

图 9-2 "案例 9-1"税率计算器实效图

（1）新建名为"税目"的工作表，在 A1:A15 中按顺序录入消费税的 15 个税目。
（2）新建名为"一级子目"的工作表，录入如下内容，如图 9-3 所示。

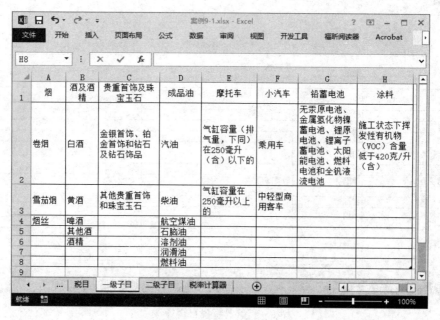

图 9-3 一级子目列表

（3）在"一级子目"工作表中选中 A1:A4 单元格区域，单击"公式"选项卡"定义的名称"组中的"根据所选内容创建"按钮，将会打开"以选定区域创建名称"对话框，如图 9-4 所示，选中"以下列选定区域的值创建名称"列表中的"首行"复选框,将会以 A1 单元格的值命名 A2:A4 单元格区域,即将 A2:A4 单元格区域命名为"烟"。对后面的每一列中的有效数据都进行相似的操作,让每一个税目名都成为其所属一级子目的单元格区域的名称。

(4)新建名为"二级子目"的工作表,并录入如下内容,如图 9-5 所示。

(5)采用与第(3)步相同的方法,在"二级子目"工作表中,为每一列中的有效数据命名单元格区域的名称,让"一级子目"名成为其所属二级子目的单元格区域的名称,如 A2:A4 单元格区域被命名为"卷烟"。

图 9-4 "以选定区域创建名称"对话框

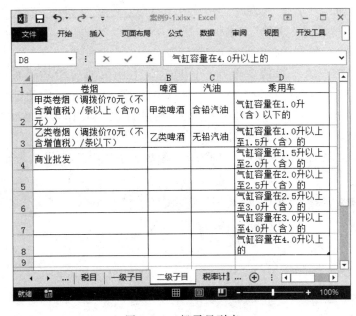

图 9-5 二级子目列表

(6)新建名为"税率计算器"工作表,并录入如下内容,如图 9-6 所示。

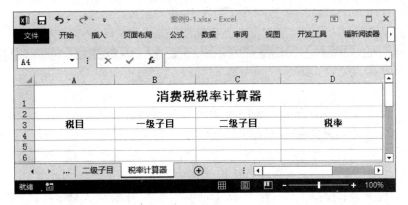

图 9-6 税率计算器界面

(7) 在"税率计算器"工作表中,设置 A4、B4、C4 为数据有效性输入。

① 选中 A4 单元格,单击"数据"选项卡"数据工具"组中的"数据验证"按钮,打开"数据验证"对话框,如图 9-7 所示。在"设置"选项卡中,设置"允许"值为"序列",在"来源"文本框中使用鼠标选择的方法,输入"=税目!＄A＄1:＄A＄15",从而限制 A4 单元格的输入只能从消费税税目名称中选择。

② 设置 B4 单元格的有效性输入:选中 B4 单元格,在"数据验证"对话框"设置"选项卡中,设置"允许"值为"序列",在"来源"文本框中输入"=INDIRECT(A4)",限制 B4 单元格的输入只

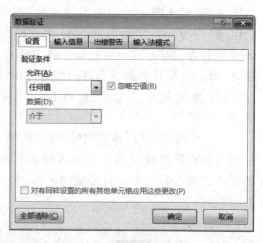

图 9-7 "数据验证"对话框

能从已选择的税目的一级子目值中选择。INDIRECT 函数的功能是返回由文本字符串指定的引用。本例中的"=INDIRECT(A4)",表示要返回 A4 单元格中的值所指示的单元格或单元格区域。如 A4 单元格的当前值为"烟",则返回以"烟"作为名称的单元格区域,即"烟"税目下的一级子目内容。正是借助于单元格区域的命名和 INDIRECT 函数的使用,实现了各级选项之间的联动。图 9-8 是 INDIRECT 函数用法的示例,相关内容请参看 7.1 节。

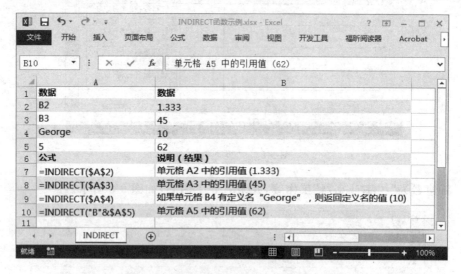

图 9-8 INDIRECT 函数示例

③ 采用与前一步相似的方法,设置 C4 单元格的有效性输入,允许值为"序列","来源"为"=INDIRECT(B4)",从而限制 C4 单元格的输入只能从已选择的一级子目的二级子目值中选择。

(8) 在"税率计算器"工作表中,在 D4 单元格中输入公式:"=VLOOKUP(A4 & B4 & C4,IF({1,0},税率表!A2:A43 & 税率表!B2:B43 & 税率表!C2:C43,税率表!D2:D43),2,FALSE)",公式输入完成时,按 Ctrl+Shift+Enter 组合键。对这个数组公式的解释如下:

① 税率表!A2:A43 & 税率表!B2:B43 & 税率表!C2:C43,视为数组公式,表示将税率表中的A、B、C三列合并成一列,即将2到43行中每一行的税目名、一级子目名和二级子目名连接到一起,形成一个新的列。

② IF({1,0},税率表!A2:A43 & 税率表!B2:B43 & 税率表!C2:C43,税率表!D2:D43),视为数组公式,表示将上述合并列与税率表中的D列(税率列)组成一个新的单元格区域。

③ A4 & B4 & C4,表示要将查询的税目名、一级子目和二级子目名合并成一个字符串。

④ 全公式,表示要在合并列中查找合并字符串,返回其税率。如果找到,返回真实值;如果找不到,返回♯N/A的错误信息。

案例 9-2　企业所得税年度纳税申报表模板

案例要求

打开"案例 9-2.xlsx"工作簿,根据企业所得税的征收方法,编制企业所得税年度纳税申报表模板。

案例实效

本案例实现效果如图 9-9 所示。

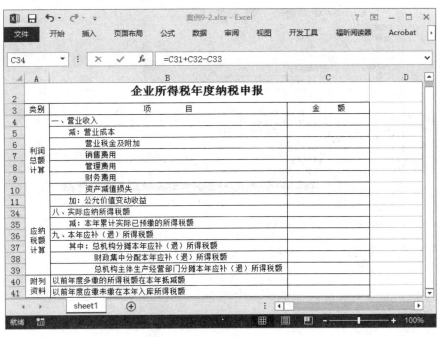

图 9-9　"案例 9-2"企业所得税年度纳税申报表模板实效图

 **案例实施**

(1) 在"Sheet1"工作表中,输入数据,调整格式,并为其添加边框,效果如图9-9所示。

(2) 在指定的单元格中输入相应的公式,如表9-4所示。

表9-4 公式录入

单元格	公　式
C13	＝C4－C5－C6－C7－C8－C9－C10＋C11＋C12
C17	＝C13＋C14－C15
C22	＝C16－C17＋C18－C19－C20＋C21
C26	＝C22－C23－C24－C25
C28	＝C26×C27
C31	＝C28－C29－C30
C34	＝C31＋C32－C33
C36	＝C34－C35

(3) 选中C4:C41单元格区域,单击"开始"选项卡"数字"组中的"对话框启动器"按钮,打开"设置单元格格式"对话框:在"数字"选项卡"分类"中选择"自定义"选项;在"类型"文本框中输入"♯,♯♯0.00_ ;[＝0]""",其含义为:数值显示两位小数,使用千位分隔符,当值为零时不显示,如图9-10所示。

(4) 使用"文件"菜单中的"另存为"命令,保存文件为"Excel模板(＊.xltx)"。

图9-10 "设置单元格格式"对话框

案例 9-3　个人所得税的计算

案例要求

打开“案例 9-3.xlsx”工作簿，某企业某月工资表现有数据如图 9-11 所示，请根据个人所得税的知识，完成应发合计、三险一金、计税基数、个人所得税和实发合计的计算。

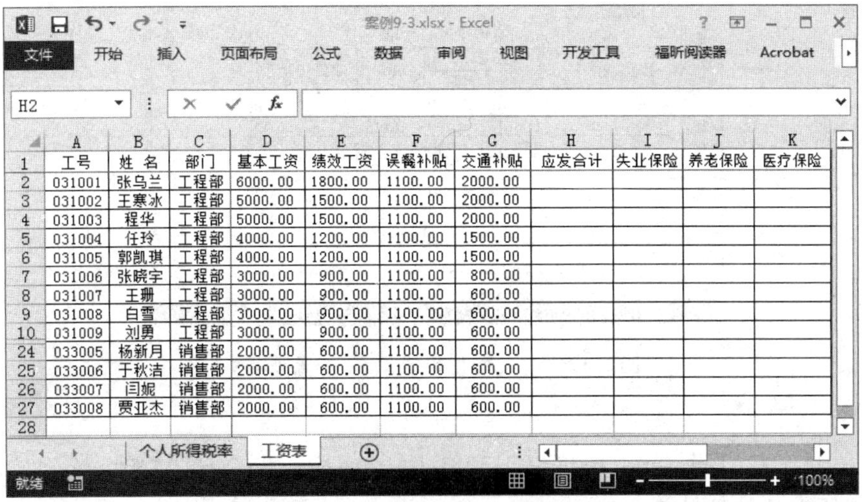

	A	B	C	D	E	F	G	H	I	J	K
1	工号	姓 名	部门	基本工资	绩效工资	误餐补贴	交通补贴	应发合计	失业保险	养老保险	医疗保险
2	031001	张乌兰	工程部	6000.00	1800.00	1100.00	2000.00				
3	031002	王寒冰	工程部	5000.00	1500.00	1100.00	2000.00				
4	031003	程华	工程部	5000.00	1500.00	1100.00	2000.00				
5	031004	任玲	工程部	4000.00	1200.00	1100.00	1500.00				
6	031005	郭凯琪	工程部	4000.00	1200.00	1100.00	1500.00				
7	031006	张晓宇	工程部	3000.00	900.00	1100.00	800.00				
8	031007	王珊	工程部	3000.00	900.00	1100.00	600.00				
9	031008	白雪	工程部	3000.00	900.00	1100.00	600.00				
10	031009	刘勇	工程部	3000.00	900.00	1100.00	600.00				
24	033005	杨新月	销售部	2000.00	600.00	1100.00	600.00				
25	033006	于秋洁	销售部	2000.00	600.00	1100.00	600.00				
26	033007	闫妮	销售部	2000.00	600.00	1100.00	600.00				
27	033008	贾亚杰	销售部	2000.00	600.00	1100.00	600.00				
28											

图 9-11　某企业工资现有数据

案例实施

本案例实现效果如图 9-12 所示。

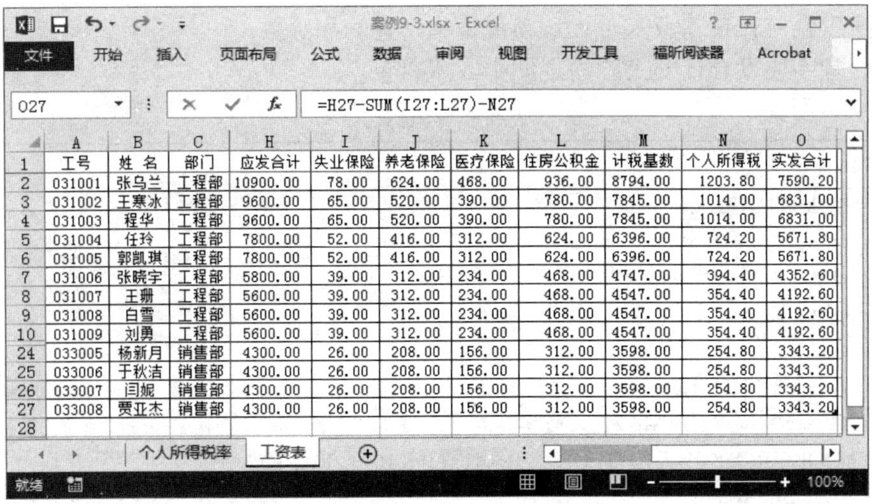

O27　=H27-SUM(I27:L27)-N27

	A	B	C	H	I	J	K	L	M	N	O
1	工号	姓 名	部门	应发合计	失业保险	养老保险	医疗保险	住房公积金	计税基数	个人所得税	实发合计
2	031001	张乌兰	工程部	10900.00	78.00	624.00	468.00	936.00	8794.00	1203.80	7590.20
3	031002	王寒冰	工程部	9600.00	65.00	520.00	390.00	780.00	7845.00	1014.00	6831.00
4	031003	程华	工程部	9600.00	65.00	520.00	390.00	780.00	7845.00	1014.00	6831.00
5	031004	任玲	工程部	7800.00	52.00	416.00	312.00	624.00	6396.00	724.20	5671.80
6	031005	郭凯琪	工程部	7800.00	52.00	416.00	312.00	624.00	6396.00	724.20	5671.80
7	031006	张晓宇	工程部	5800.00	39.00	312.00	234.00	468.00	4747.00	394.40	4352.60
8	031007	王珊	工程部	5600.00	39.00	312.00	234.00	468.00	4547.00	354.40	4192.60
9	031008	白雪	工程部	5600.00	39.00	312.00	234.00	468.00	4547.00	354.40	4192.60
10	031009	刘勇	工程部	5600.00	39.00	312.00	234.00	468.00	4547.00	354.40	4192.60
24	033005	杨新月	销售部	4300.00	26.00	208.00	156.00	312.00	3598.00	254.80	3343.20
25	033006	于秋洁	销售部	4300.00	26.00	208.00	156.00	312.00	3598.00	254.80	3343.20
26	033007	闫妮	销售部	4300.00	26.00	208.00	156.00	312.00	3598.00	254.80	3343.20
27	033008	贾亚杰	销售部	4300.00	26.00	208.00	156.00	312.00	3598.00	254.80	3343.20
28											

图 9-12　“案例 9-3”计算结果实效图

(1) 在新建"税率"工作表中，输入如下数据并调整格式，如图9-13所示。

图9-13 个人所得税税率表(工薪所得)

(2) 在"工资表"工作表中，根据以下计算方法，完成应发合计、三险一金、计税基数、个人所得税和实发合计的计算。

应发合计＝基本工资＋绩效工资＋误餐补贴＋交通补贴
失业保险＝(基本工资＋绩效工资)×1％
养老保险＝(基本工资＋绩效工资)×8％
医疗保险＝(基本工资＋绩效工资)×6％
住房公积金＝(基本工资＋绩效工资)×12％
计税基数＝应发合计－三险一金－免税收入(本例中无免税收入)
个人所得税＝计税基数×个人所得税税率－速算扣除数
实发合计＝应发合计－三险一金－个人所得税

表9-5 公式录入

单元格	公式	备注
H2	=SUM(D2:G2)	向下复制到H27
I2	=(D2+E2)*0.01	向下复制到I27
J2	=(D2+E2)*0.08	向下复制到J27
K2	=(D2+E2)*0.06	向下复制到K27
L2	=(D2+E2)*0.12	向下复制到L27
M2	=H2－SUM(I2:L2)	向下复制到M27
N2	=M2*VLOOKUP(M2,个人所得税率!$B$4:$E$10,3,TRUE)－VLOOKUP(M2,个人所得税率!$B$4:$E$10,4,TRUE)	向下复制到N27
O2	=H2－SUM(I2:L2)－N2	向下复制到O27

9.3　Excel 在税务筹划中的应用

税务筹划，也称合理避税，是指在纳税行为发生之前，在不违反法律、法规的前提下，通过对纳税主体的经营活动或投资行为等涉税事项做出事先安排，以达到少缴税或递延纳税目标的一系列谋划活动。

现代企业可就筹资、投资、经营等一系列的经济行为展开税收筹划，如筹集资金时采用发行股票还是债券的形式，投资时的投资方向、投资地点、投资形式及投资伙伴的选择，经营企业时的存货计价方法、折旧方法和费用列支的选择等。通过有效的税收筹划，可以使成本、费用和利润达到最佳值，从而实现减轻税负的目的。但值得注意的是，有时税负的减少并不一定代表所有者收益的增加。不能只着眼于少缴税或递延纳税一点，而必须以企业是否能获得税后最大收益作为选择税收筹划方案的标准。

下面以净现金流量比较法为例介绍 Excel 在税务筹划中的应用。

案例 9-4　最佳税务筹划方案的求取

案例要求

张某从 2012 年开始经营一家建材超市，主要从事装饰装修材料的销售，同时也兼营装修装饰业务。一直以来，该超市都是以小规模纳税人身份纳税，且装修装饰业务也未分开核算，并入销售收入一起缴纳增值税。在进货渠道方面，由于从大型批发商处取得的增值税发票无法抵扣，同时其含税销售价格为 240 万元，高于同类个体批发商的价格 220 万元，因此张某一直都从个体批发商处以较低价格购入材料。近两年来，由于超市经营业绩向好，管理也日趋规范。张某想扩大超市规模，申请成为一般纳税人，以便能够自行开具增值税专用发票，扩大超市的业务范围，预计含税销售额可以达到 380 万元左右，如果保留小规模纳税人身份只能实现 370 万元的销售收入；装饰装修业务预计可以达到 280 万元左右的营业收入。由于一般纳税人增值税税负较重，张某想将销售业务和装饰装修业务分开核算，利用营业税的低税率来降低税负。随着业务范围的扩大，装饰耗材从 220 万元增加到 240 万元，某大型批发商愿意以略低的价格 252 万元向张某提供材料[①]。

根据题意，新建工作簿"案例 9-4.xlsx"，输入数据并完成最佳税务筹划方案的求取。

案例实施

本案例实现效果如图 9-14 所示。

---

① 税务筹划行为发生于 2014 年，增值税率：小规模纳税人为 3%，一般纳税人为 17%；营业税率：不须考虑营改增试点内容，该行业纳税人为 3%。

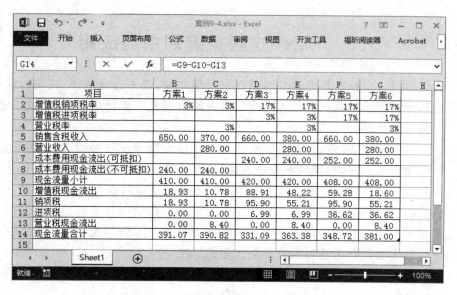

图 9-14 "案例 9-4"税务筹划实效图

案例实施

(1)"案例 9-1"中,税务筹划点主要集中在三个方面:纳税人身份的选择、兼营非应税劳务是否独立核算以及购入材料渠道。根据这三个方面的可能值,再兼顾如继续保持小规模纳税人身份无法抵扣增值税的进项,即不可能从价格较高的大型批发商处采购,可以组合出以下 6 种税务筹划方案,如表 9-6 所示。

表 9-6 税筹方案表

方案	纳税人身份选择	兼营非应税劳务是否独立核算	购入材料渠道
方案 1	小规模纳税人	不分开核算	从小规模纳税人处购入
方案 2	小规模纳税人	分开核算	从小规模纳税人处购入
方案 3	一般纳税人	不分开核算	从小规模纳税人处购入
方案 4	一般纳税人	分开核算	从小规模纳税人处购入
方案 5	一般纳税人	不分开核算	从一般纳税人处购入
方案 6	一般纳税人	分开核算	从一般纳税人处购入

(2)在 Excel 中新建工作簿,在 Sheet1 工作表中,根据该超市的实际情况设置如下项目,并输入以下数据,如图 9-15 所示。

(3)根据以下计算方法,完成表中其他项目的计算:

现金流量小计=销售含税收入+营业收入-总成本费用现金流出

销项税=销售含税收入×增值税销项税率/(1+增值税销项税率)

进项税=可抵扣的成本费用现金流出×增值税进项税率/(1+增值税进项税率)

增值税=销项税-进项税

营业税=营业收入×营业税率

现金流量合计=现金流量小计-增值税-营业税

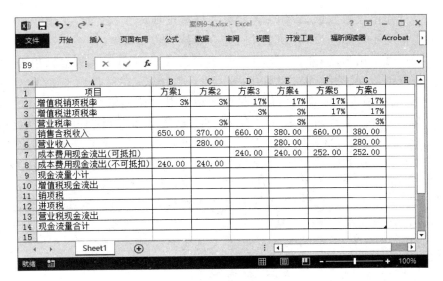

图 9-15 税务筹划方案

表 9-7 公式录入

单元格	公式	备注
B9	=B5+B6-B7-B8	向右复制到 G9
B10	=B11-B12	向右复制到 G10
B11	=B5*B2/(1+B2)	向右复制到 G11
B12	=B7*B3/(1+B3)	向右复制到 G12
B13	=B6*B4	向右复制到 G13
B14	=B9-B10-B13	向右复制到 G14

（4）比较最终的现金流量合计数，可以看出方案 1"以小规模纳税人身份从小规模纳税人处购入材料，并且将非应税业务不分开核算"效果最佳，即维持现状。

需要注意的是，税务筹划方案只是从经济利益的角度对税务运作和安排进行规划，当与业务拓展、长远发展、经营目标等相矛盾时，税务筹划者需要进行更为全面的考量，不能因为税务筹划所带来的经济利益而放弃企业的其他经营目标。

9.4　Excel 在税收征管中的应用

税收征管是指国家税务征收机关依据税法、征管法等有关法律、法规的规定，对税款征收过程进行的组织、管理、检查等一系列工作的总称。广义的税收征管包括各税种的征收管理，主要是管理服务、征收监控、税务稽查、税收法制和税务执行 5 个方面。

税收征管是整个税收管理活动的中心环节，是实现税收管理目标，将潜在的税源变为现实的税收收入的实现手段，也是贯彻国家产业政策，指导、监督纳税人正确履行纳税义务，发挥税收作用的重要措施的基础性工作。

为确保国家税收、发挥税收的职能作用，国家在税收征管方面制定了相应的法规制度，但在税收征管方面，仍然存在管理监督不够、管理手段应用不到位、管理职责不明确等各种问题。例如，由于管理未落实到位，管理人员无法掌握纳税人生产、经营和财务状况，不能对其纳税的准确性作出大致判断,致使偷逃税款不同程度地存在;又如,在预缴和缓交税款审核上存在调查核实不严的情况,客观上让一些企业感到税款可缓、能缓就缓。

下面以趋势分析法为例,介绍 Excel 在税收征管中的应用。其基本思想为:各纳税义务人办理纳税登记后,其持续经营期间,随着国民经济增长,在税收政策不发生变化的情况下,该纳税人实纳税额应在各连续可比的税款缴纳期限内有趋势可循(注:税款缴纳期限可以为 5 日、10 日、15 日、1 月、1 季度或 1 年)。如果经营状况持续向好,则实纳税款逐期增加;如果经营状况较平稳,则实纳税款趋于不变;如果经营状况持续恶化,则实纳税款逐期递减。如果人为调节税款缴纳情况,会造成税款入库数额与数据内在趋势的背离。在总体中远离平均趋势的个体称为离群点。查找离群点,可以确定核查重点,通过核对当月企业纸质财务报表和经营情况等,以确定企业当月是否存在少缴或者缓缴税款的行为。

在 Excel 中常用的趋势预测方法有:分析工具库(移动平均、指数平滑、回归分析等)、函数库(LINEST、LOGEST、TREND 函数等)和图表趋势线分析法。

9.4.1 使用分析工具库进行趋势预测

Excel 的"分析工具库"中提供了大量的数据分析统计方法,包括方差分析、相关系数、协方差、描述统计、指数平滑、F-检验、双样本方差、傅里叶分析、直方图、移动平均、随机数发生器、排位与百分比排位、回归分析、抽样分析、t-检验、z-检验。使用 Excel"分析工具库",可以极大地简化操作的步骤、提高工作的效率。

Excel 默认不加载"分析工具库",因此在使用"分析工具库"前必须要完成对它的加载,加载的方法为:

(1)使用"文件"菜单中的"选项"命令,在弹出的"Excel 选项"对话框中,打开"加载项"选项卡,如图 9-16 所示。

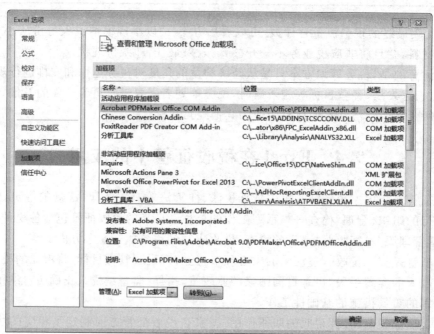

图 9-16 "Excel 选项"中的"加载项"选项卡

(2)在"管理"下拉列表框中选择"Excel 加载宏",单击"转到"按钮,将会打开"加载宏"对话框,如图 9-17 所示;选中"分析工具库"复选框,单击"确定"按钮,完成"分析工具库"的加载。

Excel 加载"分析工具库"后,将会在 Excel 主界面的"数据"选项卡中形成一个"分析"组,单击"分析"组中的"数据分析"按钮,将会打开"数据分析"对话框,如图 9-18 所示。在"分析工具"列表中,选择要使用的工具,单击"确定"按钮,将会打开相应的工具对话框,只需提供必要的数据和参数,这些工具就会使用适当的统计或工程宏函数计算相应的结果,并将它们显示在表格中,有些工具同时还能生成图表。

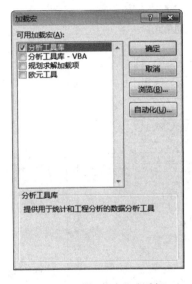

图 9-17 "加载宏"对话框

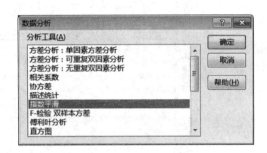

图 9-18 "数据分析"对话框

案例 9-5　移动平均法趋势预测

移动平均法是基于某段时期内变量的平均值对未来值进行预测的方法。当数据既不快速增长也不快速下降,数据变化幅度不大,且不存在季节性因素时,移动平均法能有效地消除预测中的随机波动,得到令人信服的结果。使用此工具可以预测销售量、库存、产能等变化趋势。其基本原理为:

$$F_{t+1} = \frac{1}{N} \sum_{j=1}^{N} A_{t-j+1}$$

其中,N 为进行移动平均计算的过去期间的个数;A_j 为期间 j 的实际值;F_j 为期间 j 的预测值。

 案例要求

打开"案例 9-5.xlsx"工作簿,根据提供的某企业的纳税记录,使用移动平均法预测该企业税收数据的变化趋势,并根据预测值与实际发生值的偏离程度,确定重点核查的月份。考虑到季节性因素和其他可能存在的时间周期性对企业经营产生的影响,本例中选择移动平均的期数为 3。

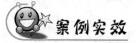

本案例实现效果如图 9-19 所示。

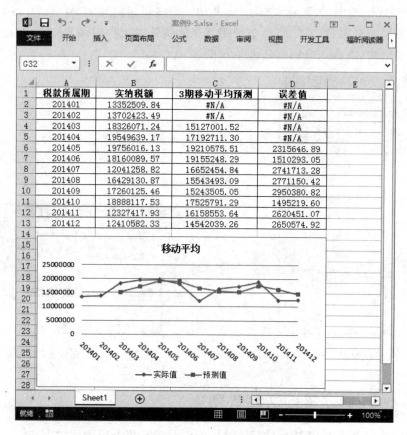

图 9-19 "案例 9-5"移动平均预测实效图

 案例实施

（1）使用 Excel"数据"选项卡"分析"组中的"数据分析"按钮，打开"数据分析"对话框。

（2）在"分析工具"列表中，选择"移动平均"列表项，单击"确定"按钮，打开"移动平均"对话框，如图 9-20 所示。

（3）在"输入区域"选项中输入"＄B＄2：＄B＄13"，在"间隔"文本框中输入"3"，将"输出区域"设置为"＄C＄2"，选中"图表输出"和"标准误差"复选框，单击"确定"按钮，得到各月税款的

图 9-20 "移动平均"对话框

3期移动平均预测值、图表分析和误差分析结果。

（4）修改图表水平轴为"税款所属期"数据区域，调整图表的整体布局，最终得到如图9-18所示的结果。

（5）关注实纳税额大幅少于3期移动平均预测税额的点，这些点可能存在当月税款未足额征收入库的情况，如图中的7月和11月。

9.4.2 使用函数进行趋势预测

Excel中提供了大量的统计分析函数，利用这些函数同样可以实现趋势预测的结果，如LINEST函数、LOGEST函数、TREND函数等。下面以TREND函数为例，介绍函数趋势预测法在税收征管中的使用。

TREND函数的功能是返回一条线性回归拟合线的值，即采用最小二乘法找到适合已知数组known_y's和known_x's的直线，并返回指定数组new_x's在直线上对应的y值。TREND函数的语法为：

TREND(known_y's,[known_x's],[new_x's],[const])

其中：

Known_y's：必要参数，表示关系表达式 $y=mx+b$ 中已知的y值集合。

Known_x's：可选参数，表示关系表达式 $y=mx+b$ 中已知的可选x值集合。如果缺省，则假设该数组为$\{1,2,3,\cdots\}$，其大小与known_y's相同。

New_x's：可选参数，表示需要函数TREND返回对应y值的新的x值。如果缺省，则其含义与known_x's含义相同。

Const：可选参数，如果值为TRUE或省略，则直线截距将按正常方法计算；否则截距被设为0。

说明：

（1）可以使用TREND函数计算同一变量的不同乘方的回归值来拟合多项式曲线。例如，假设A列包含y值，B列含有x值。可以在C列中输入x^2，在D列中输入x^3，等等，然后根据A列，对B列到D列进行回归计算。

（2）对于返回结果为数组的公式，必须以数组公式的形式输入。

（3）当为参数（如known_x's）输入数组常量时，应当使用逗号分隔同一行中的数据，用分号分隔不同行中的数据。

TREND 函数预测

案例要求

打开"案例9-6.xlsx"工作簿，根据提供的某企业的纳税记录，使用TREND函数预测该企业税收数据的变化趋势，并根据预测值与实际发生值的偏离程度，确定重点核查的月份。

 案例实效

本案例实现效果如图 9-21 所示。

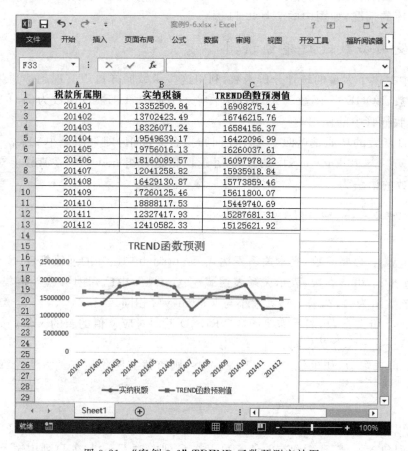

图 9-21 "案例 9-6" TREND 函数预测实效图

 案例实施

(1) 选择 C2：C11 单元格区域，输入公式"=TREND(B2:B11,A2:A11)"，公式录入完成时按 Ctrl＋Shift＋Enter 键，以数组公式的形式输入。

(2) 选择 A1:C13 单元格区域，为其制作"带数据标记的折线图"，修改图表水平轴为"税款所属期"数据区域，并调整图表的整体布局，最终得到如图 9-20 所示的结果。

(3) 关注实纳税额大幅少于 TREND 函数预测税额的点，这些点可能存在当月税款未足额征收入库的情况，如图中的 7 月和 11 月。

9.4.3 使用图表进行趋势预测

图表在数据统计中有着广泛的用途。利用 Excel 的图表功能，可以将数据图形化，以便

更直观地显示数据之间的比较关系、分配关系或发展变化趋势。

行业自身的税负是有一定内在联系的,某些行业的税种间存在着一定的线性关系,据此对这些税种进行线性回归分析,寻找离群点,得到的结果比时间序列得到的更可靠。

例如,现行税法对房地产行业征的增值税和土地增值税都是以纳税人的营业收入作为计税依据的。从整体上来看,增值税与土地增值税是同增同减的正线性相关关系。根据现行税收征收管理办法,土地增值税采用按销售收入预征,待达清算条件时进行清算的方法进行征收管理。但部分房地产企业经常不依法足额预缴,而是等到楼盘清算时一次性补缴土地增值税,通过此种方法获得该部分资金的时间价值,维持企业现金流,此种做法严重损害了税收的公平性。利用图表的趋势线,对这两个税种某一段时期的征收情况进行一元线性回归分析,利用找到土地增值税对增值税的线性依赖关系,查找离群点,就可以重点核查是否存在少缴纳土地增值税的情况。

案例 9-7　图表趋势预测

案例要求

打开"案例 9-7.xlsx"工作簿,根据案例所提供的某房企的纳税记录,如图 9-22 所示,使用图表预测该企业税收数据的变化趋势,并根据预测值与实际发生值的偏离程度,确定重点核查的月份。

图 9-22　某房企的纳税记录

本案例实现效果如图 9-23 所示。

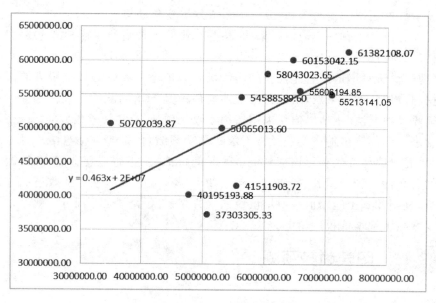

图 9-23 "案例 9-7"图表预测实效图

案例实施

（1）在 Excel 中打开"案例 9-7. xlsx"工作簿，在 Sheet1 工作表中选中 B1:C12 单元格区域，单击"插入"选项卡"图表"组中的"插入散点图或气泡图"按钮，选择列表中的"散点图"选项，生成散点图。

（2）双击"水平(值)轴"，在弹出的"设置坐标轴格式"窗格中单击"坐标轴选项"按钮，设置"最小值"为"3.0E7"；"垂直(值)轴"也做如此处理。

（3）单击图表中的某一数据点，选中"土地增值税"数据系列，单击"图表工具"→"设计"选项卡中的"添加图表元素"按钮，选择为该数据系列添加数据标签于右侧，并为该数据系列添加趋势线为线性，这条线性趋势线是 Excel 利用一元线性回归分析得到的土地增值税与增值税之间的关系。

（4）双击趋势线，在弹出的"设置趋势线格式"窗格中单击"趋势线选项"按钮，选中"显示公式"复选框，可以在趋势线旁得到土地增值税与增值税关系的公式表示。最终结果如图 9-23 所示。

（5）在图上观察到各点对该趋势线的偏离程度：如数据点出现在趋势线上方，表示土地增值税入库数较正常应入库数大；如数据点出现在趋势线下方，则表示土地增值税入库数较正常应入库数小。考虑土地增值税征收管理实际情况，由于在对项目进行土地增值税清算时，单独补缴入库的土地增值税不存在与其线性相关的营业税，该补缴额反映在图表上会使数据点产生一个沿数据轴 Y 的向上位移。因此，在图 9-23 中应重点关注位于趋势线下方的数据点，核查其是否少缴纳了土地增值税。

9.5 常用税收分析指标的计算

税收分析是描述税收经济关系的基本手段和方式,是完善纳税能力估算的理论基础,是考核税收管理工作的客观依据,是实现税收管理科学化精细化的基础。通过对税收指标的分析,可以指导国家宏观经济政策的制定以及税务法律法规的建设和完善。由于税收分析指标体系较为庞大和复杂,下面只对其中的部分进行介绍。

9.5.1 税收动态指标分析

常用的税收动态指标有:
(1) 税收平均发展水平＝各期水平之和/期数。
(2) 逐期增长量＝当期水平－上期水平。
(3) 累计增长量＝报告期水平－基期水平。
(4) 平均增长量＝累计增长量/期数。
(5) 发展速度。

发展速度是报告期水平与基期水平之比,反映报告期水平已发展到(或增加到)基期水平的若干倍(或百分之几)。若发展速度大于1,则表示该指标是发展的;若发展速度小于1,则表示该指标是缩减的或者下降的。

计算发展速度时应根据不同的研究对象和研究目的,选择进行对比的基期。由于采用基期的不同,发展速度可分为同比发展速度、环比发展速度和定基发展速度,简称同比、环比和定基比,一般以百分数或倍数表示。

• 同比发展速度

以上年的同月、同季(统称同期)为基期计算的动态相对数,如以发展速度表示的,就叫同比发展速度。在实际工作中,经常使用这个指标,如某年、某季、某月与上年同期对比计算的发展速度。

计算公式为:同比发展速度＝报告期水平/历史同期数。

• 环比发展速度

以上期为基期计算的动态相对数,如以发展速度表示的,则叫环比发展速度。

计算公式为:环比发展速度＝报告期水平/前一期水平。

• 定基发展速度

以特定时期为基期计算的动态相对数,以发展速度表示的,即为定基发展速度。

计算公式为:定基比发展速度＝报告期水平/特定基期水平。

• 同比、环比与定基发展速度的关系

同比、环比与定基发展速度既有区别又有联系。同比发展速度主要为了消除季节变动的影响,用以说明本期发展水平与上年同期发展水平对比而达到的相对发展程度。环比发展速度侧重反映某一指标逐期的发展方向和程度。定基发展速度用以反映某一指标在较长时期内总的发展方向和程度。实际工作中可根据需要进行选择,同时也可以进行相互推算,如已知各年的环比发展速度,可以推算出相应的定基发展速度;已知各时期的定基发展速度,也可以推算出相应的环比发展速度。

- 平均发展速度

平均发展速度在国民经济管理和统计分析中有广泛的应用,是编制和检查计划的重要依据。这个指标用来反映现象在一定时期内逐期发展变化的一般程度,通常采用几何平均法进行计算。平均发展速度 $=\sqrt[n]{y_n/y_0}$,y_0 为开始期水平,y_0 为结束期水平,n 为期数。

- 增长速度(也称增长率)

发展速度和增长速度都是人们在日常社会经济工作中经常用来表示某一时期内某动态指标发展变化状况的动态相对数。两者之间存在着密切的联系,可以相互转换。

转换的公式为:增长速度=发展速度-1。

9.5.2 税收与经济关系因素分析

常用的税收与经济关系指标包括宏观税负和税收弹性系数。

1. 宏观税负

宏观税负是反映一个国家税收的总体负担水平的重要指标,通常以一定时期(一般为一年)的税收总量占国民生产总值、国内生产总值或国民收入的比例来表示。我国狭义口径上的宏观税负是指一定时期的税收总量占国内生产总值的比例,即:

宏观税负=税收收入/国内生产总值。

通过对一个国家在不同时期宏观税负水平的纵向比较,可以分析税收制度的完善与国家经济发展的协调状况;通过对不同国家之间宏观税负水平的横向比较,可分析一国税收制度与其他国家或国际通行税制的差异。宏观税负水平既是税收与经济互相作用的结果,又影响着经济的发展变化和政府掌控资源的规模,进而影响政府的宏观调控能力。因此,确定适度合理的宏观税负水平,是我国政府通过税收筹集财政资金的立足点,也是调控经济和调节分配的出发点。

2. 弹性系数

税收弹性指数是指税收对经济增长的反应程度,是衡量一个国家经济和税收是否协调发展的重要指标。税收弹性系数一般用税收收入增长率与经济增长率的比值来反映,即:

税收弹性系数=(税收收入增长量/税收收入总量)/(国内生产总值增量/国内生产总值)

按照经济学理论,税收增长比例应该和经济增长比例大致相同,即当税收弹性系数为1的时候,是比较完美和协调的增长形势。但税收增长受多种因素影响,例如经济结构对税收增长的影响,包括由于产业结构、所有制结构、国民收入结构和分配结构的调整及变化,导致税源结构和税收收入质量的改变,税制改革及统计口径等原因,都会造成经济与税收增长不同步。

经济学界一般认为,弹性系数在 0.8~1.2 为合理区间。

案例 9-8 税收分析指标的求取

案例要求

打开"案例 9-8.xlsx"工作簿,根据 2002—2011 年的税收收入和国民生产总值计算年度税收收入的逐年增长量、累计增长量、环比和定基增长速度、宏观税负和税收弹性系数,其中累计增长量和定基增长速度以 2002 年为基期进行统计。

案例实效

本案例实现效果如图 9-24 所示。

年度	税收收入	国内生产总值	逐年增长量	累计增长量	环比增长速度	定基增长速度	宏观税负	税收弹性系数
2002	17636.45	120332.70					0.15	
2003	20017.31	135822.80	2380.86	2380.86	0.13	0.13	0.15	1.05
2004	24165.68	159878.30	4148.37	6529.23	0.21	0.37	0.15	1.17
2005	28778.54	184937.40	4612.86	11142.09	0.19	0.63	0.16	1.22
2006	34804.35	216314.40	6025.81	17167.90	0.21	0.97	0.16	1.23
2007	45621.97	265810.30	10817.62	27985.52	0.31	1.59	0.17	1.36
2008	54223.79	314045.40	8601.82	36587.34	0.19	2.07	0.17	1.04
2009	59521.59	340506.90	5297.80	41885.14	0.10	2.37	0.17	1.16
2010	77210.79	401512.80	17689.20	59574.34	0.30	3.38	0.19	1.66
2011	89738.39	473104.05	12527.60	72101.94	0.16	4.09	0.19	0.91

备注:累计增长量和定基增长速度以2002年为基期

图 9-24 "案例 9-8"税收分析指标实效图

案例实施

根据以下计算方法,完成表中待填项目的计算:

累计增长量=当年税收收入水平-2002 年度税收收入水平。

环比增长速度=(当年税收收入水平-前一年税收收入水平)/前一年税收收入水平。

定基比增长速度=(当年税收收入水平-2002 年税收收入水平)/ 2002 年税收收入水平。

宏观税负=税收收入/国内生产总值。

税收弹性系数=(税收收入增长量/税收收入总量)/(国内生产总值增量/国内生产总值)。

公式录入如表 9-8 所示。

表 9-8 公式录入

单元格	公式	备注
D3	=B3-B2	向下复制到 D11
E3	=B3-$B$2	向下复制到 E11
F3	=(B3-B2)/B2	向下复制到 F11
G3	=(B3-$B$2)/$B$2	向下复制到 G11
H2	=B2/C2	向下复制到 H11
I3	=((B3-B2)/B2)/((C3-C2)/C2)	向下复制到 I11

9.6 本章课外实验

9.6.1 消费税纳税申报

打开"课外实验 9-1.xlsx"工作簿,在"销售"工作表中列出了某汽车销售企业在某月的销售情况,在"税率"工作表中给出了乘用车的类别及消费税的税率,根据企业的销售情况、消费税的相关规定,在"消费税申报"工作表中,完成消费税税额的计算和纳税申报。最终效果如图 9-25 所示。

图 9-25 某汽车销售企业消费税申报表

9.6.2 个人所得税计算

打开"课外实验 9-2.xlsx"工作簿,在"个人所得税率"工作表中,给出了个人所得税的税率表；在"个税计算"工作表中，给出了计税基数，要求完成税率、税额和税后工资的计算，最终效果如图9-26所示。

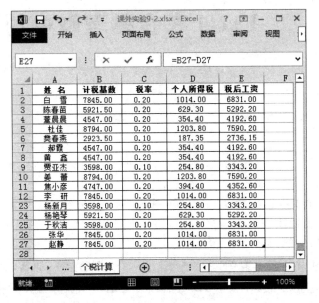

图9-26 个税计算

第 10 章　Excel 在金融理财中的应用

引言

在 Excel 中，提供了丰富的财务函数，利用这些财务函数不仅可以进行一般的财务计算，也正在被越来越多地应用到金融理财中，如确定贷款的支付额、投资的未来值或净现值，以及债券或息票的价值等。

本章通过金融理财的实际案例，主要介绍 Excel 工具在银行储蓄、金融贷款、理财方案比较等方面的应用。通过本章的学习，读者能够正确地使用财务分析函数，并能应用到实际工作和生活中。

本章学习目标

- ❖ 掌握 FV、PV、PMT、RATE 等财务函数的使用方法，达到举一反三处理问题的能力
- ❖ 理解复利、现值、未来值、等额本金、等额本息等相关概念
- ❖ 熟练掌握银行储蓄、金融贷款中的相关概念，并能就实际问题提出解决方案
- ❖ 能正确运用 Excel 的数据模拟分析工具分析解决实际问题

10.1　银行储蓄收益计算

目前 Excel 工具被广泛应用在金融计算中，Excel 的公式、函数、图表、假设分析、数据分析等功能已成为计算货币时间价值、投资决策指标、债券，以及评价投资风险与收益等方面的不可缺少的工具。本节通过金融理财的实际案例，主要介绍 Excel 工具在银行储蓄收益计算方面的应用。

10.1.1　定额定投型储蓄收益

在银行提供的众多理财方案中，像零存整取、教育储蓄、养老保险等都属于定额定投型储蓄方案，客户在进行投资时都希望预先知道未来值，从而选择最优方案，本节将介绍使用 Excel 函数 FV 计算未来值的方法。下面介绍 FV 函数的相关知识要点。

格式：FV(rate,nper,pmt,pv,type)

功能：FV 函数是基于固定利率及等额分期付款方式，计算某项投资在将来某个日期的价值，即未来值的函数。在日常工作和生活中，合理利用 FV 函数，可以帮助我们进行一些

有计划、有目的、有效益的投资。

说明：参数 rate 为各期的期利率(或贴现率)。如果按 5% 的利率借到一笔贷款用来购房,并按月偿还贷款,则月利率为 5%/12,即为 rate 参数的值。参数 nper 为总投资期,即该项投资的付款期总数。如购房贷款是 5 年期,并按月偿还贷款,则 Nper 参数的值为 5 * 12。需要注意的是 rate 和 nper 参数的单位必须保持一致。参数 pmt 为投资或贷款的各期支付金额,其数值在整个投资或贷款期间保持不变。通常,pmt 包括本金和利息,但不包括其他费用或税款。参数 pv 为投资或贷款的期初价值,或一系列未来付款(或收入)的当前值的累积和。如果省略 pv,则假设其值为零,并且必须包括 pmt 参数。参数 type 为付款时间类型,指定各期付款时间在期初或期末。0 表示期末,1 表示期初。

案例 10-1　计算定额定投型储蓄收益

案例要求

老王从银行购买了一款保险,约定每月向银行存入 2000 元,连续缴存 5 年,期满银行一次性给付,年利率为 6%,5 年后老王可以拿到多少储蓄收益？

案例实效

本案例实效如图 10-1 所示用公式计算定额定投型储蓄收益。

图 10-1　"案例 10-1"定额定投型储蓄收益计算结果

案例实施

(1) 打开"案例 10-1.xlsx"工作簿,如图 10-2 所示。

(2) 单击 B5 单元格,输入公式"=FV(B2/12,5*12,-B3,0,0)",即可计算出储蓄收益情况。

图 10-2　定额定投型储蓄收益表

10.1.2　复利计算储蓄收益

对于比较常见的复利计息问题，我们可以使用公式和函数两种方法进行计算。第一种方法，需先计算出每年的利息，并和期初余额相加，才能得到下一年的期初余额，再使用相同方法计算本年利息，直到期满后的本利合计。第二种方法，使用 Excel 提供的 FV 函数进行计算，可以直接得出期满后的本利合计。比较两种方法，第一种方法相对烦琐，但容易理解计算，第二种方法简单快捷，但需要理解函数中的相关参数。下面归纳相关的知识要点。

1. 复利

复利俗称"利滚利"。对于一笔固定的资金，以上期的本利和为基数计算当期利息，然后逐期累加的过程称为复利。也就是说不仅要计算本金的利息，还要计算上期末利息的利息。

2. 利息和利率

货币的时间价值有两种表示方式，一种是绝对方式，即利息：是指一定量货币（本金）在一定时间内产生增值的绝对数额；另一种是相对方式，即利率：是指用百分比表示货币随时间推移所产生增值与本金之间的比率。例如，100 元本金，经过 1 年后，获得了 10 元的利息，则利率为 10÷100＝10％。反之，如果先确定了利率为 5％，则 100 元的本金经过 1 年后，获得利息 100×5％＝5 元。一般储蓄理财中，是先给出利率，人们根据利率政策，计算收益情况，作为选择存款类别的依据。

3. 计息期

上例中的 1 年就称为计息期，利率是与计息期相对应的。常用的计息期有：年、半年、月、日。

　**复利计算储蓄收益**

案例要求

某公司向银行存入 10 万元，存款年限为 10 年，年利率为 5％，银行按照复利计息原则计算利息，10 年后该公司可以拿到多少储蓄收益？分析题意可以得到利率（rate＝5％）、期数（nper＝10）、现值（pv＝100000），根据以上条件求 10 年后的终值（fv）。

案例实效

本案例实效如图 10-3 所示，用公式和函数计算复利储蓄收益。

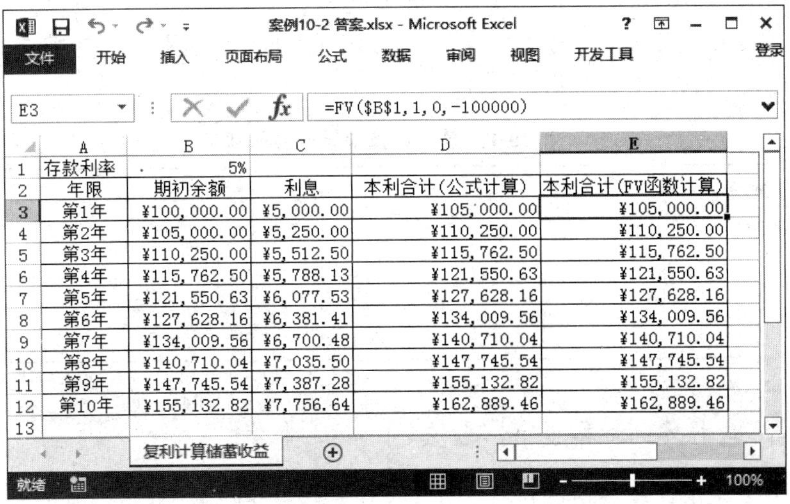

	A	B	C	D	E
1	存款利率	5%			
2	年限	期初余额	利息	本利合计(公式计算)	本利合计(FV函数计算)
3	第1年	¥100,000.00	¥5,000.00	¥105,000.00	¥105,000.00
4	第2年	¥105,000.00	¥5,250.00	¥110,250.00	¥110,250.00
5	第3年	¥110,250.00	¥5,512.50	¥115,762.50	¥115,762.50
6	第4年	¥115,762.50	¥5,788.13	¥121,550.63	¥121,550.63
7	第5年	¥121,550.63	¥6,077.53	¥127,628.16	¥127,628.16
8	第6年	¥127,628.16	¥6,381.41	¥134,009.56	¥134,009.56
9	第7年	¥134,009.56	¥6,700.48	¥140,710.04	¥140,710.04
10	第8年	¥140,710.04	¥7,035.50	¥147,745.54	¥147,745.54
11	第9年	¥147,745.54	¥7,387.28	¥155,132.82	¥155,132.82
12	第10年	¥155,132.82	¥7,756.64	¥162,889.46	¥162,889.46
13					

图 10-3 “案例 10-2”复利计算储蓄收益表结果

案例实施

（1）打开“案例 10-2. xlsx”工作簿，如图 10-4 所示。

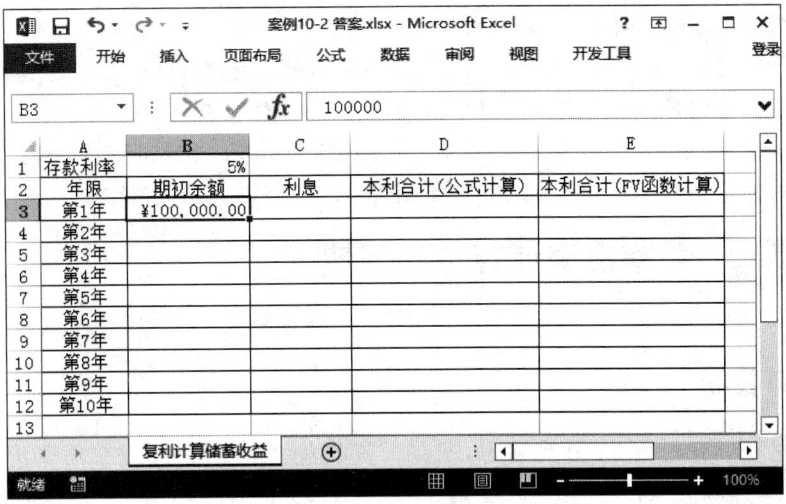

	A	B	C	D	E
1	存款利率	5%			
2	年限	期初余额	利息	本利合计(公式计算)	本利合计(FV函数计算)
3	第1年	¥100,000.00			
4	第2年				
5	第3年				
6	第4年				
7	第5年				
8	第6年				
9	第7年				
10	第8年				
11	第9年				
12	第10年				
13					

图 10-4 复利计算储蓄收益表

（2）单击C3单元格,输入公式"=B3*$B$2",计算出每期利息,并拖动填充柄到C12单元格。

（3）单击D3单元格,输入公式"=B3+C3",计算出每期本利合计,并拖动填充柄到D12单元格。

（4）单击E3单元格,输入公式"=FV($B$1,1,0,-100000)",计算出第一年的本利合计。拖动填充柄到E12单元格,依次选择E4、E5、…、E12单元格,将FV函数的第2个参数依次改为2、3、…、10,可计算出每期储蓄收益情况。

（5）单击B4单元格,输入公式"=D3",计算出每期余额,并拖动填充柄到B12单元格。

（6）定义公式如表10-1所示。

表10-1 复利计算储蓄收益公式

单元格	公　式
C3	=B3*$B$2
D3	=B3+C3
E3	=FV($B$1,1,0,-100000)
B4	=D3

10.1.3 单笔投资计算复利现值

与案例10-1讨论计算终值的过程相反,本节要解决的问题是,在给定的利率下,已知一笔资金在未来的终值,求出该资金目前的价值,这就是现值。现值是未来的资金按照一定利率折算而成的当前值。计算现值的利率称为贴现率。在投资分析领域,这种用贴现的方法计算投资方案现金流量现值的方法是一种基本的分析方法。通常称为贴现现金流量法。

现值计算是终值计算的反向过程,故两者之间存在着对应关系。同时现值和终值还受利率和期数两个因素的影响。在Excel中提供了专门计算现值的PV函数,下面介绍该函数的相关知识要点。

格式：PV(rate,nper,pmt,fv,type)

功能：PV函数用来计算某项投资的现值。现值就是未来各期年金现在价值的总和,如果投资回收的当前价值大于投资的价值,则这项投资是有收益的。

说明：参数rate,nper,pmt,type参见FV函数,参数fv为投资的未来值或最后一次支付（或收入）后的希望得到的现金余额,如果省略fv,则假设其值为零。

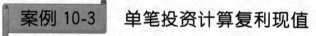

案例10-3　单笔投资计算复利现值

案例要求

小张计划5年后投资60万元买房,现在投资收益率为5%,那现在需要准备多少本金？分析题意可以得到利率(rate=5%),期数(nper=5),5年后的终值(fv=600000),根据以上条件求现值(pv)。

 案例实效

本案例实效如图10-5所示用函数计算单笔投资复利现值。

图10-5 "案例10-3"单笔投资计算复利现值结果

 案例实施

(1) 打开"案例10-3.xlsx"工作簿,如图10-6所示。

图10-6 单笔投资计算复利现值

(2) 单击B5单元格,输入公式"=PV(B2,B4,0,−B3)",可计算出现值,结果如图10-5所示。

10.1.4 定额定期计算复利付款

本节案例和案例10-3给出了相同的已知条件,看似没有区别,实则一个是整存整取,一个是零存整取。一个是求现值(pv),一个是求每期付款额(pmt)。在Excel中提供了专门计算每期付款额的PMT函数,下面介绍该函数的相关知识要点。

格式:PMT(rate,nper,pmt,fv,type)

功能:PMT函数基于固定利率及等额分期付款方式,根据贷款利率、定期付款和贷

款金额返回投资或贷款的每期付款额。

说明：参数参见 FV、PV 函数。

案例 10-4　定额定期计算复利付款

案例要求

小张计划 10 年后投资 60 万元买房，现在投资年收益率为 5%，如果采取定额定期的方式投资，每月需要向银行存入多少钱？分析题意可以得到利率（rate＝5%/12），期数（nper＝10×12），10 年后的终值（fv＝600000），根据以上条件求各期支付金额（pmt）。

案例实效

本案例实效如图 10-7 所示用函数计算定额定期投资方式的各期支付金额。

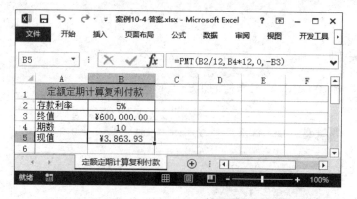

图 10-7　"案例 10-4"定额定期计算复利付款结果

案例实施

（1）打开"案例 10-4.xlsx"工作簿，如图 10-8 所示。

图 10-8　定额定期计算复利付款表

(2) 单击 B5 单元格，输入公式“=PMT(B2/12,B4 * 12,0,-B3)”，可计算出每月支付金额，结果如图 10-7 所示。

10.1.5 浮动利率储蓄收益

在前面我们介绍了计算未来值的函数 FV，但它只适用于固定利率的情况。针对利率会随着社会的经济状况以及政策调整出现浮动的情况，我们仍然可以使用公式逐年计算，最终得到未来值。在 Excel 中提供了专门计算浮动利率未来值的 FVSCHEDULE 函数，使我们可以快速计算出浮动利率下的未来值，下面介绍该函数的相关知识要点。

格式：FVSCHEDULE (principal, schedule)

功能：FVSCHEDULE 函数用于计算某项投资在变动利率或可调利率下的未来值。

说明：参数 principal 为投资或贷款的期初价值。参数 schedule 为利率数组，通常为变动利率单元格区域。

案例 10-5 浮动利率储蓄收益

案例要求

某公司向银行存入 10 万元，存款年限为 10 年，年利率为浮动利率，即利率在存款期限内会出现浮动。银行按照复利计息原则计算利息，10 年后该公司可以拿到多少储蓄收益？分析题意可以得到期数(nper=10)，现值(pv=100000)，利率(rate 为浮动利率)，根据以上条件求未来值(fv)。

案例实效

本案例实效如图 10-9 所示用函数计算浮动利率下的储蓄收益。

年限	期初余额	利率	利息	本利合计(公式计算)	本利合计(FVSCHEDULE函数计算)
第1年	¥100,000.00	3.50%	¥3,500.00	¥103,500.00	¥103,500.00
第2年	¥103,500.00	3.30%	¥3,415.50	¥106,915.50	¥106,915.50
第3年	¥106,915.50	3.10%	¥3,314.38	¥110,229.88	¥110,229.88
第4年	¥110,229.88	3.00%	¥3,306.90	¥113,536.78	¥113,536.78
第5年	¥113,536.78	2.90%	¥3,292.57	¥116,829.34	¥116,829.34
第6年	¥116,829.34	2.80%	¥3,271.22	¥120,100.57	¥120,100.57
第7年	¥120,100.57	3.20%	¥3,843.22	¥123,943.78	¥123,943.78
第8年	¥123,943.78	3.30%	¥4,090.14	¥128,033.93	¥128,033.93
第9年	¥128,033.93	3.50%	¥4,481.19	¥132,515.12	¥132,515.12
第10年	¥132,515.12	3.70%	¥4,903.06	¥137,418.17	¥137,418.17

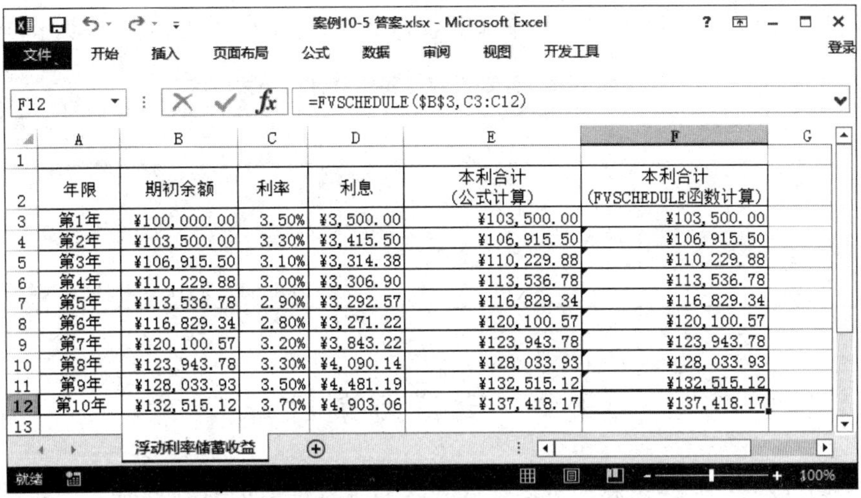

图 10-9 “案例 10-5”浮动利率储蓄收益结果

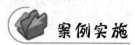 案例实施

(1) 打开"案例 10-5.xlsx"工作簿,如图 10-10 所示。

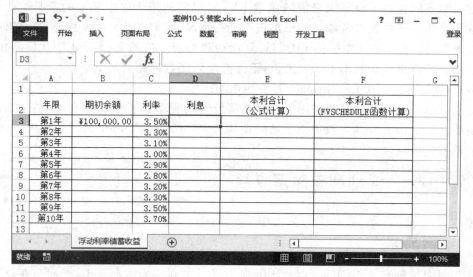

图 10-10 浮动利率储蓄收益表

(2) 单击 D3 单元格,输入公式"=B3*C3",并拖动填充柄到 D12 单元格。

(3) 单击 E3 单元格,输入公式"=B3+D3",并拖动填充柄到 E12 单元格。

(4) 单击 B4 单元格,输入公式"=E3",并拖动填充柄到 B12 单元格。

(5) 单击 F3 单元格,输入公式"=FVSCHEDULE($B$3,C3)",计算出第一年的本利合计。拖动填充柄到 E12 单元格,依次选择 F4、F5、…、F12 单元格,将 FVSCHEDULE 函数的第 2 个参数依次改为 C3:C4、C3:C5、…、C3:C12,可计算出浮动利率储蓄收益情况。

(6) 两种方法均可计算出浮动利率储蓄收益情况,定义公式如表 10-2 所示。

表 10-2 浮动利率储蓄收益计算公式

单元格	公 式
D3	=B3*C3
E3	=B3+D3
B4	=E3
F3	=FVSCHEDULE($B$3,C3)

10.2 贷款方案计算

在现实的经济生活中,贷款消费已经成为人们个人理财的重要内容。例如,助学贷款、购房贷款、购车贷款以及装修贷款等方面。针对人们的不同贷款需求,各金融机构推出了不同种类的贷款业务,人们如何根据自己的还款能力和金融机构贷款业务的政策,以及需求情

况来优选贷款方案,是本节要解决的问题。

10.2.1 等额本金分期还款计算

银行贷款的还款方式主要包括等额本金还款和等额本息还款,两种方式的还款金额略有不同,还款人可以根据自身条件选择适合自己的还款方式,下面归纳相关的知识要点。

1. 等额本金

等额本金是指一种贷款的还款方式,是在还款期内把贷款数总额等分,每月偿还同等数额的本金和剩余贷款在该月所产生的利息,这样由于每月的还款本金额固定,而利息越来越少,贷款人起初还款压力较大,但是随着时间的推移每月还款数也越来越少,便于根据自己的收入情况,确定还贷能力。此种还款模式支出的总和相对于等额本息利息可能有所减少,但刚开始时还款压力较大。

2. 等额本息

把贷款的本金总额与利息总额相加,然后平均分摊到还款期限的每个月中。作为还款人,每个月还给银行固定金额,但每月还款额中的本金比例逐月递增,利息比例逐月递减。由于利息不会随本金数额归还而减少,银行资金占用时间长,还款总利息较等额本金还款法高。

案例 10-6 等额本金分期还款计算

案例要求

小张购房向银行贷款 30 万元,贷款年利率为 6%,还款期限为 5 年,还款方式为等额本金,小张在贷款期间的期初余额、还款本金、利息、本金余额、每月还款数各是多少?分析题意可以得到期数(nper=5×12)、现值(pv=300000)、利率(rate=6%/12),根据以上条件求期初余额、还款本金、利息、本金余额、每月还款数。

案例实效

本案例实效如图 10-11 所示,使用公式计算期初余额、还款本金、利息、本金余额、每月还款数。

案例实施

(1) 打开"案例 10-6.xlsx"工作簿,如图 10-12 所示。

(2) 单击 C5 单元格,输入公式"=$B$5/60",计算出每月还款本金。单击 D5 单元格,输入公式"=B5*$B$2/12",计算出每月还款利息。单击 E5 单元格,输入公式"=D5",计算出累计利息。单击 F5 单元格,输入公式"=C5+D5",计算出每月还款数。单击 G5 单元格,输入公式"=B5-C5",计算出本金余额。单击 B6 单元格,输入公式"=G5",计算出每月还款利息。单击 E6 单元格,输入公式"=D6+E5",计算出已还利息。

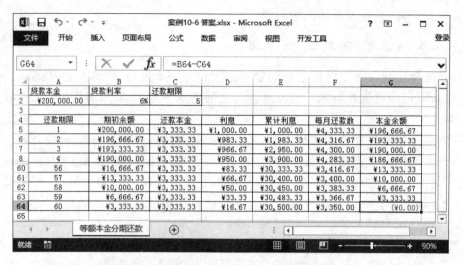

图 10-11 "案例 10-6"等额本金分期还款结果

图 10-12 等额本金分期还款表

(3) 拖动相应单元格填充柄到 64 行,定义公式如表 10-3 所示。

表 10-3 等额本金分期还款计算公式

单元格	公 式
C5	=\$B\$5/60
D5	=B5*\$B\$2/12
E5	=D5
F5	=C5+D5
G5	=B5-C5
B6	=G5
E6	=D6+E5

10.2.2 等额本息分期还款计算

10.2.1节介绍等额本金还款方式,可以使用公式贷款金额除以贷款期数得到每期还款本金,进而计算出利息等信息。本节介绍等额本息还款方式,要求每期还款额是一样的,但由于期满后的未来值未知,故不能简单地使用公式来进行计算。在Excel中提供了专门计算贷款的一组函数,下面介绍相关知识要点。

1. PPMT

格式:PPMT(rate,per,nper,pv,fv,type)

功能:PPMT函数基于固定利率及等额分期付款方式,返回投资在某一给定期间内的本金偿还额。

说明:参数rate、nper、pv、fv、type参见FV、PV函数。参数per是用于计算其本金数额的期数,必须介于1到nper之间。

2. CUMPRINC

格式:CUMPRINC(rate,nper,pv,start_period,end_period,type)

功能:CUMPRINC函数返回一笔贷款在给定的start-period到end-period期间累计偿还的本金数额。

说明:参数rate、nper、pv、type参见FV、PV函数。参数start_period为计算本金(或利息)的首期期数,付款期数从1开始计数。参数end_period为计算本金(或利息)的末期期数,该值小于等于nper参数值。

3. IPMT

格式:IPMT(rate,per,nper,pv,fv,type)

功能:IPMT函数基于固定利率及等额分期付款方式,返回给定期数内对投资的利息偿还额。

说明:参数rate、per、nper、pv、fv、type参见FV、PV函数。

4. CUMIPMT

格式:CUMIPMT(rate, nper, pv, start_period, end_period, type)

功能:CUMIPMT函数用于计算一笔贷款在给定的start_period到end_period期间累计偿还的利息数额。

说明:参数rate、nper、pv、start_period、end_period、type参见FV、PV、CUMPRINC函数。

案例 10-7　等额本息分期还款计算

案例要求

小张购房向银行贷款30万元,贷款利率为6%,还款期限为5年,还款方式为等额本息,小张在贷款期间的期初余额、还款本金、利息、本金余额、每月还款数各是多少?分析题意可以得到期数(nper=5×12)、现值(pv=300000)、利率(rate=6%/12),根据以上条件求期初余额、还款本金、利息、本金余额、每月还款数。

 案例实效

本案例实效如图 10-13 所示,使用公式计算期初余额、还款本金、利息、本金余额、每月还款数。

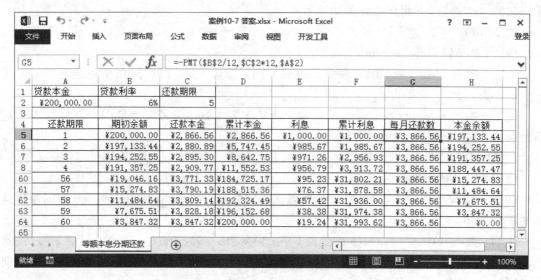

图 10-13 "案例 10-7"等额本息分期还款结果

 案例实施

(1) 打开"案例 10-7.xlsx"工作簿,如图 10-14 所示。

图 10-14 等额本息分期还款表

(2) 单击 C5 单元格,输入公式"=-PPMT($B$2/12,A5,$C$2*12,$A$2)",计算出每月还款本金。单击 D5 单元格,输入公式"=-CUMPRINC($B$2/12,$C$2*12,$A$2,$A$5,A5,0)",计算出累计还款本金。单击 E5 单元格,输入公式"=-IPMT($B$2/12,A5,$C$2*12,$A$2)",计算出每月还款利息。单击 F5 单元格,输入公式"=-CUMIPMT($B$2/12,$C$2*12,$A$2,$A$5,A5,0)",计算出累计还款利息。单击 G5 单元格,输入公式"=-PMT($B$2/12,$C$2*12,$A$2)",计算出每月还款数。单击 H5 单元格,输入公式"=B5-C5",计算出本金余额。单击 B6 单元格,输入公式"=H5",计算出每月还款利息。

(3) 拖动相应单元格填充柄到 64 行,定义公式如表 10-4 所示。

表 10-4 等额本息分期还款计算公式

单元格	公 式
C5	=-PPMT($B$2/12,A5,$C$2*12,$A$2)
D5	=-CUMPRINC($B$2/12,$C$2*12,$A$2,$A$5,A5,0)
E5	=-IPMT($B$2/12,A5,$C$2*12,$A$2)
F5	=-CUMIPMT($B$2/12,$C$2*12,$A$2,$A$5,A5,0)
G5	=-PMT($B$2/12,$C$2*12,$A$2)
H5	=B5-C5
B6	=H5

10.2.3 等额本息还款期数计算

本节将介绍给定贷款金额、贷款利率、每月还款数等信息,如何计算还款期数。此种情况在实际生活中很常见,可以根据本人的实际经济情况,合理做出调配,选择最佳的贷款方案。在 Excel 中提供了专门计算贷款期数的 NPER 函数,下面介绍该函数相关知识要点。

格式:NPER(rate,pmt,pv,fv,type)

功能:NPER 函数指定定期定额支付且利率固定的年金总期数。

说明:参数 rate、pmt、pv、fv、type 参见 FV、PV 函数。

案例 10-8 等额本息还款期数计算

案例要求

小张购房向银行贷款 10 万元,贷款年利率为 6%,计划每月还款 2000 元,还款方式为等额本息,小张需要还贷多少期?在贷款期间的期初余额、还款本金、利息、本金余额各是多少?分析题意可以得到现值(pv=300000)、利率(rate=6%/12)、每期还款数(pmt=2000),根据以上条件求期数(nper)。

案例实效

本案例实效如图 10-15 所示使用公式计算还款期数。

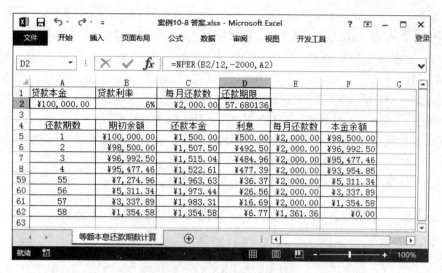

图 10-15 "案例 10-8"等额本息还款期数计算结果

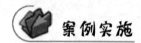 案例实施

（1）打开"案例 10-8.xlsx"工作簿，如图 10-16 所示。

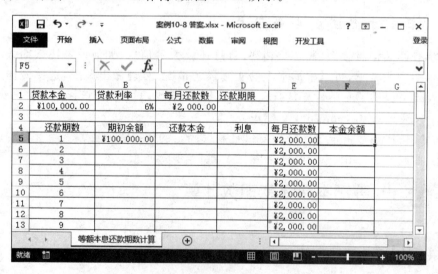

图 10-16 等额本息还款期数计算表

（2）单击 D2 单元格，输入公式"＝NPER(B2/12,－2000,A2)"，计算出还款期数。单击 C5 单元格，输入公式"＝E5－D5"，计算出还款本金。单击 D5 单元格，输入公式"＝B5＊＄B＄2/12"，计算每月还款利息。单击 F5 单元格，输入公式"＝B5－C5"，计算出本金余额。单击 B6 单元格，输入公式"＝F5"，计算出每月还款利息。

（3）拖动相应单元格填充柄到 62 行，定义公式如表 10-5 所示。

表 10-5　等额本息分期还款计算公式

单元格	公　　式
D2	=NPER(B2/12,-2000,A2)
C5	=E5-D5
D5	=B5*$B$2/12
F5	=B5-C5
B6	=F5

10.2.4　贷款利率计算

Excel 常用的利率函数有 RATE、IRR、MIRR、XIRR，这些函数用于计算不同形式的利率。RATE 常用于计算投资或贷款的各期利率，下面介绍该函数的相关知识要点。

格式：RATE(nper,pmt,pv,fv,type,guess)

功能：RATE 函数用于计算投资或贷款的各期利率。可以计算连续分期等额投资或贷款的利率，也可以计算一次性偿还的投资或贷款利率。

说明：参数 nper、pmt、pv、fv、type 参见 FV、PV 函数。参数 guess 为预期利率，如果省略预期利率，则假设该值为 10%。

 案例 10-9　贷款利率计算

案例要求

小张装修房屋向银行贷款 3 万元，贷款期限为 2 年，每月还款 2000 元，该笔贷款的月利率和年利率各是多少？分析题意可以得到现值(pv=30000)，贷款期限(nper=2)，每期还款数(pmt=2000)，根据以上条件求利率(rate)。

案例实效

本案例实效如图 10-17 所示使用公式计算月利率和年利率。

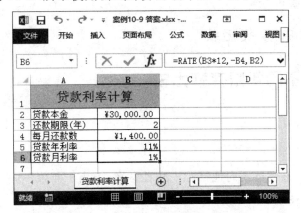

图 10-17　"案例 10-9"贷款利率计算结果

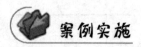

（1）打开"案例 10-9.xlsx"工作簿，如图 10-18 所示。

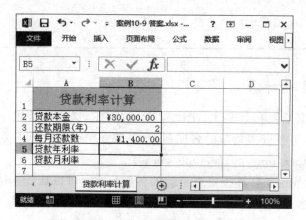

图 10-18　贷款利率计算表

（2）单击 B5 单元格，输入公式"＝RATE(B3＊12，－B4，B2)＊12"，计算出贷款年利率。单击 B6 单元格，输入公式"＝RATE(B3＊12，－B4，B2)"，计算出贷款月利率。定义公式如表 10-6 所示。

表 10-6　贷款利率计算公式

单元格	公　　式
B5	＝RATE(B3＊12，－B4，B2)＊12
B6	＝RATE(B3＊12，－B4，B2)

10.3　理财方案比较

本节将通过三个案例对银行存款方案、投资方案和购房贷款方案等理财方案进行比较，为客户做出决策判断提供参考。

10.3.1　不同年限存款比较

老王到银行存款，银行员工向他推荐了几种方案，但由于年限不同，利率也不相同，导致得到的利息也不一样，老王希望设计一张表进行比较。

本案例实效如图 10-19 所示。

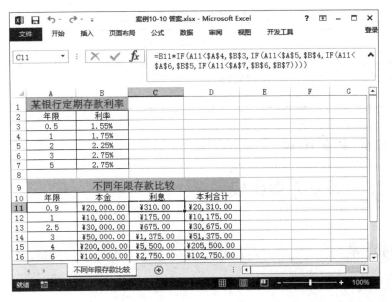

图 10-19 "案例 10-10"不同年限存款比较结果

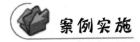

(1) 打开"案例 10-10.xlsx"工作簿,如图 10-20 所示。

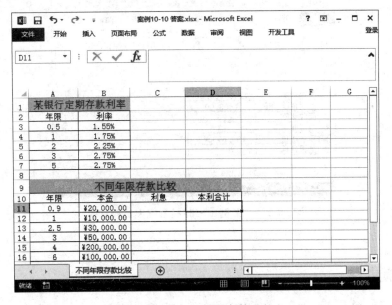

图 10-20 不同年限存款比较

(2) 单击 C11 单元格,输入公式"=B11*IF(A11<＄A＄4,＄B＄3,IF(A11<＄A＄5,＄B＄4,IF(A11<＄A＄6,＄B＄5,IF(A11<＄A＄7,＄B＄6,＄B＄7))))",计算出储蓄收益情况。单击 D11 单元格,输入公式"=B11+C11",计算出本利合计。

(3) 拖动相应单元格填充柄到 16 行,定义公式如表 10-7 所示。

表 10-7 不同年限存款计算公式

单元格	公式
C11	=B11*IF(A11<＄A＄4,＄B＄3,IF(A11<＄A＄5,＄B＄4,IF(A11<＄A＄6,＄B＄5,IF(A11<＄A＄7,＄B＄6,＄B＄7))))
D11	=B11+C11

10.3.2 投资方案比较

 投资方案比较

 案例要求

老王想从银行购买一款保险,购买成本为 10 万元,且在今后 20 年内每月可以回报 800 元,假设投资收益率为 8%,帮老王算算这是一个合算的投资吗?

 案例实效

本案例实效如图 10-21 所示。

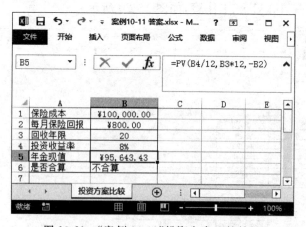

图 10-21 "案例 10-11"投资方案比较结果

 案例实施

(1) 打开"案例 10-11.xlsx"工作簿,如图 10-22 所示。

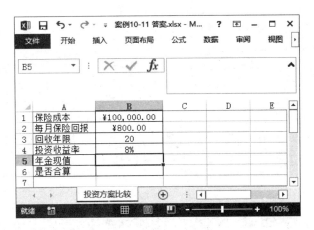

图 10-22　投资方案比较

(2) 单击 B5 单元格,输入公式"=PV(B4/12,B3*12,-B2)",计算出该年金现值。由于现值小于投资成本 10 万元,所以这是一项不合算的投资,结果如图 10-21 所示。

10.3.3　购房贷款计划

本节主要介绍 Excel 的模拟运算表。模拟运算表是利用模拟运算设定,利用 Excel 公式,计算显示运算结果。一般采用单变量模拟运算,最多可以容纳两个变量,即"输入引用行的单元格"和"输入引用列的单元格"。常用于定额存款模拟试算和贷款月还款模拟试算。

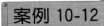 购房贷款计划

小张计划贷款购房,但由于房贷数额大,周期长,又担心在还款过程中因考虑不周造成还贷困难影响正常生活。如何才能根据自己的还款能力制订一套切实可行的购房贷款计划呢?首先建立一个基本还款模型,其次使用双变量数据表构建一个还款方案,最后进行购房贷款决策。

本案例实效如图 10-23 所示。

(1) 新建工作簿,输入如图 10-24 所示的内容。

(2) 单击 B5 单元格,输入公式"=-CUMIPMT(B3/12,B4*12,B2,1,B4*12,0)"计

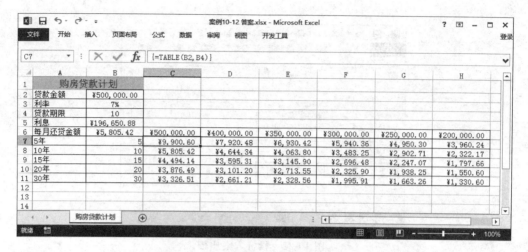

图 10-23 "案例 10-12"购房贷款决策

图 10-24 购房贷款计划模型

算出贷款利息。单击 B6 单元格,输入公式"=-PMT(B3/12,B4*12,B2)",计算出每月还贷金额,定义公式如表 10-8 所示。

表 10-8 购房贷款计算公式

单元格	公式
B5	=-CUMIPMT(B3/12,B4*12,B2,1,B4*12,0)
B6	=-PMT(B3/12,B4*12,B2)

(3) 在 B7:B11 单元格区域输入不同贷款年限,在 C6:H6 单元格区域输入不同贷款金额,效果如图 10-25 所示。

(4) 选取 B6:H11 区域,单击"数据"选项卡"数据工具"组中的"模拟分析"下拉箭头,打开"模拟分析"下拉列表,选择"模拟运算表"命令,弹出"模拟运算表"对话框。引用行的单元格中选择 B2 单元格,引用列的单元格中选择 B4 单元格,效果如图 10-26 所示。

(5) 单击"确定"按钮,计算出不同贷款金额,不同还款期限的每月还款金额,效果如图 10-23 所示。

(6) 小张根据自己的还款能力选择一个切实可行的贷款方案。

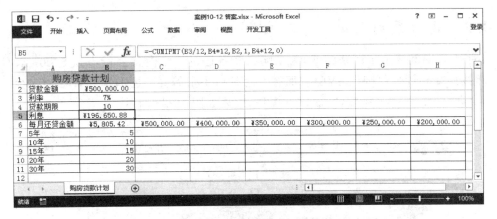

图 10-25 购房贷款还款方案

图 10-26 模拟运算表

10.4 本章课外实验

10.4.1 定额定投基金收益

小张每月工资收入 8000 元,为了买车计划购买一款基金,并准备每月固定投入 5000 元,每年可以有 6% 左右的收益,那么三年后本利总和是否够买一辆 20 万元的车?打开"课外实验 10-1.xlsx"工作簿,完成以下操作,效果如图 10-27 所示。

(1) 设计表格。
(2) 选择合适的函数,并根据题意找出相应的参数。
(3) 计算出预期收益,看是否达到了 20 万元。

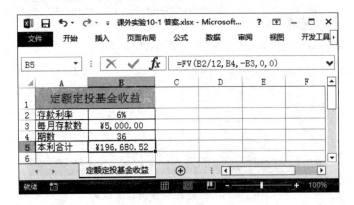

图 10-27 定额定投基金收益计算

10.4.2 借款复利计算

小张上学期间迷上了网络游戏,为了购买装备通过网络向某公司借款 5000 元,月利率为 2%,按照复利计息原则计算利息,那么 6 个月后小张需要归还的本利合计为多少?打开"课外实验 10-2.xlsx"工作簿,完成以下操作,效果如图 10-28 所示。

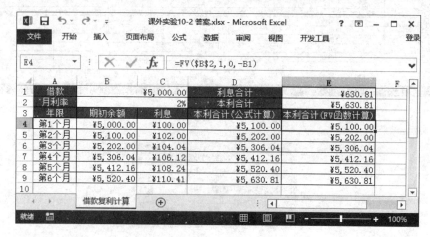

图 10-28 借款复利计算效果

(1) 根据题意将相关数据填写到表格中。
(2) 分别使用公式和函数两种方法计算出利息与本利合计。

10.4.3 教育经费现值计算

老王的孩子现在上小学三年级,他想给孩子存一笔教育经费,用于孩子上大学的费用。假设银行存款利率为 5%,10 年后支取,共上 4 年大学,每年的学费为 7000 元,现在老王需要一次性存入银行多少钱才能支付 10 年后的学费?打开"课外实验 10-3.xlsx"工作簿,完成以下操作,效果如图 10-29 所示。

(1) 设计表格。
(2) 选择合适的函数,并根据题意找出相应的参数。

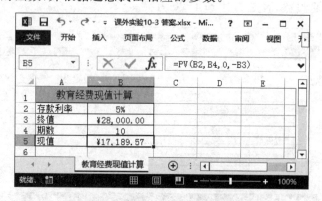

图 10-29 教育经费现值计算效果

（3）计算出需要向银行存入多少钱才够支付 10 年后的学费。

10.4.4 养老储蓄计算

老王从 41 岁开始缴纳养老保险，一直交到 60 岁，从 61 岁开始领取养老金。领取年限为 30 年，每月领取 3500 元，年利率为 7%，每月需缴纳多少钱？打开“课外实验 10-4. xlsx”工作簿，完成以下操作，效果如图 10-30 所示。

	A	B
1	养老储蓄计算	
2	存款利率	7%
3	每月领取	¥3,500.00
4	领取年限	30
5	缴纳年限	20
6	现值	¥2,418.77
7		

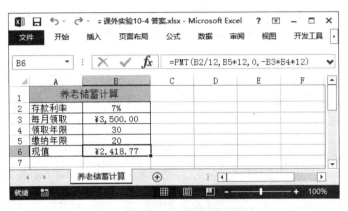

图 10-30　养老储蓄计算效果

（1）根据题意将已知参数填写到表格中。

（2）选择合适的函数，计算出每月缴纳的金额。

10.4.5 等额本金期数计算

小张购房向银行贷款 40 万元，贷款利率为 6%，还款方式为等额本金，为了不影响生活，小张计划每月还款的本金限制在 3000 元。小张需要还多少期？在贷款期间的期初余额、还款本金、利息、本金余额、每月还款数各是多少？打开“课外实验 10-5. xlsx”工作簿，完成以下操作，效果如图 10-31 所示。

（1）拖动填充柄，保证每期的本金为 3000 元。

	A	B	C	D	E	F	G
1	贷款本金	贷款利率	还款期限				
2	¥400,000.00	6%	11年2个月				
3							
4	还款期限	期初余额	还款本金	利息	累计利息	每月还款数	本金余额
5	1	¥400,000.00	¥3,000.00	¥2,000.00	¥2,000.00	¥5,000.00	¥397,000.00
6	2	¥397,000.00	¥3,000.00	¥1,985.00	¥3,985.00	¥4,985.00	¥394,000.00
7	3	¥394,000.00	¥3,000.00	¥1,970.00	¥5,955.00	¥4,970.00	¥391,000.00
135	131	¥10,000.00	¥3,000.00	¥50.00	¥134,275.00	¥3,050.00	¥7,000.00
136	132	¥7,000.00	¥3,000.00	¥35.00	¥134,310.00	¥3,035.00	¥4,000.00
137	133	¥4,000.00	¥3,000.00	¥20.00	¥134,330.00	¥3,020.00	¥1,000.00
138	134	¥1,000.00	¥1,000.00	¥5.00	¥134,335.00	¥1,005.00	¥0.00
139							

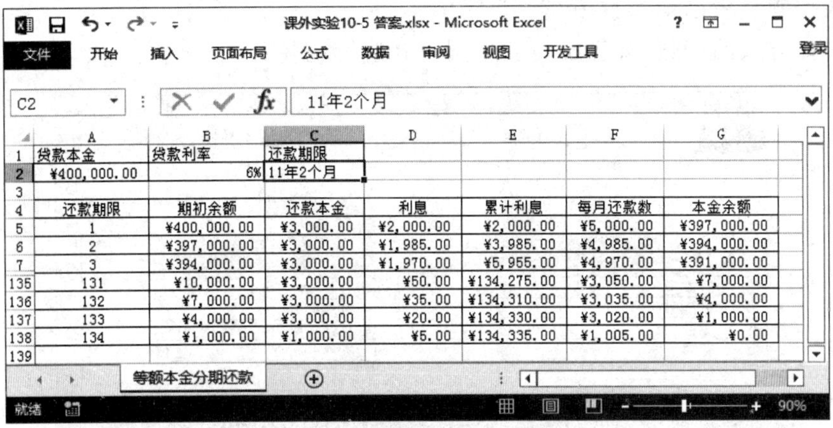

图 10-31　等额本金期数计算效果

(2) 计算出第 1 期的利息、累计利息、每月还款数、本金余额。

(3) 拖动填充柄,计算出每一期的利息、累计利息、每月还款数、本金余额,直到本金余额为 0。

(4) 使用期数除以 12 即为贷款年限。

10.4.6 等额本息还款计算

老王做生意向银行贷款 50 万元,贷款利率为 8%,还款期限为 10 年,还款方式为等额本息,老王每年需向银行还多少钱?打开"课外实验 10-6.xlsx"工作簿,完成以下操作,效果如图 10-32 所示。

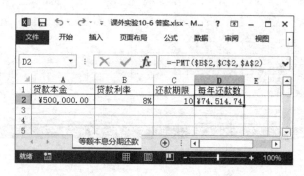

图 10-32　等额本息还款计算效果

(1) 设计表格。

(2) 根据题意将已知参数填写到表格中。

(3) 选择合适的函数,计算出每年的还款金额。

10.4.7 贷款利率比较

小张准备买车,计划贷款 5 万元。两家银行分别给出了贷款方案,方案一为贷款期限 2 年,每月还款 2300 元。方案二为贷款期限 3 年,每月还款 1700 元。两家银行的贷款年利率各是多少?打开"课外实验 10-7.xlsx"工作簿,完成以下操作,效果如图 10-33 所示。

(1) 根据题意将已知参数填写到表格中。

(2) 选择合适的函数,计算出贷款年利率并进行比较。

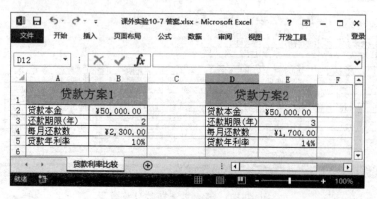

图 10-33　贷款利率比较结果

第 11 章　Excel 在会计业务中的应用

引言

本章根据会计业务中的总分类账所提供的核算资料,应用 Excel 处理数据的方法编制基于企业在自身会计核算资料上的资产负债表、利润表和现金日记表。在会计业务中进行资金管理。并利用 Excel 函数以不同方式进行固定资产折旧的计算分析。

通过本章的学习,掌握使用 Excel 处理数据的方法完成会计业务处理工作。

本章学习目标

- ❖ 编制总分类账
- ❖ 编制资产负债表
- ❖ 编制损益表
- ❖ 对企业进行资金管理
- ❖ 固定资产折旧分析

11.1　总分类账与会计报表

总分类账是用来登记全部经济业务,进行总分类核算,提供包括核算资料的分类账簿。总分类账所提供的核算资料,是编制会计报表的主要依据。总分类账为一级账目,总领统御明细类账目。

会计报表是对企业财务状况、经营成果和现金流量的结构性表述。会计报表包括资产负债表、损益表(利润表)、现金流量表。把时序记录和总分类记录结合在一起的联合账簿称为日记总账。

对于各种会计报表的数据,利用 Excel 处理数据的方法,只要把基本数据填写了,将自动生成汇总数据和相关数据,最大程度减少财务制表工作量。

11.1.1　建立和维护会计总分类账

建立会计总分类账有直接输入的方法和"记录单"的方法。由于企业会计科目设置后,会对已使用的会计科目进行相应的修改、补充或删除,采用记录单的方式便于新建、删除和查找会计科目。本节主要介绍在"记录单"中输入和维护数据的方式。

1. 建立步骤

(1) 打开 Excel 工作表,输入表"总分类账"表名。

(2) 单击"打开"按钮,选择"Excel 选项",在"自定义功能区",选择"所有命令",搜索到"记录单"选项。

(3) 在右框"自定义功能区"中选"所有选项卡",在"主选项卡"选项中建立新建选项卡,在"新建"组后,单击左边的"所有命令"中找到"记录单"选项。

(4) 单击"添加"按钮,如图 11-1 所示。

图 11-1 选择"记录单"命令

(5) 单击"确定"按钮,"记录单"命令添加到 Excel 的"主选项卡"中,如图 11-2 所示。

(6) 将光标置于"会计总分类账"工作表 A3:B57 内的任何一个单元格,单击"记录单"命令,即可以记录单方式来进行会计科目编辑的操作,如图 11-3 所示。

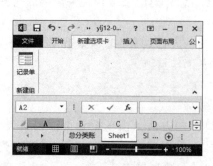

图 11-2 增加"记录单"选项卡

图 11-3 记录单对话框

2. 维护会计科目

(1) 可在图 11-3 记录单对话框中单击"下一条"按钮或者"上一条"按钮找到需要修改的记录。

(2) 可在"总分类账"中找到不需要会计科目删除的记录信息。

(3) 可在记录单中实现快速查找账务数据清单记录的功能。

11.1.2 编制总分类账

在 Excel 中建立总分类账,建立起会计科目表后,按照手工会计账务处理程序,应该将企业日常发生的经济业务填写在对应的科目中,如表 11-1 所示。下面根据案例的方式计算期末余额。

资产、负债、所有者权益之间的平衡关系如下:

$$资产 = 负债 + 所有者权益$$

$$资产 = 负债 + 所有者权益 + 利润$$

表 11-1　总分类账

科目代码	科目名称	借或贷	期初余额	借方合计	贷方合计	借或贷	期末余额
1001	库存现金	借	120 449.02	114 500.03	147 770.35	借	87 178.70
1002	银行存款	借	1 447 929.86	2 965 370.73	4 248 048.57	借	165 252.02
1012	其他货币资金	借	0.00	0.00	0.00		0.00
1101	交易性金融资产	借	0.00	0.00	0.00		0.00
1121	应收票据	借		198 000.00	198 000.00		0.00
1122	应收账款	借	1 117 298.01	1 840 164.98	1 882 764.98	借	1 074 698.01
1123	预付账款	借	0.00	0.00	0.00		0.00
1131	应收股利	借	0.00	0.00	0.00		0.00
1132	应收利息	借	0.00	0.00	0.00		0.00
1221	其他应收款	借		200 000.00		借	200 000.00
1231	坏账准备	贷	0.00	0.00	0.00	贷	0.00
1401	材料采购	借					
1402	在途物资	借					
1403	原材料	借					
1404	材料成本差异	借	0.00	0.00	0.00		0.00
1405	库存商品	借	304 899.72	1 094 552.29	1 209 398.97	借	190 053.04
1408	委托加工物资	借					
1411	周转材料	借					
1471	存货跌价准备	贷	0.00	0.00	0.00	贷	0.00
1501	持有至到期投资	借	0.00	0.00	0.00		0.00
1511	长期股权投资	借		1 120 000.00			1 120 000.00
1601	固定资产	借	37 853.00	9 800.00	0.00	借	47 653.00
1602	累计折旧	贷	16 249.34	0.00	10 893.22	贷	27 142.56
1603	固定资产减值准备	贷	0.00	0.00	0.00	贷	0.00
1604	在建工程	借	0.00	0.00	0.00	借	0.00

续表

科目代码	科目名称	借或贷	期初余额	借方合计	贷方合计	借或贷	期末余额
1605	工程物资	借	0.00	0.00	0.00	借	0.00
1606	固定资产清理	贷	0.00	0.00	0.00	贷	0.00
1701	无形资产	借	0.00			借	0.00
1702	累计摊销	借	0.00	0.00	0.00	借	0.00
1703	无形资产减值准备	借	0.00	0.00	0.00	借	0.00
1801	长期待摊费用	借	40 774.40		26 993.60	借	13 780.80
1901	待处理财产损溢	借	0.00	0.00	0.00	借	0.00
2001	短期借款	贷	0.00	0.00	0.00	贷	0.00
2201	应付票据	贷	0.00	0.00	0.00	贷	0.00
2202	应付账款	贷	306 276.47	2 718 122.52	2 601 826.21	贷	189 980.16
2203	预收账款	贷	0.00	0.00	0.00	贷	0.00
2211	应付职工薪酬	贷	0.00	81 600.00	81 600.00	贷	0.00
2221	应交税费	贷	45 540.10	419 229.39	403 442.35	贷	29 753.06
2231	应付利息	贷	0.00	0.00	0.00	贷	0.00
2232	应付股利	贷	0.00	0.00	0.00	贷	0.00
2241	其他应付款	贷	0.00	0.00	0.00	贷	0.00
2501	长期借款	贷	0.00	0.00	0.00	贷	0.00
2502	应付债券	贷	0.00	0.00	0.00	贷	0.00
4001	实收资本	贷	3 000 000.00	0.00	0.00	贷	3 000 000.00
4002	资本公积	贷	0.00	0.00	0.00	贷	0.00
4101	盈余公积	贷	0.00	0.00	0.00	贷	0.00
4103	本年利润	贷	0.00	1 308 916.65	1 259 518.34	贷	−49 398.31
4104	利润分配	贷	−298 861.90	0.00	0.00	贷	−298 861.90
5001	生产成本	借	0.00	0.00	0.00	借	0.00
5101	制造费用	借	0.00	0.00	0.00	借	0.00
6001	主营业务收入	贷	0.00	1 259 518.34	1 259 518.34	贷	0.00
6052	其他业务收入	贷	0.00	0.00	0.00	贷	0.00
6111	投资收益	贷	0.00	0.00	0.00	贷	0.00
6301	营业外收入	贷	0.00	12 520.00	12 520.00	贷	0.00
6401	主营业务成本	借	0.00	1 209 398.97	1 209 398.97	借	0.00
6402	其他业务成本	借	0.00	0.00	0.00	借	0.00
6403	营业税金及附加	借	0.00	3 985.60	3 985.60	借	0.00
6601	销售费用	借	0.00	41 584.62	41 584.62	借	0.00
6602	管理费用	借	0.00	9 872.49	9 872.49	借	0.00
6603	财务费用	借	0.00	50.21	50.21	借	0.00
6701	资产减值损失	借	0.00	0.00	0.00	借	0.00
6711	营业外支出	借	0.00	12 520.00	12 520.00	借	0.00
6801	所得税费用	借	0.00	0.00	0.00	借	0.00
6901	以前年度损益调整	借	0.00	0.00	0.00	借	0.00

案例 11-1　计算总分类账期末余额

（1）打开"案例 11-1.xlsx"工作簿，根据"总分类账"工作表中所登记的借贷方发生额，计算期末余额。

（2）遵循期末余额的计算方法是：

资产类科目：期末余额＝期初余额＋本期借方发生额－本期贷方发生额

负债所有者权益类科目：

期末余额＝期初余额＋本期贷方发生额－本期借方发生额

本案例实效如表 11-1"总分类表"所示用公式计算出期末余额一列的金额。

（1）单击 H3 单元格，在编辑栏定义公式：=IF(G3="借",D3+E3-F3,D3-E3+F3)。如表 11-2 所示。

（2）双击填充所有其他期末余额的数据。

表 11-2　公式

单元格	公　　式
H3	=IF(G3="借",D3+E3-F3,D3-E3+F3)

11.2　编制资产负债表

依照各项目的数据来源方式，可以采用 SUMIF( ) 和 VLOOKUP( ) 函数间接调用总分类表中相关科目数据进行资产负债表的编制。

资产负债表中各个项目的计算规则如下：

- 货币资金＝（库存现金＋银行存款＋其他货币资金）总账余额。
- 应收账款＝"应收账款"明细账借方余额＋"预收账款"明细账借方余额－根据应收账款计提"坏账准备"余额。
- 预收款项＝"预收账款"明细账贷方余额＋"应收账款"明细账贷方余额。
- 应付账款＝"应付账款"明细账贷方余额＋"预付账款"明细账贷方余额。
- 预付账款＝"预付账款"明细账借方余额＋"应付账款"明细账借方余额。
- 存货＝原材料/材料采购/在途物资＋库存商品＋生产成本－材料成本差异（贷方）－

存货跌价准备(贷方)。
- 固定资产＝"固定资产"总账余额－"累计折旧"总账余额－"固定资产减值准备"总账余额。
- 无形资产＝"无形资产"总账余额－"累计摊销"总账余额－"无形资产减值准备"总账余额。
- 长期股权投资＝"长期股权投资"总账余额－"长期股权投资减值准备"总账余额。
- 长期借款＝"长期借款"总账余额－"长期借款"明细账中一年内到期的"长期借款"。
- 长期待摊费用＝"长期待摊费用"总账余额－"长期待摊费用"明细账中一年内到期"长期待摊费用"。
- 未分配利润＝(本年利润＋利润分配)总账余额。
- 流动资产合计＝货币资金＋交易性金融资产＋应收账款＋预付款项＋存货＋一年内到期的非流动资产(长期待摊费用中一年内摊销的部分)。
- 非流动资产合计＝长期股权投资＋固定资产＋在建工程＋工程物资＋固定资产清理＋无形资产＋长期待摊费用(固定资产清理有贷方余额就减)。
- 资产合计＝流动资产合计＋非流动资产合计。
- 流动负债合计＝短期借款＋应付账款＋预收账款＋一年内到期的非流动性负债(长期借款中于一年内归还的部分)。
- 非流动负债合计＝长期借款＋应付债券。
- 负债合计＝流动负债合计＋非流动负债合计。

案例 11-2　添置资产负债表各项数据

案例要求

（1）打开"案例 11-2.xlsx"工作簿，由"总分类账"工作表中所登记的各账户发生额，计算"资产负债表"工作表中需要的数据。

（2）使用 VLOOKUP()函数在总分类表中引用期末余额和期初余额的相关数据自动计算出资产负债表的相应科目的期初余额、期末余额以及对应资产、负债、所有者权益合计。

（3）最后计算的结果必须符合会计恒等式：资产＝负债＋所有者权益。

本案例最终效果如图 11-4 所示。

介绍资产负债表货币资金的末期余额的编制，填制资产负债表必须符合会计恒等式：

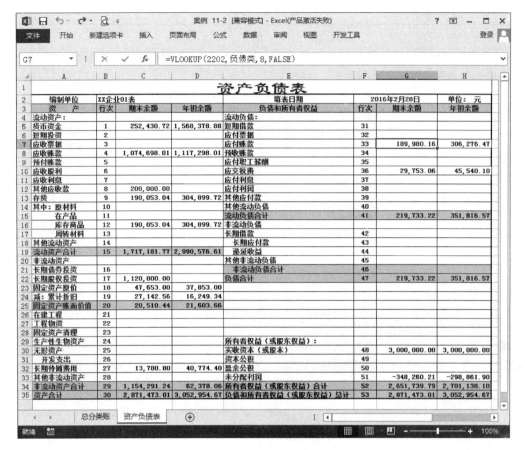

图 11-4 资产负债表

资产＝负债＋所有者权益。其中货币资金的等式为：货币资金＝库存现金＋银行存款＋其他货币资金。

具体操作步骤如下：

(1) 在 VLOOKUP() 函数的 Lookup_value 自变量位置输入"库存现金"科目代码 1001，在 Table_array 自变量位置输入已定义的范围"资产类"（也可直接选取该工作表相应区域），在 Col_index_num 自变量位置输入"8"，在 Range_lookup 自变量位置输入"FALSE"。以此类推，用 VLOOKUP() 函数再加科目代码 1002 银行存款加科目代码 1012 其他货币资金，得出：

货币资金：C5＝VLOOKUP(1001,资产类,8,FALSE)＋VLOOKUP(1002,资产类,8,FALSE)＋VLOOKUP(1012,资产类,8,FALSE)

(2) 单击"确定"按钮完成函数参数的设置。

(3) 在资产负债表中的相应位置，利用会计科目代码作为筛选条件将总分类账中的数值求和。

(4) 定义资产类表如表 11-3 所示。

表 11-3　公式

单元格	公　　式
C5	=VLOOKUP(1001,资产类,8,FALSE)+VLOOKUP(1002,资产类,8,FALSE)+VLOOKUP(1012,资产类,8,FALSE)
C8	=VLOOKUP(1122,资产类,8,FALSE)−VLOOKUP(1231,资产类,8,FALSE)
C12	=VLOOKUP(1221,资产类,8,FALSE)
C13	=VLOOKUP(1403,资产类,8,FALSE)+VLOOKUP(1405,资产类,8,FALSE)
C16	=VLOOKUP(1403,资产类,8,FALSE)+VLOOKUP(1405,资产类,8,FALSE)
C19	=SUM(C5:C13)
C22	=VLOOKUP(1511,资产类,8,FALSE)
C23	=VLOOKUP(1601,资产类,8,FALSE)
C24	=VLOOKUP(1602,资产类,8,FALSE)
C25	=C23−C24
C32	=VLOOKUP(1801,资产类,8,FALSE)
C34	=C21+C22+C25+C26+C27+C30+C32
C35	=C19+C34
D5	=VLOOKUP(1001,资产类,4,FALSE)+VLOOKUP(1002,资产类,4,FALSE)+VLOOKUP(1012,资产类,4,FALSE)
D8	=VLOOKUP(1122,资产类,4,FALSE)−VLOOKUP(1231,资产类,4,FALSE)
D13	=VLOOKUP(1403,资产类,4,FALSE)+VLOOKUP(1405,资产类,4,FALSE)
D16	=VLOOKUP(1403,资产类,4,FALSE)+VLOOKUP(1405,资产类,4,FALSE)
D19	=SUM(D5:D13)
D23	=VLOOKUP(1601,资产类,4,FALSE)
D24	=VLOOKUP(1602,资产类,4,FALSE)
D25	=D23−D24
D32	=VLOOKUP(1801,资产类,4,FALSE)
D34	=D21+D22+D25+D26+D27+D30+D32
D35	=D19+D34

（5）定义负债类及所有者权益类年初数和期末数公式,如表 11-4 所示。

表 11-4　公式

单元格	公　　式
G7	=VLOOKUP(2202,负债类,8,FALSE)
G10	=VLOOKUP(2221,负债类,8,FALSE)
G15	=SUM(G5:G14)
G22	=G15+G21
G30	=VLOOKUP(4001,权益类,8,FALSE)
G33	=VLOOKUP(4104,权益类,8,FALSE)+VLOOKUP(4103,权益类,8,FALSE)
G34	=SUM(G30:G33)
G35	=G22+G34
H7	=VLOOKUP(2202,负债类,4,FALSE)
H10	=VLOOKUP(2221,负债类,4,FALSE)
H15	=SUM(H5:H14)

续表

单元格	公式
H22	＝H15＋H21
H30	＝VLOOKUP(4001,权益类,4,FALSE)
H33	＝VLOOKUP(4104,权益类,4,FALSE)＋VLOOKUP(4103,权益类,4,FALSE)
H34	＝SUM(H30:H33)
H35	＝H22＋H34

（6）验证结果：如图11-4所示。

　　　　资产期初合计＝负债＋所有者权益期初合计
　　　　资产期末合计＝负债＋所有者权益期末合计

符合会计恒等式：资产＝负债＋所有者权益，说明编制的资产负债表是正确的。

11.3　编制利润表

利润是企业经营业绩的综合体现，又是进行利润分配的主要依据，利润表也是企业会计报表中的重要报表，通过利润表反映收入和费用等情况，利润表把一定时期内的营业收入与其同一会计期间相关的营业费用进行配比，计算出企业一定时期的净利润，能够反映企业生产经营的收入情况及费用耗费情况。

编制利润表能够使企业在经营中定期了解企业的资产、负债及所有者权益的情况。

利润表中本月数的填制，同样要建立利润表与科目余额表的链接，以便进行数据的调用。可以采用SUMIF()和VLOOKUP()函数间接调用总分类表中相关科目数据进行利润表的编制。

利润表中各项目的计算公式方法如下。

❖ 设置主营业务利润计算公式方法是：主营业务利润＝主营业务收入－主营业务成本－主营业务税金及附加。

❖ 设置营业利润计算公式方法是：营业利润＝主营业务利润＋其他业务收入－其他业务支出－营业费用－管理费用－财务费用。

❖ 设置利润总额计算公式方法是：利润总额＝营业利润＋投资收益＋补贴收入＋营业外收入－营业外支出。

❖ 设置净利润计算公式方法是：净利润＝利润总额－所得税。

案例 11-3　添置利润表数据

案例要求

（1）打开"案例11-3.xlsx"工作簿，根据"总分类账"工作表中所登记的各账户发生额，计算"利润表"工作表中需要的数据。

（2）利用SUMIF()函数根据总账工作表中数据，计算出主营业务利润、营业利润、利润总额、净利润。

(3) 根据上月累计数,求出本年累计数。

 案例实效

本案例最终效果如图 11-5 所示。

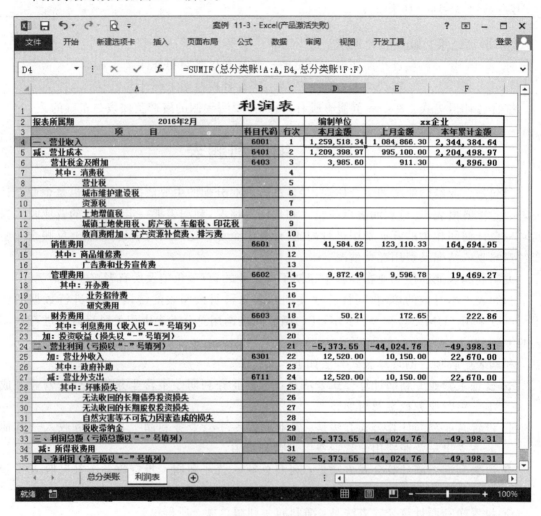

图 11-5　利润表

 案例实施

本案例介绍的利润表的编制将采用 SUMIF( ) 函数间接调用。假设已定义所需范围名称及利润表本月数的填制。具体操作步骤如下:

(1) 设置营业利润、利润总额、净利润公式,如表 11-5 所示。

表 11-5 公式

单元格	公 式
D24	=D4-D5-D6-D14-D17-D21
D33	=D24+D25-D27
D35	=D33-D34

(2) 利用 SUMIF( )函数。SUMIF( )函数的格式为：SUMIF(range, criteria, [sum_range])。参数 range 为单元格的区域,选"总分类账!A:A",在 criteria 确定对单元格求和的条件,输入"B4",在[sum_range]确定要求和的实际单元格,输入"总分类账!F:F"。通过"总分类账"工作表中的数据,获得"利润表"工作表中本月收入类数据,如表 11-6 所示。

表 11-6 公式

单元格	公 式
D4	=SUMIF(总分类账!A:A,B4,总分类账!F:F)
D25	=SUMIF(总分类账!A:A,B25,总分类账!F:F)

(3) 利用 SUMIF( )函数。根据"总分类账"工作表中的数据,获得"利润表"工作表中本月费用类数据,如表 11-7 所示。

表 11-7 公式

单元格	公 式
D5	=SUMIF(总分类账!A:A,B5,总分类账!E:E)
D6	=SUMIF(总分类账!A:A,B6,总分类账!E:E)
D14	=SUMIF(总分类账!A:A,B14,总分类账!E:E)
D17	=SUMIF(总分类账!A:A,B17,总分类账!E:E)
D21	=SUMIF(总分类账!A:A,B21,总分类账!E:E)
D27	=SUMIF(总分类账!A:A,B27,总分类账!E:E)

(4) 根据"利润表"中已给定的上月累计金额和已求出的本月金额,计算出本年累计金额,给出营业收入的本年累计金额公式：F4=D4+E4。

(5) 其他项目的本年累计金额可通过双击填充得到。

11.4 资金管理

企业财务管理的核心是资金管理,它关系着企业能否有效运转以及能否可持续发展。现金日记账是由出纳人员根据现金收付款凭证,按照业务发生顺序逐笔登记。每日终了,应当计算当日的现金收入合计数、现金支出合计数和结余数,并将结余数与实际库存数核对,做到随时发生随时登记,日清月结,账款相符。

银行存款日记账,是由出纳人员根据银行存款收付款凭证,按照业务的发生顺序逐笔登记,每日终了应结出余额。银行存款日记账应定期与"银行对账单"核对,至少每月核对一次,并按月编制"银行存款余额调节表"。

两者共同点如下：

凡是取得的收入记在"借方",发生的支出记在"贷方"。

借方余额＝上月余额＋本月借方发生额合计数－本月贷方发生额合计数。

案例 11-4　编制现金日记账模板

（1）打开"案例 11-4.xlsx"工作簿,编制现金日记账模板,模板的功能是根据现收、现付凭证填制好某个分录后,会自动计算现金余额以及发生额。

（2）要求有上月的余额即本月的期初余额,并且能够选择借贷标记来标识余额类型,是借方余额还是贷方余额。

（3）凭证类型需手动选择,凭证号码手动输入,摘要以及借贷发生额均由手动输入,每次余额自动计算。

（4）要求有本月余额及发生额合计,发生额合计自动计算。本期余额以及余额借贷标记也由模板利用公式自动生成。

本案例最终效果如图 11-6 所示。

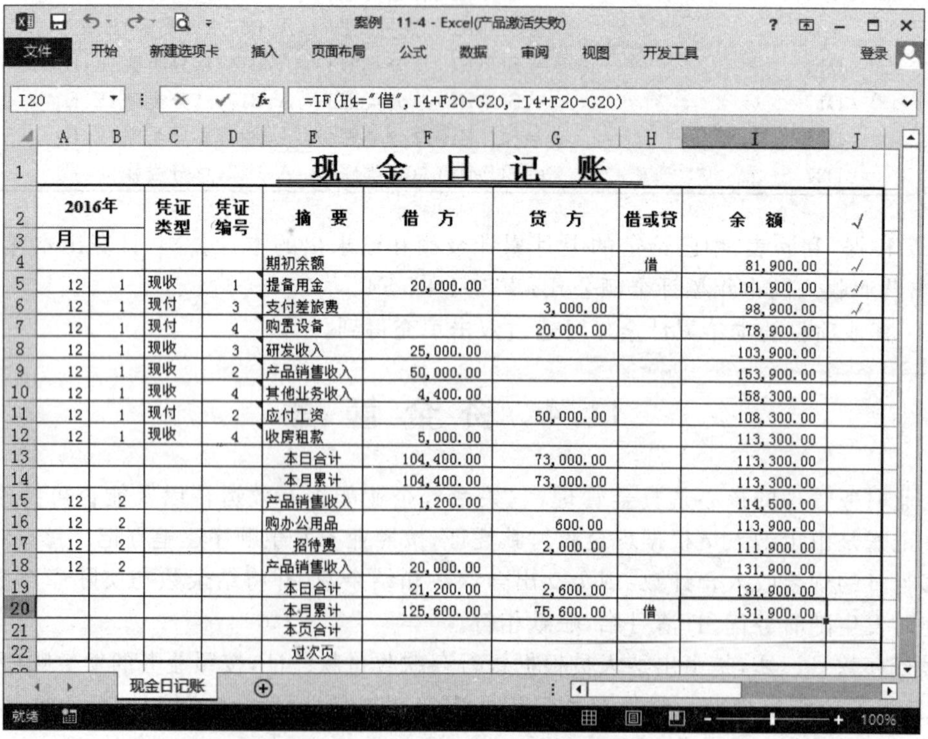

图 11-6　现金日记账

案例实施

(1) 按照图 11-6 所示制作现金日记账模板。
(2) 通过数据验证制作"凭证类型"和"凭证编号"。
(3) 通过"审阅"→"新建批注"命令,批注内容为"请选择凭证编号"。
(4) 根据:
  借方余额＝上月余额＋本月借方发生额合计数－本月贷方发生额合计数
  贷方余额＝上月余额＋本月贷方发生额合计数－本月借方发生额合计数
     I5＝IF(H4="借",I4＋F5－G5,－I4＋F5－G5)
(5) 选择借贷标记来标识余额类型,最终判断是借方余额还是贷方余额。
 H20＝IF(IF(H4="借",I4＋F20－G20,－I4＋F20－G20)>0,"借","贷")
(6) 其他定义公式如表 11-8 所示。

表 11-8 公式

单元格	公 式
	手工输入 81900
I5	＝IF(H4="借",I4＋F5－G5,－I4＋F5－G5)
I6	＝I5＋F6－G6,填充到 12 行
F13	＝SUM(F5:F12)
F14	＝F13
G13	＝SUM(G5:G12)
I13	＝I4＋F13－G13
I15	＝I14＋F15－G15 填充到至 18 行
F19	＝SUM(F15:F18)
F20	＝F14＋F19
G19	＝G15＋G16＋G17＋G18
G20	＝G14＋G19
H20	＝IF(IF(H4="借",I4＋F20－G20,－I4＋F20－G20)>0,"借","贷")
I19	＝I14＋F19－G19
I20	＝IF(H4="借",I4＋F20－G20,－I4＋F20－G20)

11.5 固定资产折旧

11.5.1 固定资产折旧相关概述

指固定资产在使用过程中由于不断损耗而逐渐消失的价值,减少的价值以折旧费用的形式分期转移到企业的成本费用中,并从企业的销售收入中得到补偿。按我国会计制度规定,企业使用加速折旧需上报当地税务部门批准,不能随意使用。

企业应该根据与固定资产有关的经济利益的预期实现方式合理选择折旧方法。主要的折旧方法有直线折旧法和加速折旧法。在我国,企业对固定资产的折旧一般采用直线折旧法,但对于在国民经济中具有重要地位、技术进步较快及国家鼓励项目的关键设备等固定资产可以使用加速折旧法。固定资产折旧方法一经确定后,不得随意变更。

固定资产折旧的方法常用的有直线法、年数总和法、双倍余额递减法等。直线折旧法即年限平均法,指在固定资产的使用寿命内,均匀分摊折旧的方法。年数总和法和双倍余额递减法属于加速折旧的方法,指在固定资产的使用寿命内,以递减的状态分摊折旧的方法。

固定资产折旧的计算所用 Excel 函数与常见参数说明如下:
- 直线折旧函数 SLN。
- 双倍余额递减折旧函数 DDB。
- 年限总和折旧函数 SYD。
- Cost:固定资产原值。
- Salvage:固定资产使用年限终了时的估计残值。
- Life:固定资产进行折旧计算的周期总数。
- Period:进行折旧计算的期次,必须与 life 使用的单位相同。

11.5.2 年限平均法

年限平均法即直线折旧法。指在固定资产的使用寿命内,均匀分摊折旧的方法。

1. 计算公式

年折旧额=(固定资产原值−预计净残值)/预计使用年限

月折旧额=年折旧额/12

2. SLN 函数

返回某项资产在一个期间中的线性折旧值。

语法:SLN(cost,salvage,life)

其中:

Cost 为资产原值。

Salvage 为资产在折旧期末的价值(也称为资产残值)。

Life 为折旧期限(有时也称作资产的使用寿命)。

案例 11-5　年限平均法的计算

案例要求

现有价格为 20 万元的企业生产设备,预计使用年限为 10 年,预计净残值率为 5%,设该公司没有对该设备计提减值准备。要求按年限平均法计提折旧,使用基本计算法和使用函数的两种方法,计算每月的折旧额是多少?

案例实施

本案例最终效果如图 11-7 所示。

图 11-7 年限平均法

以下给出基本计算法和使用 SLN 函数计算的两种操作方法。

(1) 根据月折旧额=(固定资产原值-预计净残值)/预计使用年限/12 得到 B5 的值。

(2) 由函数 SLN(cost,salvage,life)得到 C5 的值。

(3) 定义公式如表 11-9 所示。

表 11-9 公式

单元格	公 式
B5	($B$2－$B$2*$D$2)/$F$2/12　向下填充至 B16
C5	SLN($B$2,$B$2*$D$2,$F$2)/12　向下填充至 C16

11.5.3 双倍余额递减法

双倍余额递减法指在不考虑固定资产预计净残值的情况下,根据每期期初固定资产账面净值(原值减去累计折旧后的余额)和两倍的直线折旧率计算固定资产折旧的一种方法。

1. 计算公式

年折旧率=(2÷预计使用年限)×100%

月折旧率=年折旧率÷12

月折旧额=固定资产账面净值÷月折旧率

固定资产账面净值=固定资产原值-累计折旧

2. DDB 函数

使用双倍余额递减法或其他指定方法,计算固定资产在给定期间内的折旧值。

语法：DDB(cost，salvage，life，period，factor)

其中：

Cost 为资产原值。

Salvage 为资产在折旧期末的价值（也称为资产残值）。

Life 为折旧期限。

Period 为需要计算折旧的期间。Period 必须使用与 life 相同的单位。

Factor 为余额递减速率。如果 factor 被省略，则假设为 2（双倍余额递减法）。

案例 11-6　双倍余额递减的计算

案例要求

现有价格为 20 万元的企业生产设备，预计使用年限为 10 年，预计净残值率为 5%，设该公司没有对该设备计提减值准备。要求：

（1）按双倍余额递减法计提折旧，使用基本计算法和使用函数的两种方法，计算各年的折旧额是多少？

（2）双倍余额递减法年折旧的计算中按照前 8 年是递减的，最后两年是平摊的计算方式计算。

案例实效

本案例最终效果如图 11-8 所示。

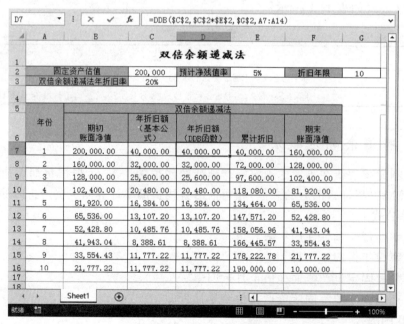

图 11-8　双倍余额递减折旧法

案例实施

以下给出基本计算法和使用 DDB 函数计算的两种操作方法。

(1) 根据本年期初账面净值＝上一年期末账面净值求得期初账面净值，当 B7＝＄C＄2，以后的为 B8＝F7，其他值向下填充。

(2) 年折旧额（基本公式）：双倍余额递减法年折旧率＝(2÷预计使用年限)×100％ 得 C3＝2/G2＝20％，则年折旧额（基本公式）C7＝＝B7＊＄C＄3，按照前 8 年是递减的，最后两年是平摊的计算方式得"＝(B15－C2＊E2)/2"。

(3) 年折旧额 DDB 函数计算公式如表 11-10 中的 D7。

(4) 期末账面净值＝固定资产估值－累计折旧。

表 11-10 公 式

单元格	公 式
B8	＝F7 向下填充至 B16
C7	＝B7＊＄C＄3 向下填充至 C16
C15	＝(B15－C2＊E2)/2
C16	＝C15
D7	＝DDB(＄C＄2,＄C＄2＊＄E＄2,＄G＄2,A7:A14)向下填充至 D16
D15	＝(B15－C2＊E2)/2
D16	＝D15
E7	＝C7
E8	＝E7＋C8
F7	＝＄C＄2－E7 向下填充至 D16

11.5.4 年数总和法折旧

年数总和法：指将固定资产的原值减去预计净残值的余额乘以某年尚可使用年数占各年尚可使用年数总和的比例计提折旧的方法。

1. 计算公式

年折旧率＝(尚可使用年限÷预计使用年限总和)×100％

或年折旧率＝((使用年限－已使用年限＋1)/((折旧年限×(折旧年限＋1)÷2))×100％

月折旧率＝年折旧率÷12

月折旧额＝(固定资产原值－预计净残值)×月折旧率

折旧额＝(原值－残值)×(使用年限－期别＋1)/(使用年限总和)

2. SYD 函数

返回某项资产按年限总和折旧法计算的指定期间的折旧值。

语法：SYD(cost, salvage, life, per)

其中：

Cost 为资产原值。

Salvage 为资产在折旧期末的价值(也称为资产残值)。

Life 为折旧期限(有时也称作资产的使用寿命)。

Per 为期间,其单位与 life 相同。

案例 11-7　年数总和法折旧的计算

案例要求

某企业外购一台生产设备,价格为 20 万元,预计使用年限为 10 年,预计净残值率为 5%,假设该公司没有对该设备计提减值准备。要求:按年数总和法计提折旧,使用基本计算法和使用函数两种方法,计算各年的折旧额是多少?

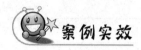

案例实效

本案例最终效果如图 11-9 所示。

E7　=SYD($C$2,$C$2*$F$2,$H$2,A7)

年数总和法:

固定资产估值	200,000	预计净残值率	5%	折旧年限	10
预计使用年限总和	55	原值－净残值	190,000		

年份	尚可使用年限	年折旧率	年折旧额(基本公式)	年折旧额(SYD函数)	累计折旧	期末账面净值
	双倍余额递减法					
1	10	18.18%	34,545.45	34,545.45	34,545.45	165,454.55
2	9	16.36%	31,090.91	31,090.91	65,636.36	134,363.64
3	8	14.55%	27,636.36	27,636.36	93,272.73	106,727.27
4	7	12.73%	24,181.82	24,181.82	117,454.55	82,545.45
5	6	10.91%	20,727.27	20,727.27	138,181.82	61,818.18
6	5	9.09%	17,272.73	17,272.73	155,454.55	44,545.45
7	4	7.27%	13,818.18	13,818.18	169,272.73	30,727.27
8	3	5.45%	10,363.64	10,363.64	179,636.36	20,363.64
9	2	3.64%	6,909.09	6,909.09	186,545.45	13,454.55
10	1	1.82%	3,454.55	3,454.55	190,000.00	10,000.00

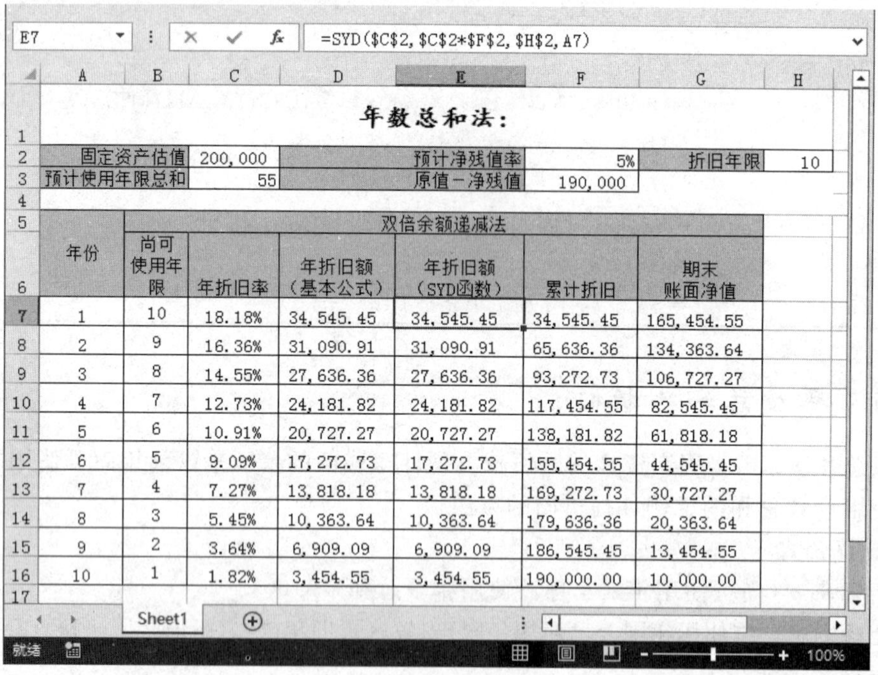

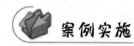

图 11-9　年数总和法

案例实施

以下给出基本计算法和使用 SYD 函数计算的两种操作方法。

(1) 预计使用年限总和=(折旧年限×(折旧年限+1)÷2)　得出 C3=H2 * (H2+1)/2。

(2) 原值－净残值：F3＝C2－C2×F2。

(3) 根据年折旧率＝（尚可使用年限÷预计使用年限总和×100%），得出 C7＝B7/$C$3，其他值向下填充。

(4) 根据折旧额＝（原值－残值）×（使用年限－期别＋1）/（使用年限总和）得出 D7＝$F$3*C7，其他值向下填充。

(5) 年折旧额（SYD 函数）如表 11-10 公式中的 E7 所示，得出 E7＝SYD($C$2,$C$2*$F$2,$H$2,A7)。

(6) 根据期末账面净值＝固定资产估值－累计折旧。得出 G7＝$C$2－F7。

(7) 各结果如表 11-11 公式所示。

表 11-11 公式

单元格	公 式
C3	＝H2*(H2+1)/2
F3	＝C2－C2*F2
B7	＝$H$2－A7+1
C7	＝B7/$C$3 向下填充至 C16
D7	＝$F$3*C7 向下填充至 D16
E7	＝SYD($C$2,$C$2*$F$2,$H$2,A7)向下填充至 E16
F7	＝D7
F8	＝F7+D8 向下填充至 F16
G7	＝$C$2－F7 向下填充至 G16

11.6 本章课外实验

11.6.1 汇总银行日记账

打开"课外实验 11-1.xlsx"工作簿，该工作表为"XX 企业"在两家银行分别建立了银行账户，按下列要求完成计算：

(1) 计算每个银行的账户余额。

(2) 根据两个银行计算"汇总银行日记账"表中的每日借方汇总、贷方汇总，以及账户余额，最终效果如图 11-10 所示。

11.6.2 固定资产折旧计算

打开"课外实验 11-2.xlsx"工作簿，分别用直线法、年数总和法、双倍余额递减法计算固定资产折旧，要求：

(1) 用基本计算法实现三种折旧的计算。

(2) 用 Excel 函数实现三种折旧的计算。

最终效果如图 11-11～图 11-13 所示。

I8 =VLOOKUP(E8,农业银行!$E$7:$I$13,5,FALSE)

银行日记账汇总　　科目：银行存款（1002）

2017年 月	日	凭证号数	科目编码	业务编号	科目名称	摘要	借方	贷方	方向	余额
1			1002		银行存款	期初余额			借	1,531,649.53
1			1002		银行存款	本月合计（月净额：-981719.27）	2,764,040.00	3,745,759.27	借	549,930.26
1			1002		银行存款	累计	2,764,040.00	3,745,759.27	借	549,930.26
1			100201	N01	农业银行	上年结转	0.00	0.00	借	34,664.73
1	3	记-0005	100201	N02	农业银行	购年会礼品	0.00	12,464.00	借	22,200.73
1	5	记-0008	100201	N03	农业银行	银行短信费	0.00	2.00	借	22,198.73
1	6	记-0018	100201	N04	农业银行	收贷款利息	4,200.00	0.00	借	26,398.73
1	9	记-0033	100201	N05	农业银行	收贷款利息	24,000.00	0.00	借	50,398.73
1			100201	N06	农业银行	本月合计（月净额：15734.00）	28,200.00	12,466.00	借	50,398.73
1			100201	N07	农业银行	累计	28,200.00	12,466.00	借	50,398.73
1			100202	Z01	中信银行	上年结转	0.00	0.00	借	1,496,984.80
1	2	记-0001	100202	Z02	中信银行	提现金	0.00	360.00	借	1,496,624.80
1	5	记-0003	100202	Z03	中信银行	股东分配利润	0.00	1,032,933.27	借	463,691.53
1	17	记-0020	100202	Z04	中信银行	收贷款利息	2000.00	0.00	借	465,691.53
1	19	记-0023	100202	Z05	中信银行	还贷款本金	330000.00	0.00	借	795,691.53
1	21	记-0024	100202	Z06	中信银行	还贷款本金	1600000.00	0.00	借	2,395,691.53
1	23	记-0026	100202	Z07	中信银行	收贷款利息	3840.00	0.00	借	2,399,531.53
1	25	记-0027	100202	Z08	中信银行	付贷款款	0.00	1,600,000.00	借	799,531.53
1	26	记-0029	100202	Z09	中信银行	收贷款本金及利息	800000.00	0.00	借	1,599,531.53
1	28	记-0032	100202	Z10	中信银行	付贷款	0.00	800,000.00	借	799,531.53
1	30	记-0037	100202	Z11	中信银行	商会撤资	0.00	300,000.00	借	499,531.53
1			100202	Z12	中信银行	本月合计（月净额：-997，453.27）	2735840.00	3,733,293.27	借	499,531.53
1			100202	Z13	中信银行	累计	2735840.00	3,733,293.27	借	499,531.53

银行日记账汇总　农业银行　中信银行

图 11-10　银行日记账

B7 =SLN($C$4,$K$4,$F$4)

固定资产直线法折旧表

固定资产编号	71230	固定资产名称		大型龙门铣床		使用部门	第一车间	规格型号	×××	
增加方式	自建	开始使用日期		2016/11/1		折旧方法		直线法		
固定资产原值	200,000.00	预计使用年限		10		残值率	5%	残值	10,000.00	
期间	1	2	3	4	5	6	7	8	9	10
折旧金额1	19,000.00	19,000.00	19,000.00	19,000.00	19,000.00	19,000.00	19,000.00	19,000.00	19,000.00	19,000.00
折旧金额2	19,000.00	19,000.00	19,000.00	19,000.00	19,000.00	19,000.00	19,000.00	19,000.00	19,000.00	19,000.00

固定资产直线法折旧表　固定资产年总数和法折旧表　固定î ...

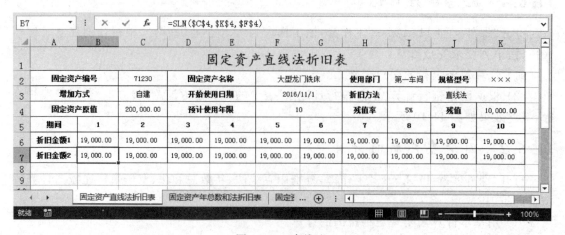

图 11-11　直线法

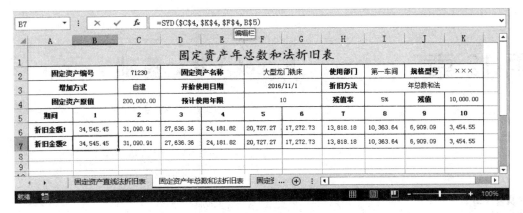

图 11-12 年数总和法

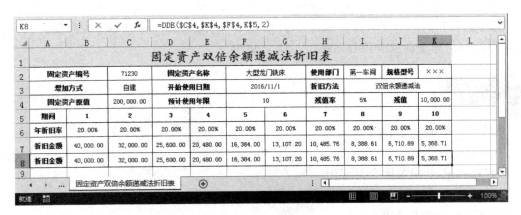

图 11-13 双倍余额递减法

第 12 章　Excel VBA 基础

VBA 的英文全称是 Visual Basic for Application，以 Visual Basic 为语言基础，其主要应用领域集中于 Microsoft Office 办公软件中。本章主要把 Visual Basic 的数据类型、表达式、程序控制语句及数组应用到 Excel 2013 环境中。

本章学习目标

- ❖ VBA 及其开发环境
- ❖ Application 对象简介及应用
- ❖ Workbook 对象简介及应用
- ❖ Worksheet 对象简介及应用
- ❖ Range 对象简介及应用

12.1　VBA 及其开发环境

12.1.1　VBA 简介

VBA 的主要应用领域集中于 Microsoft Office 办公软件中，在 VBA 出现之前，Excel、Word、Access 等都有各自的宏语言，VBA 的出现使得多种程序可以共用一种宏语言，提高了不同应用软件之间的相互开发效率和调用能力。

VBA 属于 Visual Basic 对象的子类，继承了 Visual Basic 的数据类型、运算符和控制结构，虽然它是一种面向对象的编辑语言，但也继承了 Basic 面向应用的传统。

12.1.2　VBA 开发环境

Visual Basic Editor(VBE)是编写 VBA 代码的工具，开发人员可以通过其直接编写代码或对录制的宏代码进行修改等。在 VBE 中编写的代码会成为 Excel 工作簿文件的一部分，拥有独立的操作窗口，但必须在 Office 组件的基础上运行。

1. 启动 VBA 开发环境 VBE

进入 VBE 的常用方法有以下两种：

(1) 在 Excel"开发工具"选项卡"代码"组中,单击 Visual Basic 按钮可进入 VBA 开发环境,如图 12-1 所示。

图 12-1　开发工具

(2) 使用快捷键 Alt+F11,可直接进入 VBE。

2．VBE 窗口组成

进入 VBA 编辑窗口,如图 12-2 所示,主要组成如下:

图 12-2　VBA 开发环境(VBE)

(1) 标题栏

标题栏位于 VBE 窗口的最上一行,中间位置显示 Excel 工作簿的名称"工作簿1",右边部分显示窗体控制按钮最小化、最大化、关闭等。

(2) 菜单栏

菜单栏位于标题栏下方,通过菜单栏中各功能菜单可以完成对 VBE 窗体及代码的相应操作。菜单栏中主要包括"文件"、"编辑"、"视图"、"插入"、"格式"、"调试"、"运行"、"工具"、"外接程序"、"窗口"、"帮助"等。

(3) 工具栏

工具栏一般位于菜单栏下方,并且用户可以根据需要调整工具栏的位置,也可以通过单击菜单栏中"视图"中"工具栏"的"自定义"选项选择需要显示的特殊工具栏。

(4) 工程资源管理器

在工程资源管理器中,用户可以管理所有打开的 Excel 工作簿,也可以管理自定义的窗体及增加代码模块等。打开工程资源管理器窗口有以下两种方法:

❖ 单击菜单栏中"视图"下拉列表中的"工程资源管理器"选项。
❖ 使用快捷键 Ctrl+R 可快速进入"工程资源管理器"。

在工程资源管理器左上方有三个功能按钮,它们分别是"查看代码"、"查看对象"、"切换文件夹"。

(5) 属性窗口

用户可以在属性窗口进行对象属性的查看、修改等操作。显示属性窗口可以按快捷键 F4。

(6) 代码窗口

代码窗口用于编辑和存储 Excel VBA 的程序代码。在工程窗口中,任何一个对象都有自己的代码窗口,通过双击窗体中的任意对象都可以进入代码窗口,如图 12-3 所示。

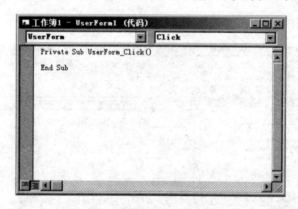

图 12-3　对象代码窗口

(7) 窗体与工具箱

工具箱只有在设计用户窗体时才会显示出来,使用工具箱中提供的控件工具可设计出与用户交互的界面。

(8) 立即窗口

立即窗口位于 VBE 窗口的下方,使用快捷键 Ctrl+G 可显示立即窗口,主要作用是对用户代码进行调试。

12.1.3 Excel 对象

Excel 是对象的集合，其中包含了应用程序对象 Application、工作簿对象 Workbook、工作表对象 Worksheet、单元格对象 Cell、区域对象 Range、图表对象 Chart 等，开发人员通过编写代码操作这些对象，即可完成对 Excel 的控制。

Excel 中的所有对象都处于一个完整的体系中，每个对象都不是孤立的，并且在 Excel 中对象是分层组织的，其中最上层是 Application 对象，表示 Excel 应用程序本身，Application 下包含了多个 Workbook 对象，Workbook 对象又包含多个 Worksheet 对象、Range 对象和 Chart 对象。其基本的层次结构如图 12-4 所示。

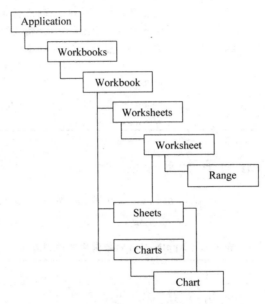

图 12-4　Excel 对象层次结构

12.2　Application 对象简介

Application 对象处于层次结构的顶部，表示整个 Excel 应用程序，这意味着我们可以使用 Application 对象来控制应用程序级的设置和选项，即调用 Application 方法或修改 Application 的属性时，对 Application 的所有操作都将会影响到所有的 Excel 应用程序。

在 Application 对象下面，可以找到 Workbooks、Worksheets 等其他对象，这些对象既是 Excel VBA 对象模型中的一个对象（或集合），也是 Application 对象的一个属性。

12.2.1　Application 对象常用属性

如表 12-1 所示，Application 对象提供了很多属性，通过这些属性可以控制 Excel 的状态、获取对象的引用等操作。

表 12-1　Application 对象常用属性列表

序号	属性名称	说　　明
1	ActiveCell	返回一个 Range 对象,代表当前窗口
2	ActiveChart	返回一个 Chart 对象,代表当前图表
3	ActivePrinter	返回或设置活动打印机的名称
4	ActiveSheet	返回一个对象,指定工作簿中的当前工作表
5	ActiveWindow	返回一个 Window 对象,该对象表示当前窗口
6	ActiveWorkbook	返回一个 Workbook 对象,该对象表示当前工作簿
7	Caption	返回 Microsoft Excel 主窗口上的标题名称
8	Cells	返回一个 Range 对象,它代表当前工作表中的所有列
9	DisplayFormulaBar	设置是否显示编辑栏,则该属性的值为 True 和 False
10	DisplayScrollBars	设置是否显示滚动条,该属性的值为 True 和 False
11	DisplayStatusBar	设置是否显示状态栏,该属性的值为 True 和 False
12	Sheets	Sheets 集合,它代表活动工作簿中所有的工作表
13	StatusBar	设置状态栏中的文字
14	Range	Range 对象,它代表一个单元格或单元格区域
15	Workbooks	Workbooks 集合,该集合表示所有打开的工作簿

12.2.2　Application 对象常用方法

Application 对象提供了许多允许执行操作的方法,例如重新计算、撤销操作等。具体如表 12-2 所示。

表 12-2　Application 对象常用方法列表

序号	方法名称	说　　明
1	Calculate	计算所有打开的工作簿
2	Evaluate	将一个 Microsoft Excel 名称转换为一个对象或者一个值
3	Quit	退出 Microsoft Excel
4	OnTime	特定时间运行过程中的程序或代码
5	Undo	撤销最后一次用户界面操作
6	Union	返回两个或多个区域的合并区域

12.2.3　Application 对象常用事件

在 Excel 对象模型中,大部分对象都提供了事件接口 Application 对象的常用事件,如表 12-3 所示。

表 12-3　Application 对象常用事件列表

序号	事件名称	说　　明
1	NewWorkbook	新建一个工作簿时执行此事件程序
2	SheetActivate	激活工作表时执行此事件程序
3	SheetBeforeDoubleClick	双击工作表时执行此事件程序
4	SheetBeforeRightClick	右击工作表时执行此事件程序

续表

序号	事件名称	说明
5	SheetChange	更改了工作表中的单元格时执行此事件程序
6	SheetDeactivate	当工作表被停用时执行此事件程序
7	WindowActivate	工作簿窗口被激活时将执行此事件程序
8	WindowDeactivate	工作簿窗口被停用时将执行此事件程序
9	WindowResize	工作簿窗口调整大小时将执行此事件程序
10	WorkbookActivate	激活工作簿时执行此事件程序
11	WorkbookBeforeClose	打开的工作簿关闭之前立即执行此事件程序
12	WorkbookBeforeSave	保存工作簿之前执行此事件程序
13	WorkbookNewSheet	打开的工作簿中新建工作表时执行此事件程序
14	WorkbookOpen	打开工作簿时执行此事件程序

案例 12-1　调用 Excel 的 SUM 函数求和

案例要求

打开"案例 12-1.xlsm"文件,创建一个名为 cmd1 的命令按钮,标题为"调用 SUM 函数",通过 Application 对象调用 Excel 中的 SUM 函数对 A1 到 D1 单元格求和,将求和结果显示在 B3 单元格中。

本案例实现效果如图 12-5 所示。

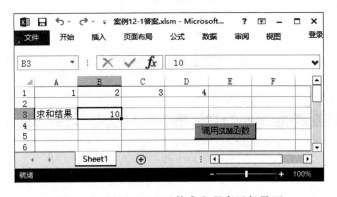

图 12-5　调用 SUM 函数求和程序运行界面

```
Sub cmd1_Click()
```

```
    'S = Application.WorksheetFunction.Sum(Range("a1:d1"))
    Set 名称 = Worksheets("sheet1").Range("a1:d1")
    S = Application.WorksheetFunction.Sum(名称)
    [B3] = S
End SubEnd Sub
```

案例 12-2　退出 Excel 程序

案例要求

打开"案例 12-2.xlsm"文件，创建一个名为 cmd1 的命令按钮，标题为"退出 Excel"，通过 Application 对象控制 Excel 的关闭。

案例实效

本案例实现效果如图 12-6 所示。

图 12-6　退出 Excel 程序运行界面

案例实施

（1）进入"退出 Excel"命令按钮代码窗口。
（2）在代码窗口编写如下代码程序：

```
Sub cmd1_Click()
    Dim PD
```

```
        PD = MsgBox("关闭 Excel 吗?", 1 + 16, "退出提示")
        If PD = 1 Then
            Application.Quit
        End If
End Sub
```

(3) 在退出提示对话框中单击"确定"按钮,则退出 Excel,并提示保存。

12.3　Workbook 对象简介

Workbook 工作簿对象位于 Application 对象的下一层,一个 Workbook 对象就是一个 Excel 文件,使用 Workbook 对象可以处理工作簿打开、保存、关闭、打印以及一些文件常用操作。

12.3.1　Workbooks 集合

Workbooks 属性表示工作簿的集合,该集合包含当前所打开的 Excel 中所有的工作簿对象。作为一个集合类型的对象,可以使用 Workbooks 提供的相关属性和方法对工作簿进行操作。

Workbooks 集合对象提供对工作簿创建、关闭、打开等方法,如表 12-4 所示。

表 12-4　Workbooks 集合对象方法列表

序号	方法名称	作用	说　明
1	Add	创建	使用 Add 方法可以创建新的工作簿,Excel 会自动将该工作簿命名为"工作簿 N",新工作簿将成为活动工作簿
2	Close	关闭	使用该方法将关闭所有的 Excel 工作簿,但不退出 Excel 程序
3	Open	打开	用 Open 方法打开一个工作簿时,该工作簿将成为 Workbooks 集合的成员

12.3.2　Workbook 对象常用属性

Workbook 对象提供了很多属性,使用这些属性可充分控制工作簿,Workbook 对象的常用属性如表 12-5 所示。

表 12-5　Workbook 对象常用属性列表

序号	属性名称	说　明
1	ActiveSheet	返回一个对象,它代表活动工作簿中或指定的窗口或工作簿中的活动工作表
2	Application	如果不使用对象识别符,则该属性返回一个 Application 对象,该对象表示 Microsoft Excel 应用程序。如果使用对象识别符,则该属性返回一个表示指定对象(可对一个 OLE 自动操作对象使用本属性来返回该对象的应用程序)创建者的 Application 对象。只读
3	Charts	返回一个 Sheets 集合,它代表指定工作簿中的所有图表工作簿
4	FullName	返回对象的名称(以字符串表示),包括其磁盘路径。String 型,只读
5	Name	返回一个 String 值,它代表对象的名称

续表

序号	属性名称	说 明
6	Names	返回一个 Names 集合,它代表指定工作簿的所有名称(包括所有指定工作表的名称)。Names 对象,只读
7	Password	返回或设置在打开指定工作簿时必须提供的密码。String 类型,可读写
8	Path	返回一个 String 值,它代表应用程序的完整路径,不包括末尾的分隔符和应用程序名称
9	ReadOnly	如果对象以只读方式打开,则返回 True。Boolean 类型,只读
10	Saved	如果指定工作簿从上次保存至今未发生过更改,则该属性值为 True。Boolean 类型,可读写
11	Sheets	返回一个 Sheets 集合,它代表指定工作簿中所有工作表。Sheets 对象,只读
12	Worksheets	返回一个 Sheets 集合,它代表指定工作簿中所有工作表。Sheets 对象,只读

12.3.3 Workbook 对象常用方法

Workbook 提供了很多方法,常用的方法具体如表 12-6 所示。

表 12-6 Workbook 对象常用方法列表

序号	方法名称	说 明
1	Activate	激活与工作簿相关的第一个窗口
2	Close	关闭对象
3	Protect	保护工作簿使其不被修改
4	Save	保存对指定工作簿所做的更改
5	SaveAs	在另一不同文件中保存对工作簿所做的更改
6	SaveCopyAs	将指定工作簿的副本保存到文件,但不修改内存中的打开工作簿
7	Unprotect	取消工作表或工作簿的保护。如果工作表或工作簿不是受保护的,则此方法不起作用

12.3.4 Workbook 对象常用事件

Workbook 提供了大量的事件,便于用户编写程序控制 Workbook 对象。Workbook 对象的常用事件如表 12-7 所示。

表 12-7 Workbook 对象常用事件列表

序号	事件名称	说 明
1	BeforeClose	在关闭工作簿之前,先产生此事件。如果该工作簿已经更改过,则本事件在询问用户是否保存更改之前产生
2	BeforePrint	在打印指定工作簿(或者其中的任何内容)之前,发生此事件
3	NewSheet	当在工作簿中新建工作表时发生此事件
4	Open	打开工作簿时,发生此事件
5	SheetActivate	当激活任何工作表时发生此事件
6	SheetDeactivate	当任何工作表被停用时发生此事件
7	WindowActivate	工作簿窗口被激活时,将发生此事件
8	WindowDeactivate	任何工作簿窗口被停用时将发生此事件
9	WindowResize	任何工作簿窗口调整大小时将发生此事件

案例 12-3　创建及保存 Excel 工作簿

案例要求

打开"案例 12-3.xlsm"文件，启动 VBA 进行如下操作：
（1）插入一个用户窗体，窗体的界面设计如图 12-7 所示。
（2）单击该按钮可以创建 10 个 Excel 文件，然后分别保存。

 案例实效

本案例实现效果如图 12-7 所示。

图 12-7　创建及保存 Excel 工作簿程序运行界面

案例实施

进入"创建及保存"命令按钮代码窗口，在代码窗口编写如下代码程序：

```
Private Sub CommandButton1_Click()
For i = 1 To 10
Workbooks.Add '谁创建谁是当前
    ActiveWorkbook.Save '默认存在我的文档中
Next
End Sub
```

案例 12-4　创建文件夹和多个 Excel 文件

案例要求

打开"案例 12-4.xlsm"文件，启动 VBA 进行如下操作：
（1）插入一个用户窗体，窗体的界面设计如图 12-8 所示。
（2）首先在 C 盘中新建 2015 文件夹，单击按钮可以在该文件夹创建 10 个 Excel 文件

存在该文件夹中,文件名分别为 K1~K10。

本案例实现效果如图 12-8 所示。

图 12-8　创建文件夹和多个 Excel 文件程序运行界面

进入"C 盘 2015 文件夹创建 Excel"命令按钮代码窗口,在代码窗口编写如下代码程序:

```
Private Sub CommandButton1_Click()
For i = 1 To 10
Workbooks.Add
ActiveWorkbook.SaveAs "c:\2015\k" & i
Next
End Sub
```

12.4　Worksheet 对象简介

Worksheet 对象代表 Excel 中的工作表,通过 Workbook 对象的 Sheets 属性或 Worksheets 属性可返回指定工作簿中的工作表。

通常在操作工作表的时候,需要获取对现有工作表的引用,或者新增一个工作表。获取对工作表的引用有两种方法:

❖ 通过 Worksheets 集合的索引号引用。
❖ 通过工作表名称进行引用。

在 VBA 中,通过 Worksheets 集合对象可增加工作表、删除工作表,获取对工作表的引用,向工作表中增加、删除行等。

12.4.1　Worksheets 集合

Worksheets 集合包括指定工作簿中的所有 Worksheet 对象。每个 Worksheet 对象都代表一个工作表。在 Excel 中,还提供了一个 Sheets 集合,该集合中的最常用的成员是

Worksheet 对象,其属性和方法都相同。

1. Worksheets 集合对象属性

除了一般集合对象具有的属性外,还有 Visible 属性。通过该属性可以控制集合中 Worksheet 对象是否可见。

2. Worksheets 集合对象方法

通过 Worksheets 集合的方法,可以对工作表进行控制,常用方法如表 12-8 所示。

表 12-8　Worksheets 集合常用方法列表

序号	方法名称	说明
1	Add	增加工作表
2	Copy	复制工作表
3	Delete	删除工作表
4	Move	移动工作表
5	PrintOut	打印工作表
6	PrintPreview	预览工作表

12.4.2　Worksheet 对象常用属性

通过 Worksheet 对象的属性,可以引用工作表中的单元格、控制工作表可见性、处理批注等等,Worksheet 对象的常用属性如表 12-9 所示。

表 12-9　Worksheet 对象常用属性列表

序号	属性名称	说明
1	Cells	返回一个 Range 对象,它代表工作表中的所有单元格
2	Comments	返回一个 Comments 集合,该集合表示指定工作表的所有注释
3	Name	返回或设置一个 String 值,它代表对象的名称
4	Next	返回代表下一个工作表的 Worksheet 对象
5	Previous	返回代表上一个工作表的 Worksheet 对象
6	Protection	返回一个 Protection 对象,该对象表示工作表的保护选项
7	Range	返回一个 Range 对象,它代表一个单元格或单元格区域
8	Rows	返回一个 Range 对象,它代表指定工作表中的所有行。Range 对象,只读
9	ScrollArea	以 A1 样式的区域引用形式返回或设置允许滚动的区域
10	Shapes	返回一个 Shapes 集合,它代表工作表上的所有形状
11	SmartTags	返回一个 SmartTags 对象,它代表指定单元格的标识符
12	Sort	在当前工作表中返回经过排序的值
13	StandardHeight	以磅为单位返回工作表中所有行的标准高度
14	StandardWidth	返回或设置工作表中所有列的标准列宽
15	Tab	返回一个工作表的 Tab 对象
16	UsedRange	返回一个 Range 对象,该对象表示指定工作表上所使用的区域
17	Visible	设置工作表对象是否可见

12.4.3　Worksheet 对象常用方法

使用 Worksheet 对象提供的方法,可复制、删除、移动工作表等,Worksheet 对象的常用方法如表 12-10 所示。

表 12-10　Worksheet 对象常用方法列表

序号	方法名称	说　明
1	Activate	使当前工作表成为活动工作表
2	Copy	将工作表复制到工作簿的另一位置
3	Delete	删除对象
4	Move	将工作表移到工作簿中的其他位置
5	Paste	将"剪贴板"中的内容粘贴到工作表上
6	Protect	保护工作表使其不能被修改
7	Unprotect	取消工作表或工作簿的保护。如果工作表或工作簿不是受保护的,则此方法不起作用

12.4.4　Worksheet 对象常用事件

通过 Worksheet 对象的事件,可捕获用户在工作表中的操作,以控制工作表中的数据。Worksheet 对象的常用事件如表 12-11 所示。

表 12-11　Worksheet 对象常用事件列表

序号	事件名称	说　明
1	Activate	激活工作簿、工作表、图表工作表或嵌入式图表时发生此事件
2	BeforeDoubleClick	当双击工作表时发生此事件,此事件先于默认的双击操作
3	BeforeRightClick	右击工作表时发生此事件,此事件先于默认的右键单击操作
4	Calculate	对于 Worksheet 对象,在对工作表进行重新计算之后发生此事件
5	Change	当用户更改工作表中的单元格,或外部链接引起单元格的更改时发生此事件
6	Deactivate	图表、工作表或工作簿被停用时发生此事件
7	PivotTableUpdate	工作簿中的数据透视表更新后发生此事件
8	SelectionChange	当工作表上的选定区域发生改变时发生此事件

案例 12-5　激活工作表

案例要求

打开"案例 12-5.xlsm"文件,启动 VBA 进行如下操作:
(1) 插入一个用户窗体,窗体的界面设计如图 12-9 所示。
(2) 单击该按钮可以通过输入框输入工作表标签名,将输入的工作表激活。

案例实效

本案例实现效果如图 12-9 所示。

图 12-9　激活工作表程序运行界面

案例实施

(1) 进入"激活工作表"命令按钮代码窗口。

(2) 在代码窗口编写如下代码程序：

```
Private Sub CommandButton1_Click()
    Dim gzb As String, n As Integer
    gzb = InputBox("请输入工作表标签名", "输入提示")
    n = MsgBox("你确认要激活该工作表吗?", vbOKCancel + vbCritical, "结果提示")
    If n = 1 Then
        Sheets(gzb).Activate
    End If
End Sub
```

(3) 程序运行时，单击激活工作表命令按钮，弹出输入提示窗体如图 12-10 所示，输入要激活的工作表标签名后单击"确定"按钮，则弹出结果提示窗体如图 12-11 所示，单击"确定"按钮则激活该工作表。

图 12-10　输入工作表标签名

图 12-11　结果提示

案例 12-6　插入工作表

案例要求

打开"案例 12-6.xlsm"文件，启动 VBA 进行如下操作：

(1) 插入一个用户窗体，窗体的界面设计如图 12-12 所示。

(2) 单击"工作表前插入工作表"按钮可以通过输入框输入工作表标签，并在输入的工作表前插入工作表。

(3) 单击"工作表后插入工作表"按钮可以通过输入框输入工作表标签，并在输入的工作表后插入工作表。

(4) 单击"工作表最前插入工作表"按钮可以在最前面插入工作表。

(5) 单击"工作表最后插入工作表"按钮可以在最后面插入工作表。

案例实效

本案例实现效果如图12-12所示。

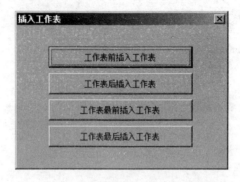

图 12-12　插入工作表程序运行界面

（1）进入"工作表前插入工作表"命令按钮代码窗口，在代码窗口编写如下代码程序：

```
Private Sub CommandButton1_Click()
        Dim gzb As String
        gzb = InputBox("请输入工作表标签名", "信息提示")
        Sheets.Add Before:=Sheets(gzb)
End Sub
```

（2）进入"工作表后插入工作表"命令按钮代码窗口，在代码窗口编写如下代码程序：

```
Private Sub CommandButton2_Click()
        Dim gzb As String
        gzb = InputBox("请输入工作表标签名", "信息提示")
        Sheets.Add After:=Sheets(gzb)
End Sub
```

（3）进入"工作表最前插入工作表"命令按钮代码窗口，在代码窗口编写如下代码程序：

```
Private Sub CommandButton3_Click()
        Sheets.Add Before:=Sheets(1)
End Sub
```

（4）进入"工作表最后插入工作表"命令按钮代码窗口，在代码窗口编写如下代码程序：

```
Private Sub CommandButton4_Click()
        Sheets.Add After:=Sheets(Sheets.Count)
End Sub
```

12.5　Range 对象简介

在 Excel 应用程序设计中，Range 对象是最常使用的对象之一，在操作 Excel 内的任何区域之前，都需要将其表示为一个 Range 对象，然后使用 Range 对象的方法和属性对其进行操作。

12.5.1　Range 对象常用属性

Range 对象常用属性如表 12-12 所示。

表 12-12　Range 对象常用属性列表

序号	属性名称	说明
1	Address	它代表区域引用
2	Areas	该集合表示多重区域选择中的所有区域
3	Borders	它代表样式或单元格区域（包括定义为条件格式一部分的区域）的边框
4	Cells	返回一个 Range 对象，它代表指定单元格区域中的单元格
5	Characters	它代表对象文本内某个区域的字符，使用 Characters 对象可为文本字符串内的字符设置格式
6	Column Width	返回或设置指定区域中所有列的列宽
7	CurrentRegion	返回一个 Range 对象，该对象表示当前区域
8	End	返回一个 Range 对象，该对象代表包含源区域的区域尾端的单元格。等同于按键 End+向上键、End+向下键、End+向左键或 End+向右键
9	Font	返回一个 Font 对象，它代表指定对象的字体
10	Formula	它代表 A1 样式表示法和宏语言中的对象的公式
11	Height	该值代表区域的高度（以磅为单位）
12	NumberFormat	返回或设置一个 Variant 值，它代表对象的格式代码
13	Text	返回或设置指定对象中的文本
14	Value	它代表指定单元格的值
15	Width	它代表区域的宽度（以磅为单位）

12.5.2　Range 对象常用方法

Range 对象常用方法如表 12-13 所示。

表 12-13　Range 对象常用方法列表

序号	方法名称	说明
1	Activate	激活单个单元格，该单元格必须处于当前选定区域内。要选择单元格区域，请使用 Select 方法
2	AddComment	为区域添加批注
3	AutoFit	更改区域中的列宽或行高以达到最佳匹配
4	AutoFormats	可对选中区域自动套用格式
5	Clear	清除整个对象
6	ClearComments	清除指定区域的所有单元格批注
7	ClearContents	清除区域中的公式
8	ClearFormats	清除对象的格式设置

续表

序号	方法名称	说明
9	ClearNotes	清除指定区域中所有单元格的批注和语音批注
10	Copy	将单元格区域复制到指定的区域或剪贴板中
11	Cut	将对象剪切到剪贴板,或者将其粘贴到指定的目的地
12	Delete	删除对象
13	Find	在区域中查找特定信息
14	Insert	在工作表或宏表中插入一个单元格或单元格区域,其他单元格相应移位以腾出空间
15	Merge	由指定的 Range 对象创建合并单元格
16	Select	选择对象
17	SpecialCells	返回一个 Range 对象,该对象代表与指定类型和值匹配的所有单元格
18	UnMerge	将合并区域分解为独立的单元格

12.5.3 Range 对象使用

运用 Excel VBA 编程时,需要频繁地引用单元格区域,并运用其方法和属性完成需要的操作。Range 对象引用单元格有下列几种方式。

(1) 使用"A1"样式引用,具体表示方式如下:

Worksheets("sheet1").Range("A1")

(2) 使用 R1C1 样式引用,具体表示方式如下:

Worksheets("sheet1").Cells(1,1)

(3) 使用 Offset 属性引用,使用已有 Range 对象 Offset 属性,将返回一个新的 Range 对象,代表位于指定单元格区域一定偏移位置上的区域,语法结构如下:

Offset(RowOffset,ColumnOffset)

其中,Offset 参数具体含义如表 12-14 所示。

表 12-14 Offset 参数列表

名称	含义
RowOffset	区域偏移的行数(正数、负数或 0),正数表示向下偏移,负数表示向上偏移,默认值是 0
ColumnOffset	区域偏移的列数(正数、负数或 0),正数表示向右偏移,负数表示向左偏移,默认值是 0

案例 12-7 数据的填充与删除

案例要求

打开 Excel,启动 VBA 进行如下操作:

(1) 插入一个用户窗体,窗体的界面设计如图 12-13 所示。

(2) 编写适当的代码使程序运行时,单击"列填充数据"命令按钮可以将 B 到 D 列的单元格均填充 100;单击"删除列数据"命令按钮可以将 B 到 D 列中的内容删除。

(3) 单击"行填充数据"命令按钮可以将 3 到 5 行的单元格均填充 100；单击"删除行数据"命令按钮可以将 3 到 5 行中的内容删除。

(4) 单击"选取区域填充"命令按钮可以接收用户输入填入数据的起始单元格和终止单元格，将范围内的单元格均填充 100，单击"删除区域数据"命令按钮可以接收用户输入删除数据的起始单元格和终止单元格，将范围内单元格的内容删除。

(5) 最后将该工作簿保存，名称为"案例 12-7 答案.xlsm"。

本案例实现效果如图 12-13 所示。

图 12-13　最终效果

(1) 插入用户窗体，根据效果图设计窗体的界面。

(2) 在窗体上画 6 个命令按钮，将命令按钮的 Caption 属性分别改为"列填充数据"、"删除列数据"、"行填充数据"、"删除行数据"、"选取区域填充"、"删除区域数据"。

(3) 双击"列填充数据"命令按钮打开代码窗口，在 CommandButton1_Click() 中编写如下代码：

```
Private Sub CommandButton1_Click()
Range("B:D").Value = 100
End Sub
```

运行效果如图 12-14 所示。

(4) 双击"删除列数据"命令按钮打开代码窗口，在 CommandButton2_Click() 中编写如下代码：

```
Private Sub CommandButton2_Click()
Range("B:D").Clear
End Sub
```

(5) 双击"行填充数据"命令按钮打开代码窗口，在 CommandButton3_Click() 中编写如下代码：

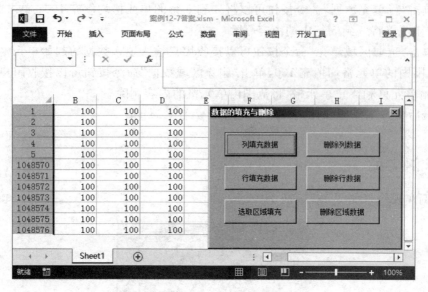

图 12-14 列填充数据

```
Private Sub CommandButton3_Click()
Range("3:5").Value = 100
End Sub
```

运行效果如图 12-15 所示。

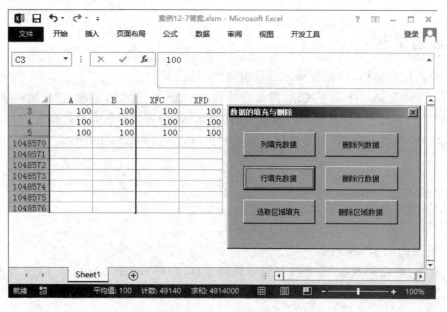

图 12-15 行填充数据

（6）双击"删除行数据"命令按钮打开代码窗口，在 CommandButton4_Click()中编写如下代码：

```
Private Sub CommandButton4_Click()
```

```
Range("3:5").Clear
End Sub
```

(7) 双击"选取区域填充"命令按钮打开代码窗口,在 CommandButton5_Click()中编写如下代码:

```
Private Sub CommandButton5_Click()
Dim rng1, rng2
rng1 = InputBox("输入要填入数据的起始单元格","提示")
rng2 = InputBox("输入要填入数据的终止单元格","提示")
Range(rng1, rng2).Value = 100
End Sub
```

运行效果如图 12-16~图 12-18 所示。

图 12-16 输入起始单元格

图 12-17 输入终止单元格

图 12-18 选取区域填充

(8) 双击"删除区域数据"命令按钮打开代码窗口,在 CommandButton6_Click()中编写如下代码:

```
Private Sub CommandButton6_Click()
Dim rng1, rng2
rng1 = InputBox("输入要删除数据的起始单元格","提示")
rng2 = InputBox("输入要删除数据的终止单元格","提示")
Range(rng1, rng2).Clear
End Sub
```

12.6 本章课外实验

12.6.1 隐藏或显示工作表

打开"课外实验 12-1.xlsm"工作簿,创建两个表单控件按钮,名称分别为 CMD1、CMD2,标题分别为"隐藏工作表"、"显示工作表",界面设计如图 12-19 所示。

(1) 单击"隐藏工作表"按钮可以将 Sheet2、Sheet3、Sheet4 工作表隐藏。
(2) 单击"显示工作表"按钮可以将 Sheet3 工作表显示出来。
最终效果如图 12-19 所示。

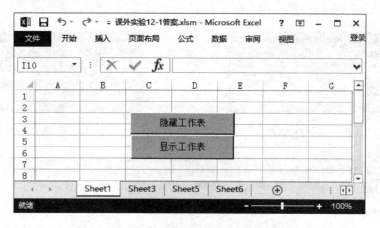

图 12-19 隐藏或显示工作表程序运行界面

12.6.2 贷款打折

打开 Excel,启动 VBA 进行如下操作:

(1) 插入一个用户窗体,在窗体上添加 2 个标签,2 个文本框(TextBox1 和 TextBox2)和 1 个命令按钮,窗体的界面设计如图 12-20 所示。

(2) 编写适当的代码,使得程序运行时,在文本框 1 中输入原货款,单击"计算"按钮则可计算出打折后的货款,并显示在文本框 2 中。

打折规定如下:
X<100 不打折
X<500   0.95 折
X<1000 9 折
X<2000 0.85 折
X≥2000 0.8 折
最终效果如图 12-18 所示。

图 12-20 贷款打折程序运行界面

12.6.3 行列的插入与删除

打开 Excel,启动 VBA 进行如下操作:

(1) 插入一个用户窗体,窗体的界面设计如图 12-21 所示。

(2) 编写适当的代码使得程序运行时,单击"填充数据"命令按钮可以将 A1 到 E10 的单元格均填充 100。

(3) 单击"插入列"命令按钮可以在 C 列前插入 2 列,单击"删除列"命令按钮可以删除 C 到 D 列。

(4) 单击"插入行"命令按钮可以在第 3 行前插入 3 行,单击"删除行"命令按钮可以删除第 3 行到第 5 行。

(5) 将该工作簿保存,名称为"课外实验12-3答案.xlsm"。

最终效果如图 12-21 所示。

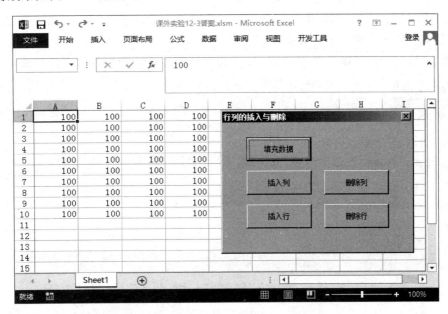

图 12-21 行列的插入与删除程序运行界面

第 13 章　VBA 在经济管理中的应用

在 Excel 的数据处理中使用 VBA，即采用 VBA 程序的方式来代替大量的 Excel 界面操作，可以提高我们的实际应用工作效率。本章通过 VBA 与前面章节内容相结合，运用 VBA 程序来解决经济管理中的数据处理要求。

通过本章的学习，理解并掌握使用 VBA 程序解决经济管理中的数据处理原理和方法。

本章学习目标

- ❖ 在 VBA 中使用单元格
- ❖ 在 VBA 中调用 Excel 函数
- ❖ 在 VBA 中使用循环语句
- ❖ 在 VBA 中使用 IF 语句
- ❖ 在 VBA 中使用 SELECT CASE 语句
- ❖ 在 VBA 中向下填充公式

13.1　VBA 在数据统计与分析中的应用

13.1.1　产品生产件数的统计

 案例 13-1　LED 台灯组装三月份最高与最低件数统计

案例要求

打开"案例 13-1.xlsx"工作簿，启动 VBA 进行如下操作。

（1）在工作表中插入一个用户窗体，窗体的界面设计如图 13-1 所示。

（2）编写适当的代码使得程序运行时，单击"三月份最高件数"命令按钮可将三月份个人组装 LED 台灯最高件数值填入 E1 单元格中，单击"三月份最低件数"命令按钮可将三月份个人组装 LED 台灯最低件数值填入 E2 单元格中。

（1）通过本案例掌握最大值与最小值的计算方法，加深对 Excel 中的 MAX 函数和 MIN 函数的理解。

（2）工作表中的个人组装件数数据占据第 2 行到第 37 行，因此循环统计也是从第 2 行到第 37 行为止。

本案例最终效果如图 13-1 所示。

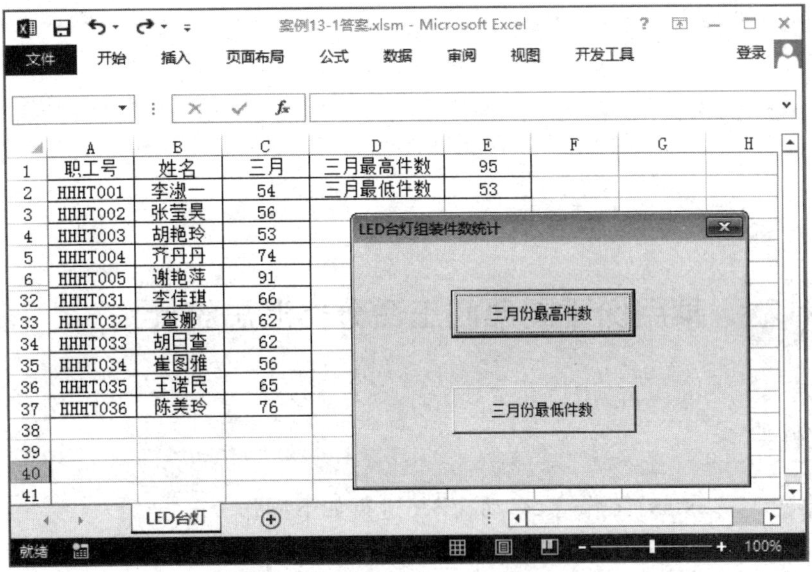

图 13-1 LED 台灯最高和最低件数统计

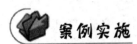

（1）插入用户窗体，根据效果图设计窗体的界面。

（2）在窗体上添加两个命令按钮，将命令按钮的 Caption 属性分别改为"三月份最高件数"、"三月份最低件数"。

（3）双击"三月份最高件数"按钮打开代码窗口，在 CommandButton1_Click() 中编写如下程序代码：

```
Private Sub CommandButton1_Click()
    Dim i As Integer, max As Long
    max = Range("C2")
    For i = 2 To 37
        If max < Range("C" & i).Value Then
            max = Range("C" & i).Value
        End If
    Next i
```

```
        Range("E1").Value = max
End Sub
```

(4) 双击"三月份最低件数"按钮打开代码窗口,在 CommandButton2_Click()中编写如下程序代码:

```
Private Sub CommandButton2_Click()
    Dim i As Integer, min As Long
  min = Range("C2")
  For i = 2 To 37
    If min > Range("C" & i).Value Then
       min = Range("C" & i).Value
    End If
  Next i
  Range("E2").Value = min
End Sub
```

13.1.2　工资分类汇总统计

 某月份不同部门工资分类汇总统计

 案例要求

打开"案例 13-2.xlsx"工作簿,启动 VBA 进行如下操作。

(1) 在工作表中插入一个用户窗体,窗体的界面设计如图 13-3 所示。

(2) 编写适当的代码使得程序运行时,单击"按部门汇总应发工资"命令按钮可以判断"工资表"中的 D 列数据,并按部门汇总应发工资,将汇总结果填入"工资汇总表"中相应的单元格,将应发工资的合计结果显示在文本框中。

(3) 使用 Excel 函数,分别在"工资汇总表"中的 B2 到 B6 单元格中定义公式,汇总各个部门的应发工资。

 案例实效

(1) 通过本案例掌握 Excel 分类汇总的方法,加深对分类汇总的理解。

(2) 可以通过变量取 Excel 工作表中的行数,解决行数未知问题。

(3) 通过与使用 Excel 函数得到同样的分类汇总结果进行比较,明确 VBA 程序虽然编写繁琐但具有一劳永逸的特点。

本案例"工资表"如图 13-2 所示,最终效果如图 13-3 所示。

案例实施

(1) 插入用户窗体,根据效果图设计窗体的界面。

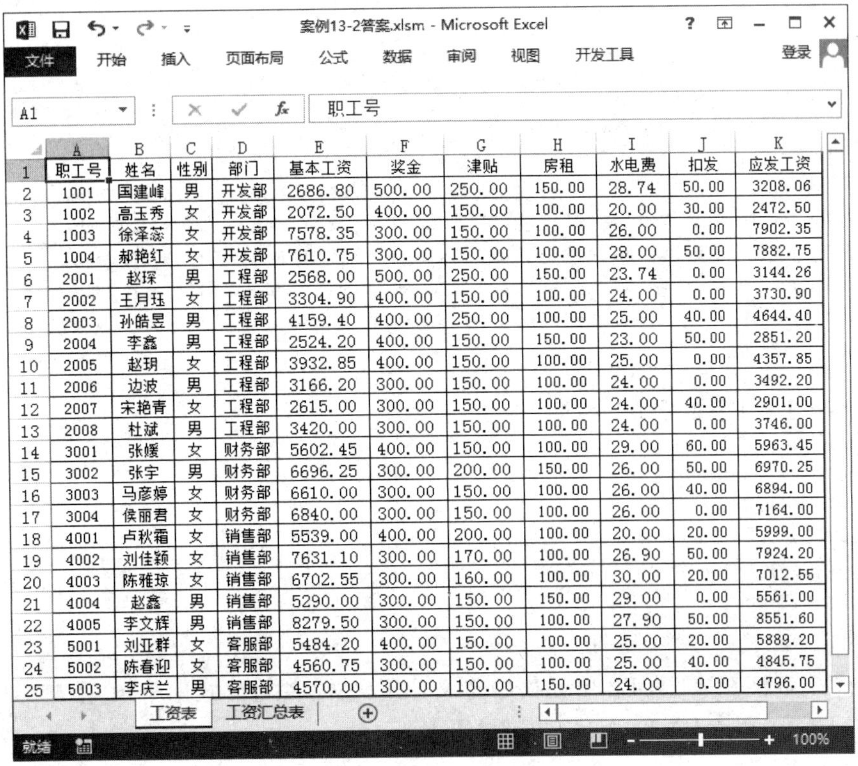

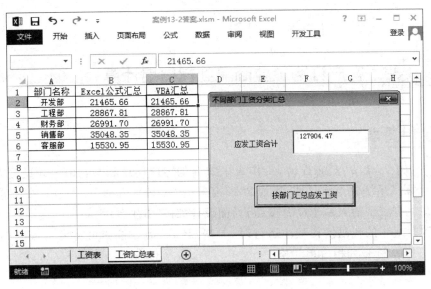

职工号	姓名	性别	部门	基本工资	奖金	津贴	房租	水电费	扣发	应发工资
1001	国建峰	男	开发部	2686.80	500.00	250.00	150.00	28.74	50.00	3208.06
1002	高玉秀	女	开发部	2072.50	400.00	150.00	100.00	20.00	30.00	2472.50
1003	徐泽蕊	女	开发部	7578.35	300.00	150.00	100.00	26.00	0.00	7902.35
1004	郝艳红	女	开发部	7610.75	300.00	150.00	100.00	28.00	50.00	7882.75
2001	赵琛	男	工程部	2568.00	500.00	250.00	150.00	23.74	0.00	3144.26
2002	王月珏	女	工程部	3304.90	400.00	150.00	100.00	24.00	0.00	3730.90
2003	孙皓昱	男	工程部	4159.40	400.00	250.00	100.00	25.00	40.00	4644.40
2004	李鑫	男	工程部	2524.20	400.00	150.00	150.00	23.00	50.00	2851.20
2005	赵玥	女	工程部	3932.85	400.00	150.00	100.00	25.00	0.00	4357.85
2006	边波	男	工程部	3166.20	300.00	150.00	100.00	24.00	0.00	3492.20
2007	宋艳青	女	工程部	2615.00	300.00	150.00	100.00	24.00	40.00	2901.00
2008	杜斌	男	工程部	3420.00	300.00	150.00	100.00	24.00	0.00	3746.00
3001	张媛	女	财务部	5602.45	400.00	150.00	100.00	29.00	60.00	5963.45
3002	张宇	男	财务部	6696.25	300.00	200.00	150.00	26.00	50.00	6970.25
3003	马彦婷	女	财务部	6610.00	300.00	150.00	100.00	26.00	40.00	6894.00
3004	侯丽君	女	财务部	6840.00	300.00	150.00	100.00	26.00	0.00	7164.00
4001	卢秋霜	女	销售部	5539.00	400.00	200.00	100.00	20.00	20.00	5999.00
4002	刘佳颖	女	销售部	7631.10	300.00	170.00	100.00	26.90	50.00	7924.20
4003	陈雅琼	女	销售部	6702.55	300.00	160.00	100.00	30.00	20.00	7012.55
4004	赵鑫	男	销售部	5290.00	300.00	150.00	150.00	29.00	0.00	5561.00
4005	李文辉	男	销售部	8279.50	300.00	150.00	100.00	27.90	50.00	8551.60
5001	刘亚群	女	客服部	5484.20	400.00	150.00	100.00	25.00	20.00	5889.20
5002	陈春迎	女	客服部	4560.75	300.00	150.00	100.00	25.00	40.00	4845.75
5003	李庆兰	男	客服部	4570.00	300.00	100.00	150.00	24.00	0.00	4796.00

图 13-2 所有部门工资表

部门名称	Excel公式汇总	VBA汇总
开发部	21465.66	21465.66
工程部	28867.81	28867.81
财务部	26991.70	26991.70
销售部	35048.35	35048.35
客服部	15530.95	15530.95

图 13-3 某月份不同部门工资分类汇总统计

(2) 在窗体上添加一个标签、一个文本框、一个命令按钮，将标签的 Caption 属性改为“应发工资合计”、将命令按钮的 Caption 属性改为“按部门汇总应发工资”。

(3) 双击“按部门汇总应发工资”命令按钮打开代码窗口，在 CommandButton1_Click()

中编写如下程序代码：

```
Dim i As Integer, n As Integer
  Sheets("工资表").Activate
  n = Range("A1").End(xlDown).Row
  For i = 2 To n
    If Range("D" & i).Value = "开发部" Then s1 = s1 + Range("K" & i).Value
    If Range("D" & i).Value = "工程部" Then s2 = s2 + Range("K" &i).Value
    If Range("D" & i).Value = "财务部" Then s3 = s3 + Range("K" & i).Value
    If Range("D" & i).Value = "销售部" Then s4 = s4 + Range("K" & i).Value
    If Range("D" & i).Value = "客服部" Then s5 = s5 + Range("K" & i).Value
  Next i
  s = s1 + s2 + s3 + s4 + s5
  Sheets("工资汇总表").Activate
  Range("C2").Value = s1
  Range("C3").Value = s2
  Range("C4").Value = s3
  Range("C5").Value = s4
  Range("C6").Value = s5
  TextBox1.Text = s
End Sub
```

(4) 在"工资汇总表"的 B2 单元格中定义如下公式，并将公式向下填充。
＝SUMIF(工资表!D:D,A2,工资表!K:K)

13.2　VBA 在企业生产和经营管理中的应用

13.2.1　企业商品到货日期计算

　客户订购企业商品到货日期计算

　案例要求

打开"案例 13-3.xlsx"工作簿，工作表中数据是客户信息和某物流公司的送货信息，订货日期为计算机系统的当前日期(例如 2017 年 4 月 21 日)，启动 VBA 进行如下操作。

(1) 在工作表中插入一个命令按钮，界面设计如图 13-4 所示。

(2) 编写适当的代码使得程序运行时，单击"计算"命令按钮可将客户订购的商品到货日期填入工作表的 E 列相应单元格中。

案例实效

(1) 单元格 B1 中数据为订货日期，即计算机系统的当前日期，通过 VBA 系统函数 Date 获取。

(2) 通过循环语句计算到货日期，计算方法是：到货日期＝订货日期＋送货周期。

本案例最终效果如图 13-4 所示。

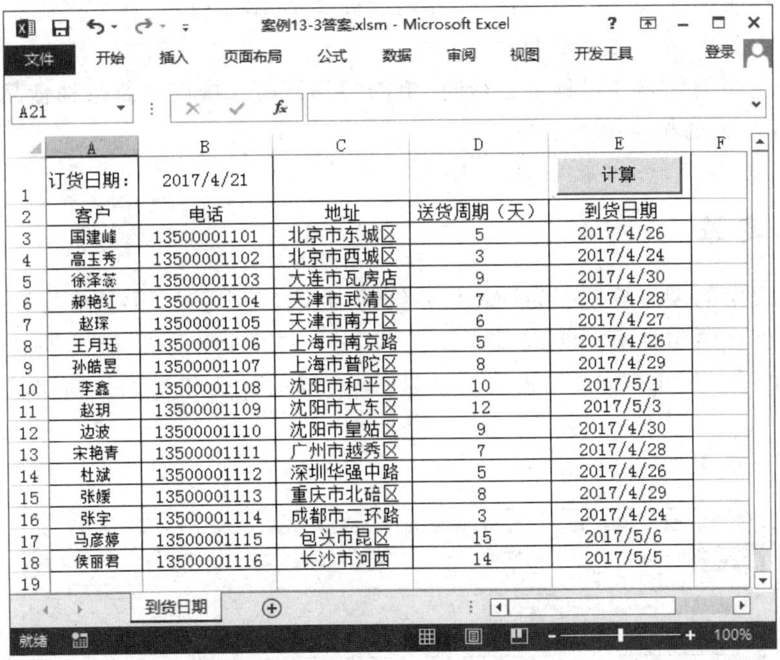

	A	B	C	D	E
1	订货日期:	2017/4/21			
2	客户	电话	地址	送货周期（天）	到货日期
3	国建峰	13500001101	北京市东城区	5	2017/4/26
4	高玉秀	13500001102	北京市西城区	3	2017/4/24
5	徐泽蕊	13500001103	大连市瓦房店	9	2017/4/30
6	郝艳红	13500001104	天津市武清区	7	2017/4/28
7	赵琛	13500001105	天津市南开区	6	2017/4/27
8	王月珏	13500001106	上海市南京路	5	2017/4/26
9	孙皓昱	13500001107	上海市普陀区	8	2017/4/29
10	李鑫	13500001108	沈阳市和平区	10	2017/5/1
11	赵玥	13500001109	沈阳市大东区	12	2017/5/3
12	边波	13500001110	沈阳市皇姑区	9	2017/4/30
13	宋艳青	13500001111	广州市越秀区	7	2017/4/28
14	杜斌	13500001112	深圳华强中路	5	2017/4/26
15	张媛	13500001113	重庆市北碚区	8	2017/4/29
16	张宇	13500001114	成都市二环路	3	2017/4/24
17	马彦婷	13500001115	包头市昆区	15	2017/5/6
18	侯丽君	13500001116	长沙市河西	14	2017/5/5
19					

图 13-4　客户订购商品到货日期计算结果

案例实施

（1）在工作表中插入一个名称为“按钮 1”的命令按钮，将标题改为“计算”。

（2）编写“计算”按钮的如下程序代码：

```
Sub 按钮 1_Click()
  Dim i As Integer, n As Integer
  Range("B1").Value = Date
  n = Range("A1").End(xlDown).Row
  For i = 3 To n
    Range("E" & i).Value = Date + Range("D" & i).Value
  Next i
End Sub
```

13.2.2　企业商品保质期计算

案例 13-4　食品保质期计算

案例要求

打开“案例 13-4.xlsx”工作簿，在“保质期”工作表中给出了每种食品的名称、生产日期和保质期天数,启动 VBA 进行如下操作。

(1) 在工作表中插入一个命令按钮,界面设计如图 13-5 所示。

(2) 计算每种食品的过期日期。

(3) 编写适当的代码使得程序运行时,单击“判断”命令按钮判断每种食品是否过期,并将判断结果填入 E 列相应单元格中。

案例实效

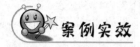

(1) 工作表中的今天日期即为计算机系统的当前日期,通过 VBA 函数 Date 获取。

(2) 通过循环语句计算过期日期,计算方法是:过期日期=生产日期+保质期天数。再根据 VBA 的 IF 语句判断实现案例的结果,即将过期日期和今天日期比较,判断每种食品是否过期。

本案例最终效果如图 13-5 所示。

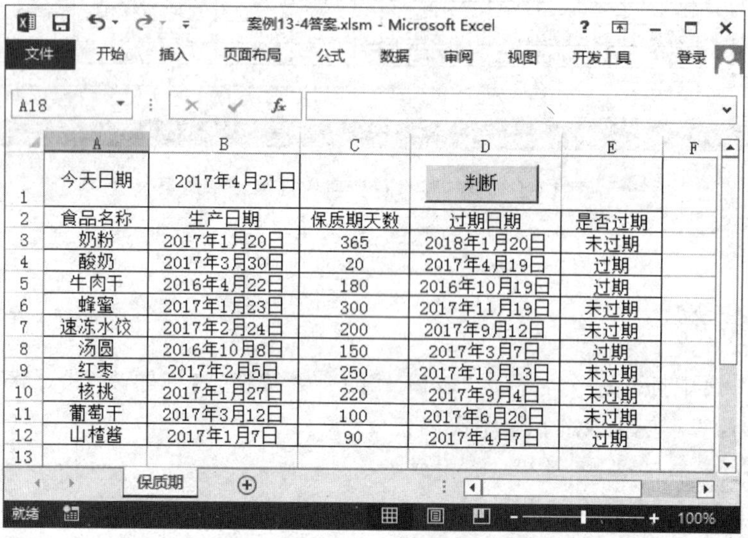

	A	B	C	D	E
1	今天日期	2017年4月21日		判断	
2	食品名称	生产日期	保质期天数	过期日期	是否过期
3	奶粉	2017年1月20日	365	2018年1月20日	未过期
4	酸奶	2017年3月30日	20	2017年4月19日	过期
5	牛肉干	2016年4月22日	180	2016年10月19日	过期
6	蜂蜜	2017年1月23日	300	2017年11月19日	未过期
7	速冻水饺	2017年2月24日	200	2017年9月12日	未过期
8	汤圆	2016年10月8日	150	2017年3月7日	过期
9	红枣	2017年2月5日	250	2017年10月13日	未过期
10	核桃	2017年1月27日	220	2017年9月4日	未过期
11	葡萄干	2017年3月12日	100	2017年6月20日	未过期
12	山楂酱	2017年1月7日	90	2017年4月7日	过期
13					

图 13-5　食品是否过期判断结果

案例实施

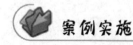

(1) 在工作表中插入一个名称为“按钮 1”的命令按钮,将标题改为“判断”。

(2) 编写“判断”按钮的如下程序代码:

```
Sub 按钮 1_Click()
  Dim i As Integer, n As Integer
  Range("B1").Value = Date
  n = Range("A1").End(xlDown).Row
  For i = 3 To n
    Range("D" & i).Value = Range("B" & i).Value + Range("C" & i).Value
    If Range("B1").Value <= Range("D" & i).Value Then
```

```
            Range("E" & i).Value = "未过期"
        Else
            Range("E" & i).Value = "过期"
        End If
    Next i
End Sub
```

13.3　VBA 在市场销售管理中的应用

13.3.1　企业产品库存查询

案例 13-5　某产品库存查询

打开"案例 13-5.xlsx"工作簿,在"库存表"工作表中给出了产品的相关数据,启动 VBA 进行如下操作。

(1) 在工作表中插入一个用户窗体,窗体的界面设计如图 13-7 所示。
(2) 将产品编号数据添加到组合框中。
(3) 编写适当的代码使得程序运行时,在组合框中选择相应的产品编号,单击"查询"命令按钮,将"库存表"中查询到的结果填入"产品查询"工作表的相应单元格中。

(1) 在窗体的 Initialiaze 事件中,将产品编号数据添加到组合框中。
(2) 将查找到的产品数据存入数组 M 中。
(3) 通过 VBA 的循环语句和 IF 语句将数组 M 的值输出到"产品查询"工作表的相应单元格中。

本案例产品"库存表"如图 13-6 所示,最终效果如图 13-7 所示。

(1) 插入用户窗体,根据效果图设计窗体的界面。
(2) 在窗体上添加一个标签,将 Caption 属性改为"选择产品编号";再添加一个组合框;再添加一个命令按钮,Caption 属性改为"查询"。
(3) 编写"查询"按钮的如下程序代码:

```
Dim i As Integer, n As Integer
Dim M(5)
Private Sub CommandButton1_Click()
```

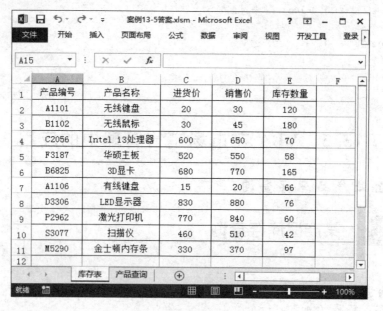

图 13-6 产品"库存表"

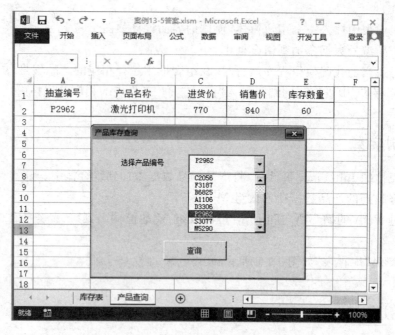

图 13-7 某产品库存查询结果

```
Sheets("库存表").Activate
For i = 2 To n
    If Range("A" & i).Value = ComboBox1.Text Then
        M(1) = Range("A" & i).Value
        M(2) = Range("B" & i).Value
        M(3) = Range("C" & i).Value
        M(4) = Range("D" & i).Value
```

```
        M(5) = Range("E" & i).Value
        Exit For
      End If
    Next i
    Sheets("产品查询").Activate
    For i = 1 To 5
      Range(Chr(i + 64) & 2).Value = M(i)
    Next i
End Sub
Private Sub UserForm_Initialize()
    Sheets("库存表").Activate
    n = Range("A1").End(xlDown).Row
    For i = 2 To n
      ComboBox1.AddItem Range("A" & i).Value
    Next i
End Sub
```

13.3.2 年终销售额绩效奖金计算

案例 13-6 销售员年终销售额绩效奖金计算

案例要求

打开"案例 13-6.xlsx"工作簿,在"提成比例标准"工作表中给出了根据工龄和年终总销售额制定的提成比例标准,在"年终销售额提成"工作表中给出了每位销售员的基本信息和总销售额,要求通过 VBA 程序计算每位销售员的提成比例和应该发放的年终奖金。

(1) 在"年终销售额提成"工作表中插入一个命令按钮,界面设计如图 13-9 所示。
(2) 编写适当的代码使得程序运行时,单击"计算"命令按钮可将提成比例和年终奖金结果分别填入工作表的 E 列和 F 列相应单元格中。

案例实效

(1) 通过 VBA 的 IF 语句和 SELECT CASE 语句判断实现案例的结果。
(2) 通过循环语句对每位销售员的工龄和总销售额进行判断得到相应的数据。

本案例"提成比例标准"工作表如图 13-8 所示,"年终销售额提成"最终效果如图 13-9 所示。

案例实施

(1) 在工作表中插入一个名称为"按钮1"的命令按钮,将标题改为"计算"。
(2) 编写"计算"按钮的如下程序代码:

```
Sub 按钮1_Click()
```

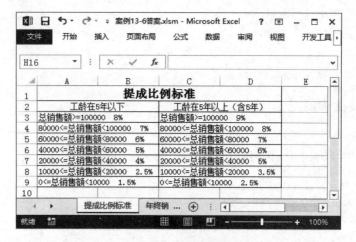

	提成比例标准	
2	工龄在5年以下	工龄在5年以上（含5年）
3	总销售额>=100000 8%	总销售额>=100000 9%
4	80000<=总销售额<100000 7%	80000<=总销售额<100000 8%
5	60000<=总销售额<80000 6%	60000<=总销售额<80000 7%
6	40000<=总销售额<60000 5%	40000<=总销售额<60000 6%
7	20000<=总销售额<40000 4%	20000<=总销售额<40000 5%
8	10000<=总销售额<20000 2.5%	10000<=总销售额<20000 3.5%
9	0<=总销售额<10000 1.5%	0<=总销售额<10000 2.5%

图 13-8 “提成比例标准”工作表

销售员编号	姓名	工龄	总销售额	提成比例	年终奖金
HHHT001	李淑一	4	86,000.00	7.00%	6,020.00
HHHT002	张莹昊	2	42,000.00	5.00%	2,100.00
HHHT003	胡艳玲	5	110,000.00	9.00%	9,900.00
HHHT004	齐丹丹	7	97,000.00	8.00%	7,760.00
HHHT005	谢艳萍	6	38,000.00	5.00%	1,900.00
HHHT006	单友为	3	29,000.00	4.00%	1,160.00
HHHT007	王川林	1	14,000.00	2.50%	350.00
HHHT008	路百惠	4	9,800.00	1.50%	147.00
HHHT009	初鹏泽	5	63,000.00	7.00%	4,410.00
HHHT010	陈曼佳	3	5,500.00	1.50%	82.50
HHHT011	马丽东	1	4,900.00	1.50%	73.50
HHHT012	陶宁	7	39,000.00	5.00%	1,950.00
HHHT013	李媛	8	105,000.00	9.00%	9,450.00
HHHT014	田双双	4	73,000.00	6.00%	4,380.00
HHHT015	李静	3	51,000.00	5.00%	2,550.00

图 13-9 销售员年终奖金计算结果

```
Dim i As Integer, n As Integer, t As Single
n = Range("A1").End(xlDown).Row
For i = 2 To n
  If Range("C" & i).Value < 5 Then
    Select Case Range("D" & i).Value
    Case Is >= 100000
      t = 0.08
    Case 80000 To 100000
      t = 0.07
    Case 60000 To 80000
      t = 0.06
    Case 40000 To 60000
```

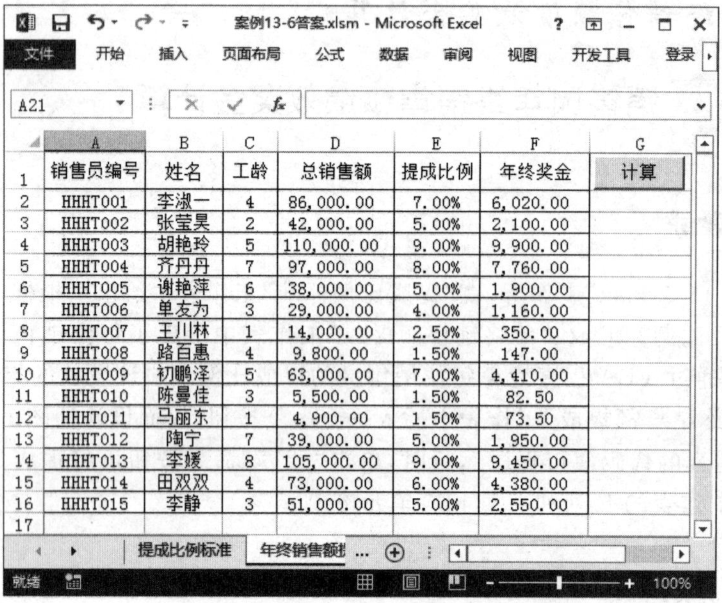

```
            t = 0.05
        Case 20000 To 40000
            t = 0.04
        Case 10000 To 20000
            t = 0.025
        Case 0 To 10000
            t = 0.015
        End Select
    Else
        Select Case Range("D" & i).Value
        Case Is >= 100000
            t = 0.09
        Case 80000 To 100000
            t = 0.08
        Case 60000 To 80000
            t = 0.07
        Case 40000 To 60000
            t = 0.06
        Case 20000 To 40000
            t = 0.05
        Case 10000 To 20000
            t = 0.035
        Case 0 To 10000
            t = 0.025
        End Select
    End If
    Range("E" & i).Value = t
    Range("F" & i).Value = Range("D" & i).Value * t
Next i
End Sub
```

13.3.3 企业员工业绩考核

 员工业绩星级评定

 案例要求

打开"案例13-7.xlsx"工作簿,在"全年生产统计"工作表中给出了每位员工的全年产品生产件数汇总数据,根据"评定星级标准"工作表中给出的评定标准,对其进行星级评定。

(1) 在工作表中插入一个命令按钮,界面设计如图13-11所示。

(2) 编写适当的代码使得程序运行时,单击"判断"命令按钮可将评定结果填入工作表的E列相应单元格中。

案例实效

(1) 通过VBA的SELECT CASE语句判断实现案例的结果。

（2）通过循环语句对每位员工的产品生产件数进行判断得到相应的数据。

本案例"评定星级标准"表如图 13-10 所示，员工业绩星级评定最终效果如图 13-11 所示。

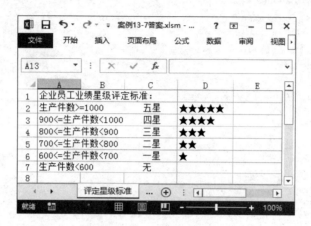

图 13-10　评定星级标准

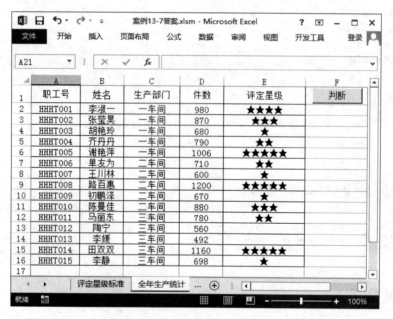

图 13-11　员工业绩星级评定结果

（1）在工作表中插入一个名称为"按钮 1"的命令按钮，将标题改为"判断"。

（2）编写"判断"按钮的如下程序代码：

```
Sub 按钮 1_Click()
    Dim i As Integer, n As Integer
```

```
      n = Range("A1").End(xlDown).Row
      For i = 2 To n
        Select Case Range("D" & i).Value
          Case Is >= 1000
            Range("E" & i).Value = "★★★★★"
          Case 900 To 1000
            Range("E" & i).Value = "★★★★"
          Case 800 To 900
            Range("E" & i).Value = "★★★"
          Case 700 To 800
            Range("E" & i).Value = "★★"
          Case 600 To 700
            Range("E" & i).Value = "★"
          Case Is < 600
            Range("E" & i).Value = ""
        End Select
      Next i
    End Sub
```

13.4　VBA 在企业办公中的应用

13.4.1　企业员工身份证信息处理

案例 13-8　员工出生日期和性别判断

案例要求

打开"案例 13-8.xlsx"工作簿,在"身份证信息"工作表中给出了每位员工的身份证号码,启动 VBA 进行如下操作。

（1）在工作表中插入一个命令按钮,界面设计如图 13-12 所示。

（2）根据"身份证信息"工作表中给定的身份证号码,计算该身份证号码所对应员工的出生年、月、日,并依此计算其出生日期。

（3）根据给定的身份证号码,判断该身份证号码所对应员工的性别。（注：身份证号码倒数第二位为此人性别判断位,若此位数为奇数则性别为"男",若此位数为偶数则性别为"女"。）

（4）编写适当的代码使得程序运行时,单击"判断"命令按钮可将判断结果分别填入工作表的 D、E、F、G、H 列相应单元格中。

案例实效

（1）通过 VBA 的 MID 函数进行字符的截取。

（2）通过 VBA 的 MOD 运算符对奇偶数进行判断。

（3）通过 VBA 的循环语句获取每位员工的出生日期数据。
（4）通过 VBA 的 IF 语句判断实现案例的结果。

本案例最终效果如图 13-12 所示。

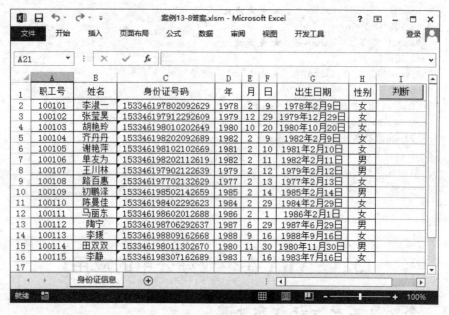

图 13-12　员工身份证信息处理结果

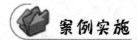

（1）在工作表中插入一个名称为"按钮1"的命令按钮，将标题改为"判断"。
（2）编写"判断"按钮的如下程序代码：

```
Sub 按钮 1_Click()
  Dim i As Integer, n As Integer, ID As String
  n = Range("A1").End(xlDown).Row
  For i = 2 To n
    ID = Range("C" & i).Value
    Range("D" & i).Value = Mid(ID, 7, 4)
    Range("E" & i).Value = Mid(ID, 11, 2)
    Range("F" & i).Value = Mid(ID, 13, 2)
    Range("G" & i).Value = DateValue(Mid(ID, 7, 4) & "年" & Mid(ID, 11, 2) & "月" & Mid(ID, 13, 2) & "日")
    If Mid(ID, 17, 1) Mod 2 = 0 Then
      Range("H" & i).Value = "女"
    Else
      Range("H" & i).Value = "男"
    End If
  Next i
End Sub
```

13.4.2 企业员工考勤管理

案例 13-9 员工产品生产件数和出勤统计

案例要求

打开"案例 13-9. xlsx"工作簿，在"第 1 车间"、"第 2 车间"、"第 3 车间"、"第 4 车间"4 个工作表中分别给出了 4 个车间每位员工在 2017 年 1 月份的产品生产件数和出勤记录数据，启动 VBA 进行如下操作。

(1) 在工作表中插入一个用户窗体，窗体的界面设计如图 13-15 所示。

(2) 根据已给出的数据，对每位员工的产品生产件数和病假、事假、旷工等天数进行统计。

(3) 在"汇总车间"工作表中，对 4 个车间全体员工的产品生产件数和出勤情况进行汇总。

(4) 编写适当的代码使得程序运行时，单击"产品生产件数和出勤统计"命令按钮可以将统计结果分别填入各工作表中相应的单元格中。

案例实效

(1) 在 VBA 中通过调用 Excel 的 SUM、COUNTIF、VLOOKUP 等函数进行计算或统计，使用 SUM 函数计算生产总件数；使用 COUNTIF 函数统计出勤类型天数；使用 VLOOKUP 函数进行汇总处理。

(2) 在 VBA 中定义名称和填充公式。

(3) 设置 VBA 窗体在工作簿启动时自动启动。

本案例最终效果分别如图 13-13～图 13-15 所示。

	D	E	F	G	Y	Z	AA	AB	AC	AD	AE
1	生产车间	2	3	4	30	31	总件数	病假	事假	旷工	
2	第1车间	6	5	6	8	11	172	0	0	1	
3	第1车间	5	6	病假	8	7	175	2	0	0	
4	第1车间	6	7	8	10	7	179	0	0	0	
5	第1车间	7	8	9	8	10	187	0	1	0	
6	第1车间	8	9	10	10	9	214	0	0	0	
7	第1车间	9	10	11	9	10	213	0	0	0	
8	第1车间	10	11	12	11	10	214	2	0	0	
9	第1车间	11	12	13	9	12	220	0	0	0	
10	第1车间	12	11	12	10	9	204	0	0	1	
11	第1车间	13	15	11	9	11	222	0	0	0	
12	第1车间	10	5	9	8	10	185	0	1	0	
13	第1车间	11	9	8	7	11	184	0	0	0	
14	第1车间	8	9	8	9	10	175	0	1	0	
15	第1车间	病假	12	10	10	9	155	1	0	0	
16	第1车间	10	11	12	9	11	198	1	0	0	
17											

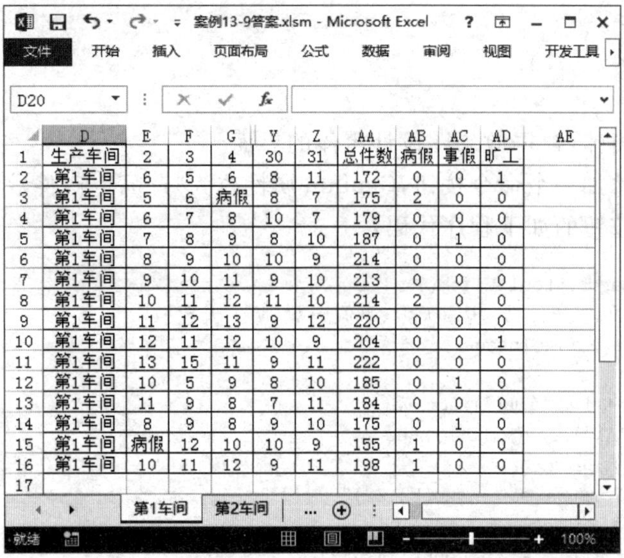

图 13-13 "第 1 车间"产品生产件数和出勤统计

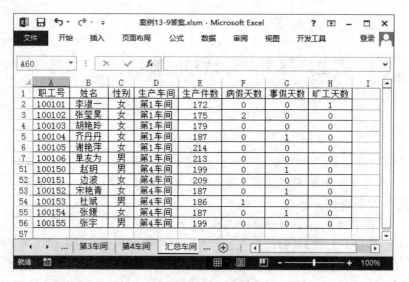

图 13-14 "汇总车间"最终效果

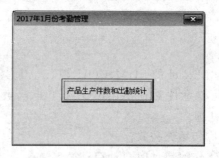

图 13-15 考勤管理窗体界面

(1) 插入用户窗体,根据效果图设计窗体的界面。
(2) 在窗体上添加一个命令按钮,Caption 属性改为"产品生产件数和出勤统计"。
(3) 编写命令按钮的如下程序代码:

```
Private Sub CommandButton1_Click()
    '统计 4 个车间的生产件数、病假天数、事假天数、旷工天数
    Dim i As Integer, n As Integer
    For i = 1 To 4
        Sheets("第" & i & "车间").Activate
        n = Range("A1").End(xlDown).Row
        Range("AA2").Select
        ActiveCell.Formula = " = sum(E2:Z2)"
        Range("AB2").Select
        ActiveCell.Formula = " = countif($E2:Z2,AB$1)"
        Range("AB2:AD2").Select
        Selection.FillRight
```

```
      Range("AA2:AD" & n).Select
      Selection.FillDown
      Range("A1:AD" & n).Select
      '定义4个车间的名称
      ActiveWorkbook.Names.Add Name: = "第" & i & "车间", RefersTo: = "=第" & i & "车间$A$1:
$An$" & n
   Next i
   '车间汇总计算
   Sheets("汇总车间").Activate
   Range("E2").Select
   ActiveCell.Formula = "=vlookup(A2,indirect(D2,true),27,false)"
   Range("F2").Select
   ActiveCell.Formula = "=vlookup(A2,indirect(D2,true),28,false)"
   Range("G2").Select
   ActiveCell.Formula = "=vlookup(A2,indirect(D2,true),29,false)"
   Range("H2").Select
   ActiveCell.Formula = "=vlookup(A2,indirect(D2,true),30,false)"
   Range("E2:H56").Select
   Selection.FillDown
End Sub
```

13.5 VBA在税收管理中的应用

13.5.1 娱乐业纳税申报表

 某娱乐服务公司某月份纳税申报表

案例要求

打开"案例13-10.xlsx"工作簿,在"营业收入"工作表中给出了某综合娱乐服务公司2017年1月各部门及项目的应纳税收入,启动VBA完成如下计算。

(1) 在工作表中插入一个命令按钮,界面设计如图13-17所示。

(2) 根据"营业收入"工作表中给定的数据,计算"营业税申报"工作表中对应的应纳税项目以及对应项目的合计。

(3) 编写适当的代码使得程序运行时,单击"计算"命令按钮可将计算结果分别填入工作表的相应单元格中。

案例实效

(1) 在VBA中定义名称。

(2) 在VBA中表示单元格,如C8可以表示为[C8]。

(3) 在VBA中调用Excel的SUM函数。

本案例"营业收入"表如图13-16所示,"营业税申报"表最终效果如图13-17所示。

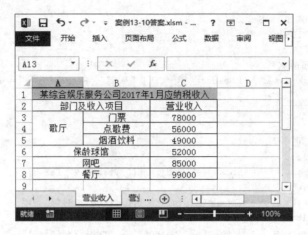

图 13-16 "营业收入"表

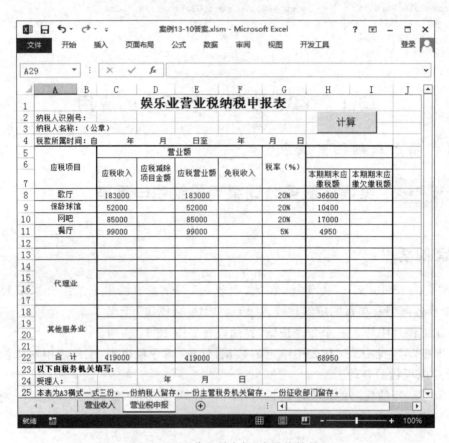

图 13-17 "营业税申报"表最终结果

 案例实施

（1）在"营业税申报"工作表中插入一个名称为"按钮 1"的命令按钮，将标题改为"计算"。

(2) 编写"计算"按钮的如下程序代码：

```
Sub 按钮 1_Click()
    Set 求和 = Worksheets("营业收入").Range("C3:C5")
    [C8] = Application.WorksheetFunction.Sum(求和)
    [C9] = Worksheets("营业收入").Range("C6").Value
    [C10] = Worksheets("营业收入").Range("C7").Value
    [C11] = Worksheets("营业收入").Range("C8").Value
    [E8] = [C8] - [D8]
    [E9] = [C9] - [D9]
    [E10] = [C10] - [D10]
    [E11] = [C11] - [D11]
    [H8] = [E8] * [G8]
    [H9] = [E9] * [G9]
    [H10] = [E10] * [G10]
    [H11] = [E11] * [G11]
    Set 求和 1 = Range("C8:C21")
    Set 求和 2 = Range("E8:E21")
    Set 求和 3 = Range("H8:H21")
    [C22] = Application.WorksheetFunction.Sum(求和 1)
    [E22] = Application.WorksheetFunction.Sum(求和 2)
    [H22] = Application.WorksheetFunction.Sum(求和 3)
End Sub
```

13.5.2 工资、薪金所得税计算

案例 13-11 个人工资收入所得税计算

案例要求

打开"案例 13-11.xlsx"工作簿，在"员工工资表"中给出所有员工的工资数据，启动 VBA 完成如下计算。

(1) 在工作表中插入一个命令按钮，界面设计如图 13-19 所示。

(2) 根据"个人所得税率"工作表中给定的数据，计算"员工工资表"表中每位员工的扣税额以及应发工资和实发工资。

(3) 编写适当的代码使得程序运行时，单击"计算"命令按钮可将计算结果分别填入工作表的 H、I、M 列相应单元格中。

案例实效

(1) 通过 VBA 的 SELECT CASE 语句判断实现案例的结果。

(2) 通过 VBA 的循环语句对每位员工的工资的数据进行判断。

(3) 在 VBA 中调用 Excel 的 SUM 函数。

本案例"个人所得税率"工作表如图 13-18 所示,"员工工资表"最终效果如图 13-19 所示。

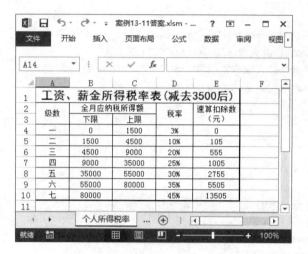

图 13-18 "个人所得税率"工作表

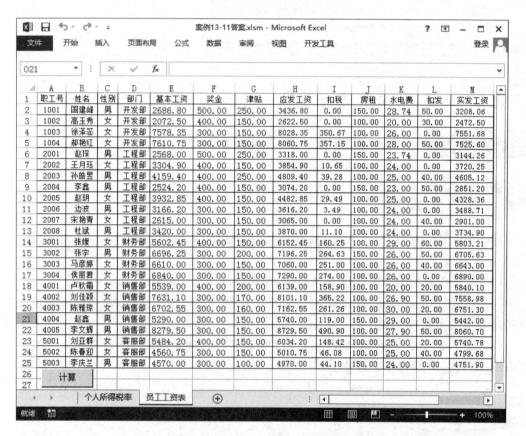

图 13-19 "员工工资表"最终效果

(1) 在"员工工资表"中插入一个名称为"按钮1"的命令按钮,将标题改为"计算"。
(2) 编写"计算"按钮的如下程序代码:

```
Sub 按钮1_Click()
  Dim i As Integer, n As Integer
  n = Range("A1").End(xlDown).Row
  For i = 2 To n
    Range("H" & i).Value = Application.WorksheetFunction.Sum(Range("E" & i & ":" & "G" & i))
    Select Case Range("H" & i).Value - 3500
      Case Is < 0
        Range("I" & i).Value = 0
      Case 0 To 1500
        Range("I" & i).Value = (Range("H" & i).Value - 3500) * 0.03
      Case 1500 To 4500
        Range("I" & i).Value = (Range("H" & i).Value - 3500) * 0.1 - 105
      Case 4500 To 9000
        Range("I" & i).Value = (Range("H" & i).Value - 500) * 0.2 - 555
      Case 9000 To 35000
        Range("I" & i).Value = (Range("H" & i).Value - 3500) * 0.25 - 1005
      Case 35000 To 55000
        Range("I" & i).Value = (Range("H" & i).Value - 3500) * 0.3 - 2755
      Case 55000 To 80000
        Range("I" & i).Value = (Range("H" & i).Value - 3500) * 0.35 - 5555
      Case Is > 80000
        Range("I" & i).Value = (Range("H" & i).Value - 3500) * 0.45 - 13505
    End Select
    Range("M" & i).Value = Range("H" & i).Value - Application.WorksheetFunction.Sum(Range("I" & i & ":" & "L" & i))
  Next i
End Sub
```

13.6 VBA在金融理财中的应用

13.6.1 复利计算本利合计

 银行十年期存款本利合计复利计算

打开"案例13-12.xlsx"工作簿,启动VBA完成如下计算。
(1) 在"十年期存款本利合计复利计算"工作表中插入一个用户窗体,窗体的界面设计

如图 13-20 所示。

（2）通过窗体输入存款本金和年利率，计算期初余额、利息和本利合计。

（3）编写适当的代码使得程序运行时，单击"计算"命令按钮可将计算结果分别填入工作表的相应单元格中，并将到期本利合计金额在窗体上输出。

（1）本案例中，利息＝期初余额×存款利率。
（2）本利合计＝期初余额＋利息。
（3）下一年度期初余额为上一年度的本利合计。
本案例最终效果如图 13-20 所示。

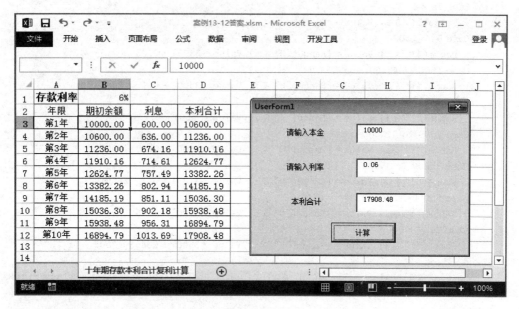

图 13-20　十年期存款本利合计复利计算结果

（1）插入用户窗体，根据效果图设计窗体的界面。
（2）在窗体上添加三个标签，Caption 属性如图 13-20 所示；再添加三个文本框；再添加一个命令按钮，Caption 属性改为"计算"。
（3）编写"计算"按钮的如下程序代码：

```
Private Sub CommandButton1_Click()
    Dim i As Integer, n As Integer, bj As Single, ll As Single
    bj = TextBox1.Text
    ll = TextBox2.Text
    Range("B1").Value = ll
    n = Range("A1").End(xlDown).Row
```

```
    For i = 3 To n
        Range("B" & i).Value = bj
        Range("C" & i).Value = bj * ll
        Range("D" & i).Value = bj + bj * ll
        bj = Range("D" & i).Value
    Next i
    TextBox3.Text = bj
End Sub
```

13.6.2 固定年金的还款数与本金计算

案例 13-13 个人十年期贷款还款数与本金计算

案例要求

打开"案例 13-13.xlsx"工作簿,在"十年期还款计划"工作表中给出了个人贷款本金、贷款利率、还款期限等数据,启动 VBA 完成如下计算。

(1) 在工作表中插入一个命令按钮,界面设计如图 13-21 所示。
(2) 计算个人的年金,即每年应还银行的款数。
(3) 计算个人在贷款期间的期初余额、年金、利息、本金和本金余额。
(4) 编写适当的代码使得程序运行时,单击"计算"命令按钮可将计算结果分别填入工作表的相应单元格中。

案例实效

(1) 在 VBA 中调用 Excel 的 PMT 函数计算年金。
(2) 年金＝还款本金＋还款利息
(3) 本金余额＝期初余额－还款本金。
本案例最终效果如图 13-21 所示。

案例实施

(1) 在工作中插入一个名称为"按钮 1"的命令按钮,将标题改为"计算"。
(2) 编写"计算"按钮的如下程序代码:

```
Sub 按钮 1_Click()
    Dim i As Integer, n As Integer, nj As Single, qc As Single, ll As Single
    nj = -Application.WorksheetFunction.Pmt([B2], [C2], [A2], 0, 0)
    Range("D2").Value = nj
    qc = Range("A2").Value
    ll = Range("B2").Value
    n = Range("A4").End(xlDown).Row
```

图 13-21　十年期还款计划

```
For i = 5 To n
    Range("B" & i).Value = qc
    Range("C" & i).Value = nj
    Range("D" & i).Value = qc * ll
    Range("E" & i).Value = nj - qc * ll
    Range("F" & i).Value = qc - Range("E" & i).Value
    qc = Range("F" & i).Value
Next i
End Sub
```

13.7　VBA在会计业务中的应用

13.7.1　总分类账与试算平衡

案例 13-14　期初余额试算平衡

　案例要求

打开"案例13-14.xlsx"工作簿,在"总分类账"工作表中给出了所登记的借贷方发生额等数据,启动VBA完成如下计算。

(1) 在"期初余额试算平衡"工作表中插入一个命令按钮,界面设计如图13-23所示。
(2) 计算期末余额,计算方法是：
资产类科目：期末余额＝期初余额＋本期借方发生额－本期贷方发生额
负债所有者权益类科目：期末余额＝期初余额＋本期贷方发生额－本期借方发生额

(3) 计算期初余额试算平衡。

(4) 编写适当的代码使得程序运行时,单击"计算"命令按钮可将计算结果填入工作表的相应单元格中。

(1) 通过 VBA 的循环语句对每条记录进行判断。
(2) 通过 VBA 的 IF 语句判断实现案例的结果。

本案例"总分类账"工作表如图 13-22 所示,期初余额试算平衡计算结果如图 13-23 所示。

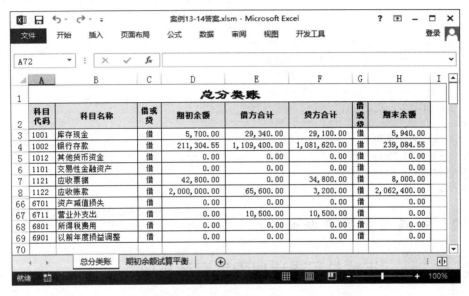

图 13-22 "总分类账"工作表

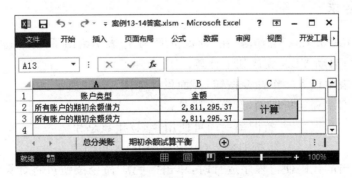

图 13-23 期初余额试算平衡计算结果

(1) 在工作中插入一个名称为"按钮1"的命令按钮,将标题改为"计算"。

(2) 编写"计算"按钮的如下程序代码:

```
Sub 按钮1_Click()
    Dim i As Integer, n As Integer, jf As Double, df As Double
    Sheets("总分类账").Activate
    n = Range("A2").End(xlDown).Row
    For i = 3 To n
        If Range("G" & i).Value = "借" Then
            Range("H" & i).Value = Range("D" & i).Value + Range("E" & i).Value - Range("F" & i).Value
        Else
            Range("H" & i).Value = Range("D" & i).Value + Range("F" & i).Value - Range("E" & i).Value
        End If
        If Range("C" & i).Value = "借" Then
            jf = jf + Range("D" & i).Value
        Else
            df = df + Range("D" & i).Value
        End If
    Next i
    Sheets("期初余额试算平衡").Activate
    Range("B2").Value = jf
    Range("B3").Value = df
End Sub
```

13.7.2 计提固定资产折旧

 案例 13-15 年数总和法计提固定资产折旧

打开"案例 13-15.xlsx"工作簿,在"计提折旧"工作表中给出了固定资产原值、净残值和折旧年限等数据,启动 VBA 完成如下计算。

(1) 在工作表中插入一个命令按钮,界面设计如图 13-24 所示。
(2) 计算折旧率和年折旧额,计算方法是:

折旧率＝尚可使用年限/年数总和

年折旧额＝(原值－残值)×折旧率

(3) 编写适当的代码使得程序运行时,单击"计算"命令按钮可将计算结果填入工作表的相应单元格中。

通过 VBA 的循环语句计算年数总和。
本案例最终结果如图 13-24 所示。

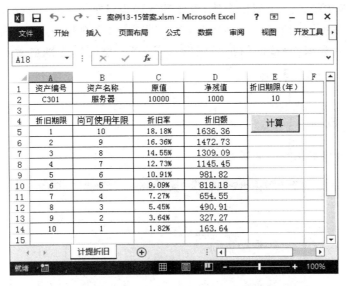

图 13-24 年数总和法计提固定资产折旧计算结果

(1) 在工作表中插入一个名称为"按钮 1"的命令按钮,将标题改为"计算"。
(2) 编写"计算"按钮的如下程序代码:

```
Sub 按钮 1_Click()
  Dim i As Integer, n As Integer, s As Integer, sk As Integer
  n = Range("E2").Value
  For i = 1 To n
    s = s + i
  Next i
  sk = n
  For i = 1 To n
    Range("B" & (i + 4)).Value = sk
    Range("C" & (i + 4)).Value = sk / s
    Range("D" & (i + 4)).Value = (Range("C2").Value - Range("D2").Value) * sk / s
    sk = sk - 1
  Next i
End Sub
```

13.8 本章课外实验

13.8.1 通过文本框按部门汇总应发工资

打开"课外实验 13-1.xlsx"工作簿,启动 VBA 完成如下操作。

(1) 在工作表中插入一个用户窗体,窗体的界面设计如图 13-25 所示。

(2) 编写适当的代码使得程序运行时,单击"按部门汇总应发工资"命令按钮可以判断"工资表"中的 D 列数据,并按部门汇总应发工资,将汇总结果分别显示在相应的 5 个文本框中。

本案例最终效果如图 13-25 所示。

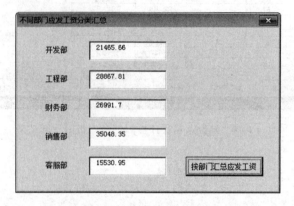

图 13-25 文本框按部门分类汇总

13.8.2 通过列表框按部门汇总应发工资

 案例要求

打开"课外实验 13-2.xlsx"工作簿,启动 VBA 完成如下操作。

(1) 在工作表中插入一个用户窗体,窗体的界面设计如图 13-26 所示。

(2) 编写适当的代码使得程序运行时,在列表框中自动添加表项,即各部门名称。然后在列表框中选中某个部门,单击"按部门汇总应发工资"命令按钮可以汇总该部门应发工资,并将汇总结果显示在文本框中。

本案例最终效果如图 13-26 所示。

13.8.3 通过选项按钮实现按部门汇总应发工资

打开"课外实验 13-3.xlsx"工作簿,启动 VBA 完成如下操作。

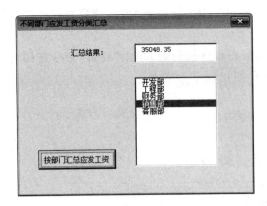

图 13-26 列表框选择按部门分类汇总

(1) 在工作表中插入一个用户窗体,窗体的界面设计如图 13-27 所示。
(2) 编写适当的代码使得程序运行时,选中某个部门,单击"按部门汇总应发工资"命令按钮可以汇总该部门应发工资,并将汇总结果显示在文本框中。

本案例最终效果如图 13-27 所示。

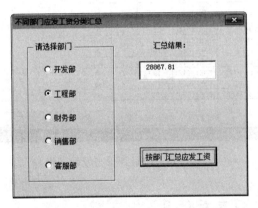

图 13-27 选项按钮选择按部门分类汇总

13.8.4 销售量等级评价与销量统计

打开"课外实验 13-4.xlsx"工作簿,在"销量评价与统计"工作表中给出了 20 条销售记录数据(包括销售时间、订单编号与销售量);在"评价规则"工作表中给出了评价规则。启动 VBA 完成如下操作。

(1) 在工作表中插入一个命令按钮,界面设计如图 13-28 所示。

（2）根据"评价规则"工作表中的数据对"销量评价与统计"工作表中的成绩和等级进行统计。

（3）编写适当的代码使得程序运行时，单击"计算"命令按钮开始统计，并将统计结果分别填入工作表的 D 列和 E 列相应单元格中。

本案例最终效果如图 13-28 所示。

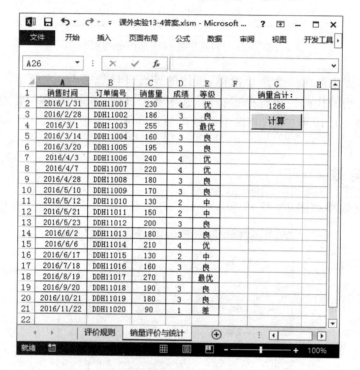

图 13-28　销量评价与统计结果

13.8.5　浮动利率的存款计算

打开"课外实验 13-5.xlsx"工作簿，在"浮动利率十年期存款"工作表中给出了存入本金、存款年限和每年的浮动利率等数据，启动 VBA 完成如下操作。

（1）在工作表中插入一个命令按钮，界面设计如图 13-29 所示。

（2）根据存入本金和每年的浮动利率，计算未来值（十年后的本利合计）。

（3）计算期初余额、每年利息和本利合计。

（4）编写适当的代码使得程序运行时，单击"计算"命令按钮开始计算，并将计算结果分别填入工作表的相应单元格中。

本案例最终效果如图 13-29 所示。

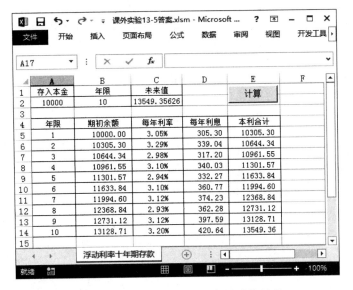

图 13-29 浮动利率十年期存款计算结果

参 考 文 献

［1］ 匡松.Excel在经济管理中的应用.成都：西南财经大学出版社,2009.
［2］ Excel Home.Excel 2013函数与公式应用大全.北京：北京大学出版社,2016.
［3］ 神龙工作室.Excel在会计与财务管理日常工作中的应用.北京：人民邮电出版社,2010.
［4］ 徐宝春.Excel 2010在税收数据统计分析中的应用.电子技术与软件工程,2013,(14)：143-144.
［5］ 林海峰.Excel税收筹划探析.财会通讯,2006,(07)：61-62.
［6］ 徐军.Excel在经济管理中的应用——大学使用案例驱动教程.北京：清华大学出版社,2015.
［7］ 丁璐.浅谈数据趋势分析在地方税收征管审计中的应用.http://www.audit.gov.cn/n6/n41/c21576/content.html,2017.

图书资源支持

感谢您一直以来对清华版图书的支持和爱护。为了配合本书的使用,本书提供配套的素材,有需求的用户请到清华大学出版社主页(http://www.tup.com.cn)上查询和下载,也可以拨打电话或发送电子邮件咨询。

如果您在使用本书的过程中遇到了什么问题,或者有相关图书出版计划,也请您发邮件告诉我们,以便我们更好地为您服务。

我们的联系方式:

地　　址:北京海淀区双清路学研大厦 A 座 707

邮　　编:100084

电　　话:010-62770175-4604

资源下载:http://www.tup.com.cn

电子邮件:weijj@tup.tsinghua.edu.cn

QQ:883604(请写明您的单位和姓名)

用微信扫一扫右边的二维码,即可关注清华大学出版社公众号"书圈"。

扫一扫
资源下载、样书申请
新书推荐、技术交流